U0872211

衡阳市社会科学著作出版资助项目（HYSSHKXZZCBZZ2020 第 8 号）
南华大学企业创新与管理会计研究中心平台建设项目
衡阳市社会科学基金（课题号：2018B（I）014）

核电企业财务管理价值创造

黄德忠　著

中国原子能出版社

图书在版编目（CIP）数据

核电企业财务管理价值创造 / 黄德忠著. —北京：中国原子能出版社，2020.11

ISBN 978-7-5221-1127-8

Ⅰ. ①核… Ⅱ. ①黄… Ⅲ. ①核电工业–工业企业管理–财务管理–研究–中国 Ⅳ. ①F426.23

中国版本图书馆 CIP 数据核字（2020）第 236441 号

核电企业财务管理价值创造

出版发行 中国原子能出版社（北京市海淀区阜成路 43 号　100048）
责任编辑 胡晓彤
装帧设计 武　涵
责任校对 冯莲凤
责任印制 潘玉玲
印　　刷 北京厚诚则铭印刷科技有限公司
经　　销 全国新华书店
开　　本 787 mm×1092 mm　1/16
印　　张 19.75
字　　数 344 千字
版　　次 2020 年 11 月第 1 版　2020 年 11 月第 1 次印刷
书　　号 ISBN 978-7-5221-1127-8　　　　**定　价　68.00 元**

网址：http://www.aep.com.cn　　　　**E-mail：atomep123@126.com**

发行电话：010-68452845
版权所有　侵权必究

前　言

本著作开篇阐述财务管理支持企业价值创造理论，然后主要论述核电企业的资本结构、融资决策、投资决策、成本管理、风险管理和财务共享能力评价等方面对核电企业价值创造的影响。本书第 1 章企业价值创造与财务管理；第 2 章核电发展历史及中国核电财务相关政策摘录；第 3 章核电厂投融资的实践；第 4 章中国核电公司资本结构优化研究；第 5 章基于 APV 方法的 G 核电项目投资评估研究；第 6 章 W 核电建设公司财务风险预警管理研究；第 7 章核电企业成本控制及生命周期成本；第 8 章 CMM 视角下核电企业 W 公司财务共享服务中心能力评价体系研究。本著作得出以下结论：1. 由于高负债可以产生税盾作用，所以我国核电企业适合使用 APV 决策方法，为企业争取更多的价值创造；2. 通过核电企业的财务风险预警研究，为核电的财务风险起到了防范未然的作用，使企业风险在低水平运行，从而可以降低计算企业价值的贴现率，提升核电企业的估值；3. 成本管理则可以通过减少现金流出量从而实现价值创造；4. 财务共享中心的建立、大数据、云计算等信息技术的快速发展，为财务部门提供了一个强大的数据库与信息处理平台。通过财务共享及业财融合，企业可以实现全方位的信息共享，财务部门可以把手伸到业务前端，通过数据分析与信息挖掘，为企业经营管理决策提供价值参考，推动企业价值提升。本著作依托南华大学的核特色学科建设，利用已有的核电人脉资源，以及作者在核工业工作三十多年的经验和特有的资料，专门论述了财务管理支持核电企业价值创造的内容。该著作为南华大学核特色学科建设增添了核电管理研究方面的资料，为我校开设《核电财务管理》课程打下了基础。

本著作受到衡阳市社会科学著作出版资助项目（**HYSSHKXZZCBZZ2020 第 8 号**）、南华大学企业创新与管理会计研究中心平台建设项目、衡阳市社会科学基金（课题号：2018B（I）014）等资助。

本著作在作者的指导下，下列学生参与了著作的初稿写作：张厚、郭珈臣、蒋馨闲、周伟成、钟雅至、宁思宇、吴珍等，在此对他们的辛勤付出表示感谢！

黄德忠

南华大学

2020 年 9 月 19 日

目　录

第1章

企业价值创造与财务管理

任何一家企业都可以被看作一个价值增值系统，通过各种生产要素如资本、土地、劳动力及管理能力的投入，为企业创造价值。当消费者支付的最终价格超过投入要素的成本，公司的价值就发生了增值。所以本章从生产要素、价值创造过程、顾客、价值管理以及成本管理方面对企业价值创造进行阐述。

1.1 企业价值创造理论

1.1.1 生产要素视角

企业价值是由生产要素创造的，不同的生产要素可以提供不同的价值形态和价值数量。在不同的经济环境下，要素的地位和作用会随之改变。劳动、资本、土地、管理、知识、信息、技术都曾经成为或正在成为首要的生产要素。该视角下，主要有两种理论：劳动价值论和要素价值论。

1.1.1.1 劳动价值论

威廉·配第，第一个提出劳动创造价值学说的人。其认为价值的实体为生产商品所耗费的劳动，其衡量标准为劳动时间，配第且认为价值与劳动生产率成反比。但配第认为并非所有的劳动都创造价值，只有生产货币（即白银）的劳动才创造价值。

亚当·斯密将商品价格分为“真实价格”和“名义价格”。前者指价值，后者为价格。亚当·斯密对物品的价值的观点同配第一致，并明确指出商品之间的交换比例取决于生产商品各自所需的劳动量，其衡量尺度同样是劳动时间。但斯密在认为商品价值是由劳动所决定的同时，又有另外一种与之矛盾的价值决定观点：工资、利润、地租三项收入共同决定价值的结论。后一种与要素价值论挂钩，而马克思在前者上做了延伸。

马克思抽象了经济社会中单个成员的不同劳动形式，将之转化为一般社会劳动。更详细地说，个人的具体劳动创造了商品的使用价值，抽象劳动创造了价值。具体劳动在创造使用价值的同时，把生产资料中包含的物化劳动转移到商品之中，同时作为抽象劳动又把新的价值凝结在商品之中。在马克思看来，企业价值增值的原因在于员工取之不竭的劳动力不断创造着商品的价值，价值增加的那一部分就是劳动者在必要劳动时间以外的剩余劳动时间内创造出的剩余价值，价值由生产资料的物化劳动、劳动者的必要劳动和剩余劳动三部分组成。然而这种观点被普遍认为只适用于资本产生之前。

1.1.1.2 要素价值论

不仅限于劳动，要素价值论的观点是资本、劳动和土地共同创造价值。前面提到的亚当·斯密的另外一种观点被新古典经济学派解读为要素价值论。另外，该观点的代表人物是法国的经济学家萨伊，其认为商品的价值由使用价值决定，由于在使用价值的创造中，不仅有劳动、还有资本和土地，三者共同协作生产出具有使用价值的物品，因此创造价值的是资本、劳动和土地。

同时，三个要素根据它们在价值创造中的贡献获得相应的报酬，劳动获得工资，资本获得利息，土地获得地租。这些报酬共同构成商品的生产费用，决定商品的价值。这种三个生产要素共同创造价值的理论被资产阶级经济学家发展成为资本生产力理论。

1.1.2 价值创造过程视角

企业的价值并不等于它所拥有的全部生产要素的价值之和，同样的生产要素以不同的方式结合，企业价值可能会有很大差异。企业价值不仅取决于生产要素的种类和数量，而且取决于生产要素的结合方式。

1.1.2.1 价值链

价值链概念是由哈佛商学院战略学家迈克尔·波特提出，价值链是企业为达到价值创造的目的所进行的一系列活动的集合。波特把公司的整体经营活动分解为一个个单独的、具体的活动，这些活动分处于不同的环节，具有不同的性质和作用。因为每个活动都创造价值，所以称为价值创造活动。价值创造活动被分为基本活动（包含生产、营销、运输和售后服务等）和辅助活动（包含原材料供应、技术、人力资源和财务等），这些活动在公司价值创造过程中相互联系，构成公司价值创造的链条，即公司内的价值链。其指出产业链形成的动因在于产业价值的实现和创造，产业链是产业价值实现和增值的根本途径。

Shank 和 Govin-darajan 则提出，价值链是企业从最初购买基本原材料到最终把产品交付客户整个经营过程中各种价值活动的集合，从而将价值链范围从企业内部扩展到企业上下游关系中，即产业价值链范畴。

波特的理论忽视了产业链的各种联结关系，无法全面解释企业价值创造和竞争优势的来源。产业价值链的理论克服了其不足，但该理论将企业界定为特定产业中的竞争，认为产业链的上下游之间存在着竞争关系。一方的价值增长，以另一方的价值减损为代价。

1.1.2.2　价值网

由于顾客需求增加、国际互联网的冲击以及市场高度竞争，企业应改变事业设计，将传统的供应链转变为价值网。

波维特在《价值网》一书定义“价值网是以顾客为中心、由利益相关者之间相互影响构成的价值生成、分配、转移、传递和使用的网状关系及其结构”。它“将顾客日益提高的苛刻要求与灵活、高效的制造系统相关联，采用数字化信息快速匹配产品及服务，建立低成本、高速率分销网，将合作各方有机连接在一起，实现交付定制解决方案，以高效率的信息流引导物流、资金流和商流”。

美国美智顾问公司的亚德里安·J·斯莱沃斯基在《发现利润区》一书中首先提出“价值网”的概念。价值网是一种以顾客为核心的价值创造体系。优越的顾客价值是价值网模型中价值创造的目标，核心能力是价值网得以存在和运行的关键环节，是合作关系建立的基础。

亚当·布兰登勃格（Adam M.Brandenburger）和拜瑞·内勒巴夫（Barry J.Nalebuff）的合作竞争理论则认为，在网络经济时代，企业发展的进程主要受顾客、供应商、竞争者和补充者影响。它们之间结成网状关系，这种网状关系被称之为价值网模型。

1.1.3 顾客视角

随着顾客成为企业价值的重要来源，越来越多的企业将顾客内化为自身的战略性资产，研究该资产增值效应，以顾客生涯价值和顾客资产的研究最具代表性。

顾客生涯价值（Customer Lifetime Value，CLV）的研究中，Reichheld 的观点比较有代表性，其研究表明来自忠诚顾客的利润随时间延续而增加。这种利润主要来源于五个方面：基本利润、收入增长、成本节约、口碑效应和价值溢价，边际收益的大小与这五方面有密切的关系，顾客生涯价值是顾客边际效益在时间上的累计效果。顾客生涯价值可以表示为在维持顾客的条件下企业从该顾客持续购买所获得的利润流的现值。用数学公式可表示为以下形式：

$$\text{CTV} = \sum a_{\text{t}}(1+i)^{-t}$$

式中：a——顾客购买所带来的边际收益；i——每年的贴现率；t——顾客持续时间长度。

1.1.4 企业价值管理

在财务管理界虽然之前存在诸多价值创造观点，然而严谨的、现代意义上的企业价值是从 MM 理论提出时开始的额。企业价值衡量了企业被社会接受和认可的效果和程度，在现实经济活动中，随着企业兼并、收购、股权重组等交易行为的增多，企业价值理论应用越来越广泛，创造价值成为企业财务管理活动的核心。

1.1.4.1 价值评估

企业价值的研究以企业价值的计量为中心。美国经济学家莫迪格莱尼（Modigliani）和米勒（Miller）于 1958 年首次提出了企业价值概念，构建了企业价值评估模型，确立了价值最大化的理念，揭示了资本结构、资本成本与公司价值之间的关系。MM 理论认为在不考虑所得税的情况下，资本结构不影响企业价值，企业价值主要取决于投资即企业生产经营活动的效率，投资所创造的未来现金净流量决定企业价值的高低，融资活动对企业价值的影响只表现为债务利息的节税价值。之后其又补充和完善了企业价值理论，提出公司存在所得税条件下的 MM 修正模型。

在 MM 理论的基础上，人们不断探索企业价值评估模式和方法，先后形成了以资产、市场、收益、期权为基础的评估模式。据企业价值评估方法的不同，理论界形成了不同的企业价值观点。当前比较流行的主要有四种。一是基于现金流量的企业价值观。这是企业价值的主流观点，主要倡导者有 Copland、Rappaport 等著名学者。二是基于经济增加值的企业价值观。由美国 Stem Stewart 公司提出，其涵义是通过经济增加值的折现值反映企业在一定时期内为投资者创造的价值。三是基于托宾 Q 理论的企业价值观。经济学家 James Tobin（1969）将企业价值定义为市场价值，表现形式为企业的市场价值与资产重置成本的比值，即托宾 Q 值。四是基于期权定价的企业价值观。首次完整提出期权定价模型的是布莱克和舒尔斯，该模型为评估企业潜在的获利机会提供了技术保证。五是市场增加值（MVA）的企业价值观，就是一家上市公司的股票市场价值与这家公司的股票与债务调整后的账面价值之间的差额。六是基于成本控制的价值观，通过企业成本管理，提高成本效益，增加企业价值等。下面重点介绍现金流量的企业价值和市场增加值及价值影响因素。

（1）现金流量的企业价值

根据预计财务报表计算企业自由现金流量；根据资本资产定价模型、戈登稳定增长模型等确定股权资本成本；根据利息率水平确定债务资本成本，从而计算企业加权平均资本成本，在此基础上采用不同的估价方法，确定企业价值。

顾客支付的价格形成了企业的现金流入量，投入的资本、土地、劳动力要素成本形成了企业的现金流出量，差额则是企业自由现金流量。股权资本成本则需要根据企业的整体风险程度测算风险溢价，企业的风险越大，投资者要求的回报率越高，则股权资本成本就越高。一般情况下企业的负债资金成本低于股权资本成本，所以企业愿意冒一定风险使用负债资金，从而降低企业加权平均资本成本。

上述企业价值的确定涉及售价、成本、企业风险、决定负债比重的资本结构、股权资本成本、负债资金成本等因素。

（2）市场增加值

计量企业价值创造的有效指标是企业的市场增加值，即某一时点，企业资本的市场价值与占用资本账面价值之间的差额，简称“市场增加值”。

企业市场增加值=企业资本市场价值－企业占用资本

式中：“企业资本市场价值”——权益资本和负债资本的市价之和；

“企业占用资本”——企业占用的权益资本和债务资本的账面价值之和，可以通过调整财务报表数据获得，这种调整主要是修正会计准则对经济收入和经济成本的扭曲，调整的主要项目包括坏账准备、商誉摊销、研究与发展费用等。

市场增加值=［（投资资本回报率－资本成本）×投资成本］/（资本成本－销售增长率）

市场增加值=经济增加值/（资本成本－销售增长率）

综合上述公式得出影响价值创造的因素主要有：① 投资资本回报率；② 资本成本；③ 增长率；④ 可持续增长率。它们是影响财务战略选择的主要因素，也是管理者为增加企业价值可以控制的主要内容。

1.1.4.2 国外价值管理模式

20 世纪 90 年代之后，企业价值日益成为企业经营活动的核心，理论界的研究也开始由企业价值计量转向企业价值管理。价值管理是指以价值评估为基础、以价值增长为目的的一种综合管理模式。

比较有代表性的是拉巴波特的价值管理模式和麦肯锡的汤姆·科普兰的价值管理模式。拉巴波特沿袭了 MM 理论对企业价值的理解，把企业价值看作未来现金流的折现，挖掘隐藏在企业价值背后的驱动因素，探讨这些因素之间的关系，实现股东价值增长的最大化，其从经营和财务两个角度，提出七大价值驱动因素。科普兰构造了基于价值评估的价值管理体系，提出扩大股东价值的方法和途径，指出公司价值创造，的根本驱动因素是投资资本回报率和预期增长率。除此之外，还具有如表 1.1 价值驱动因素。

表 1.1 价值驱动因素

模型	价值驱动因素
拉巴波特模型	销售增长率、经营利润率、新增固定资产投资、新增营运资本、边际税率、资本成本、竞争优势的持续时间
戈登模型	自由现金流量或股利、资本成本、增长率
剩余收益模型	净资产收益率、股权资本成本、股权账面价值
经济利润模型	期初投资、投资资本报酬率、加权平均资本成本
布里格姆-戴夫斯模型	经营收益率、资本需求、销售增长率、加权平均资本成本

德勤也提出了一种管理模式，虽然还与前面的观点类似，是在价值驱动力和价值创造之间建立起了一种直观的联系。但不同的是，其围绕如何提升价值，将企业创造价值的来源从增加收入、降低成本、资产管理和预期管理等方面，

逐步细化为许多具体的细节问题，整个分解价值的过程就构成图 1.1 德勤管理模式的企业价值地图。

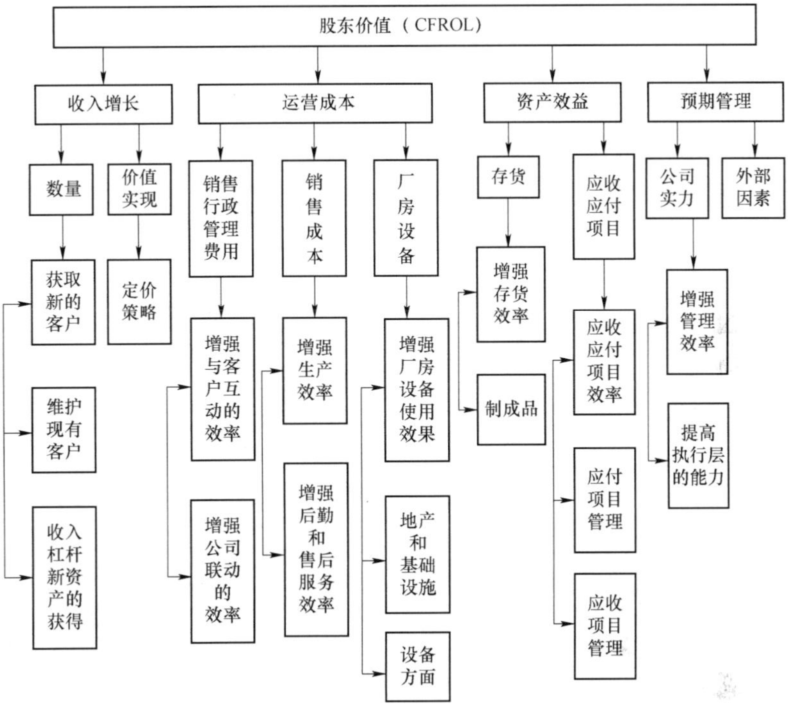

图 1.1　德勤管理模式的企业价值地图

1.1.4.3　国内价值管理模式

半个世纪以来企业价值最大化作为一个新的、有着严谨内涵的企业目标已经获得了越来越多的认同。尤其是在 MM 理论的提出以及在此基础上衍生出的不同价值评估模型使价值创造不仅成为一种管理理念，也变成一种可操作的管理技术，从此基于价值的管理成为战略决策、公司治理、过程控制、业绩评价和并购扩张中共同的声音。同时，管理会计为企业“决策和控制”服务转向为企业“价值创造”服务是一项重要的理论突破。另外从 20 世纪 80 年代开始，如作业成本法（ABC）及其延伸作业成本管理（ABM）和作业成本预算（ABB）、战略成本管理（SCM）以及平衡计分卡（BSC）等支持价值管理的理论方法也相继出台。比较流行的有以下几种管理模型。

（1）汤谷良、林长泉管理模式

汤谷良、林长泉较为系统地对基于价值的管理进行了论述并被普遍认可和接受，该不仅对公司管理模式和财务控制流程产生根本性变革，也将对财务管理的理论体系和分析工具产生重大影响。

作者通过特征的归纳，分析性地提出框架内财务管理流程梳理、模式再造的主张，强调了财务分析工具在企业管理中的功能扩张，旨在使财务管理体系为公司价值提升发挥更大的作用，图 1.2 为汤谷良、林长泉的 VBM 管理模式。

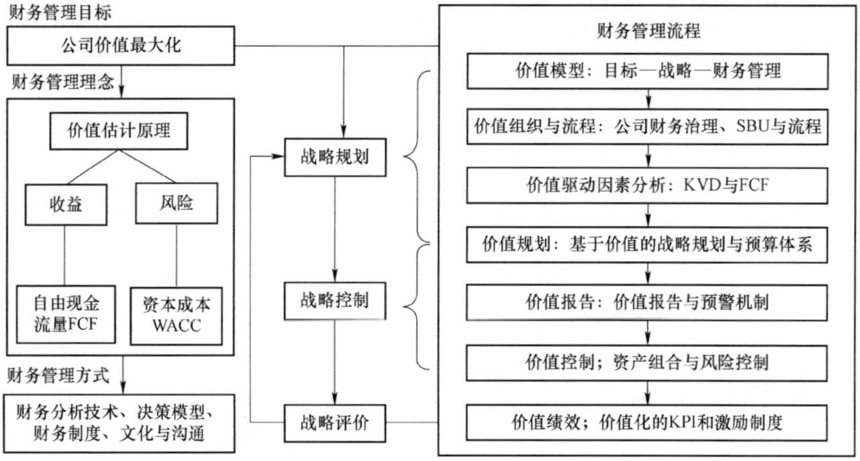

图 1.2　汤谷良、林长泉的 VBM 管理模式

（2）王平心、吴清华管理模式

王平心、吴清华两人将作业基础管理与基于价值的管理相结合，构建了“作业—作业链—价值的基于作业的价值管理（AVBM，activity-based VBM）模式，图 1.3 为王平心、吴清华基于作业的价值管理体系框架图。

其主要观点是奠基于作业价值信息系统的价值管理之基本理论框架，是以公司价值最大化目标为出发和归宿点，在价值理念这点上与汤谷良、林长泉基本一致，但不同的是其流程汇集着公司所有关键作业的成本、价值、动因及绩效等的作业价值信息系统，全面支撑着管理流程、战略设计乃至价值评估模型的持续改进与有序梳理。

（3）彭晓峰、何瑛管理模式

彭晓峰、何瑛两人认为：价值的管理模式是指以追求企业价值最大化为目标，以价值管理的理念统筹企业各项管理实践的一整套管理系统。图 1.4 为彭晓峰、何瑛的企业价值管理模式的框架结构图。

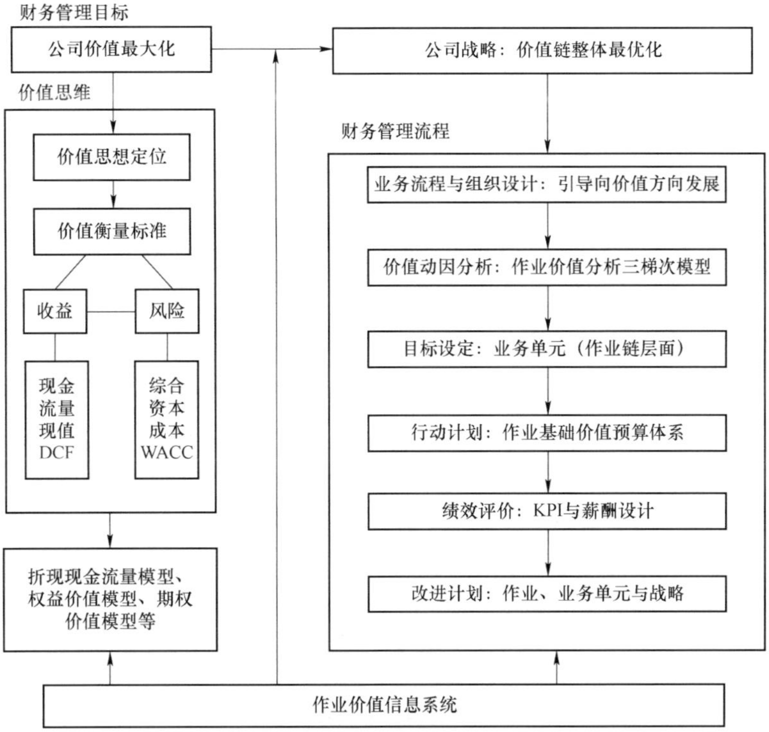

图 1.3　王平心、吴清华基于作业的价值管理体系框架图

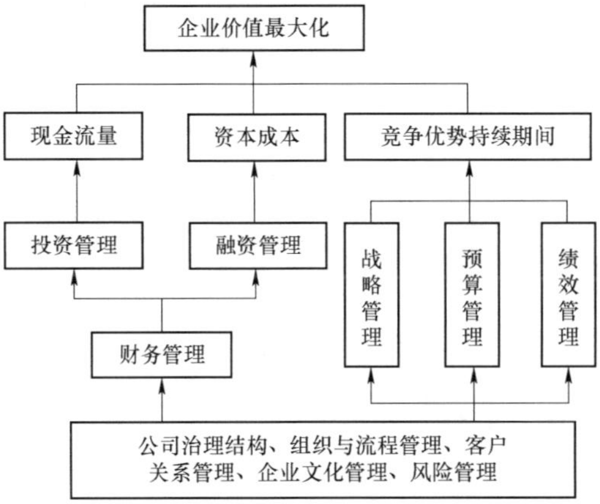

图 1.4　彭晓峰、何瑛的企业价值管理模式的框架结构图

该模式主要观点是通过有效的投资决策和成功实施来增加现金流量、通过科学合理的融资决策来降低资本成本，以完善公司治理结构、优化组织与流程管理、强化客户关系管理、倡导和实施文化管理、加强风险管理作为基础和保

障，形成由战略管理、预算管理和绩效管理三者构成的闭环反馈良性循环系统，来延长公司获得竞争优势的持续期间。

综上所述，随着时代的发展，价值创造的来源从单一的劳动拓展到了整个流程，其中包括资本、技术、土地、顾客等多个相关因素，而自 MM 理论提出后，企业价值的概念开始出现，之后被越来越多地应用于管理当中。在这一过程中，价值创造模式由以净资产收益率等易造成短视的指标为主的模式转变成结合战略且以可持续发展为目标的全面体系。

上述的企业价值创造都需要财务管理功能支持，如投资决策、融资决策、成本管理、风险管理、财务共享等方面的支持，同时也影响着企业价值的创造。投资决策是评价和选择投资项目、优化资源配置的一种经济活动。投资项目决策目的旨在评价或者选择能够创造企业价值的投资项目，以便提高企业价值的长期增长潜力。根据NPV决策的基本法则，企业应选择净现值大于零的投资项目，这一法则与市场增加值最大化的目标相一致。融资决策创造价值可以直接通过节税或降低融资成本来实现，也可以通过提高企业资本来源的可靠性和灵活性、降低公司风险等方式间接实现。成本管理则可以通过减少现金流出量从而实现价值创造；风险管理也通过控制企业风险程度，从而降低投资者要求的回报率，最终达到降低资金成本的目的，提高企业评估价值。财务共享中心的建立、大数据、云计算等信息技术的快速发展，为财务部门提供了一个强大的数据库与信息处理平台。通过财务共享及业财融合，企业可以实现全方位的信息共享，财务部门可以把手伸到业务前端，通过数据分析与信息挖掘，为企业经营管理决策提供价值参考，推动企业价值提升。

所以本著作主要论述核电企业的资本结构、融资决策、投资决策、成本管理、风险管理和财务共享能力评价等方面对核电企业价值创造的影响。

1.2 成本管理与价值创造

成本是企业价值构成的负向因素。成本管理有助于保护企业价值不受损失，其本质也是间接创造价值。

财务管理在企业成本控制管理中，不只是单纯的对成本进行节约和缩减的控制，而是在整个生产经营过程中宣扬成本控制理念的同时，加强成本控制，为实现成本管理与企业经营管理的有效结合提供保证，从而使成本管理真正做到事前预算、事中控制、事后分析，合理有效控制成本，减少现金流量的支出，为企业创造价值。

1.2.1　成本管理理论

1.2.1.1　成本控制与价值创造

英国学者肯尼斯·西蒙兹是成本控制理论的倡导者，其基于企业在市场中竞争的地位于 1981 年提出战略成本管理理论，通过对企业和竞争对手的成本资料数据分析，可为企业决策者的成本管理提供精确地数据支持。

美国学者杰克·桑（1993）等人提出企业战略成本管理的价值链分析方法，具体包括横向价值链分析、纵向价值链分析和内部价值链分析，并提出了三大战略，分别为差异化战略、专一化战略和总成本战略。

美国哈佛学院的迈克尔·波特教授采取多种方法来分析成本控制理论，并将这一理论与价值链相结合，同时对成本信息作用做了相关研究，并对成本含义加以明确，其作为战略管理阶段的重要组成部分，要重视其管理过程中的运用。

1.2.1.2　作业成本法

英国著名教授罗宾·库伯（1998）提出了作业成本法，在传统的成本管理模式下，通过对企业外部竞争环境的分析构建了基于作业成本管理理念的战略成本管理模式。

作业成本管理（ABC）是利用作业成本计算所提供的信息，将成本管理的起点和核心由“产品”转移到“作业”层次的一种管理方法，该法通过多元、动态的分配标准核算产品成本，消除不增值作业，为顾客提供优质的产品或服务。

我国学者顾新连、徐慧晔认为作业成本管理为实现价值创造提供了必要条件。首先，作业成本管理消除了不增值作业；对于那些能为最终商品或劳务增加价值的作业，进一步分析该类作业是否有改进的可能，其所消耗资源能否节约；其次，成本动因有效地提高成本的归属性和计算的准确性以及定价决策的科学性和灵活性，找到了创造价值的根源；同时，作业成本管理借助于作业分析，成本分配已深入到每一作业，使管理直接深入到企业的价值链重构，乃至企业内部组织结构的重构，实现企业价值的增值。

晋兵同样将成本划分为增值成本和非增值成本，认为运用价值链成本控制有助于企业通过价值链分析寻找增值环节，价值增值关键环节的成本投入是实现企业价值增值的重要途径，但未对二者间的定量关系进行说明。

1.2.1.3 挣值法

挣值法是现代项目管理中非常重要的、在国际工程项目管理公认的一种成本进度综合监控方法，是在 1967 年美国国防部制定的费用/进度控制系统准则基础上发展起来的一种管理方法，并于 20 世纪 90 年代开始被用于项目管理。挣值法的监控原理，主要利用同一时刻的挣值与计划值和实际值的差异，来说明费用是超支还是节约，进度是提前还是落后。具体来说，就是根据三个基本参数［已完工作预算费用（BCWP）、计划工作预算费用（BCWS）和已完工作实际费用（ACWP）］，通过四个评价指标［费用偏差（CV）、进度偏差（SV）、进度绩效指数（SPI）、成本绩效指数（CPI）］来控制工程的成本和进度状况。

之后长青等提出了“二级挣值法”，实现了对挣值法在预测进度、成本方面产生的偏差分析的改进；Jacob 的 ED 法和 Lipke 的 ES 法试图将 SV 和 SPI 指标从以成本为度量单位转化为以时间为度量单位；还有考虑对挣值法评价指标的优化分析、挣值法在各领域的应用、模糊挣值法等方面的研究。

刘敏等人认为 EVM 未能真实地反映工程现场施工的实际情况，缺乏同时考虑质量、安全因素的研究，所以提出预先设定质量和安全的标准值作为“警戒红线”，即工程必须严格控制的要素，在设定质量和安全管理标准之后，再在此基础上确定工程项目的成本和进度目标。

1.2.2 核电企业的成本管理

2013 年 6 月 15 日，国家发展改革委出台了核电标杆电价政策，主要规定如下：核电标杆电价为 0.43 元/（kW · h）；若核电标杆电价高于所在地燃煤电价，新建核电机组执行当地燃煤标杆电价。煤标杆电价对核电电价有重要影响，核电电价已逐渐回归其经济能源的市场化本质属性。随着燃煤发电标杆电价的不断下降，核电面临的形势也越来越严峻。

同时随着经济发展进入新常态，全社会用电增速放缓，我国电力供应将进入相对宽松的新阶段，电力企业发电设备利用小时数呈逐年下降趋势，国内在运核电项目也面临电量和电价“双降”的压力。成本管理是核电企业在未来更加市场化的电力行业立足、竞争和发展所要关注的重点。

1.2.2.1　核电企业成本管理的特点

（1）核电成本管理以“安全”为首要目标

由于核原料及废料的高放射性对环境会产生不利的影响，核安全是核电企业一切工作的首要目标，所以核电企业的成本管理要保障和促进核安全。因此其成本管理不能仅以其他企业那样的资本价值来决定是否增值，还要结合其安全管理的情况。

（2）核电企业是单产品的成本管理

与典型的制造型企业不同的是，核电企业的产品仅为单一的电力能源。因此，核电企业的成本管理是单一产品的成本管理，核电企业中生产成本和期间费用的分配也就较为简单，期间费用的分配主要在于生产和管理功能之间的分配。

（3）核电企业建造投资对运行成本影响大

核电行业企业普遍存在投资额大、建设期周期长、营运周期长、投资回收期长等财务特点。前期的高额建造费用对运行成本的影响较大，尤其体现在固定资产的折旧费与基建借款形成的财务费用上。

综上，核电企业核电产能有限，建成后不存在大规模产能扩张的可能。这些特点决定了核电企业的价值创造不能仅仅机械借鉴传统制造业的“节约型”成本管理思路，由于投资需求以及财务杠杆的作用，其成本不能不断压缩。

1.2.2.2　作业成本法

单一产品的核电企业的业务工作流程化特点非常明显，资源库、作业库、成本对象以及相应的驱动因子均较易被确定，符合作业成本管理的适用条件。同时，由于仅一种产品，使得适用于核电企业的作业成本管理更易被设计出来且易于实施。

（1）王华的作业成本模型

其认为基于安全等因素的考虑，成本管理的重心应放在优化作业上，其提出的作业成本模型搭建如下：

第一步：根据资源动因来划分资源库。根据资源能否直接归集到具体机组，分为直接资源和间接资源。① 直接资源，包括核燃料、乏燃料处理费、运行人员工资、固定资产折旧（公用固定资产折旧归集到虚拟机组）等；② 间接资源，包括物料、备品备件、维修服务人员工资、财务费用、管理费用、技术服务、外包劳务等。

第二步：确定作业库。根据业务类型，核电厂作业活动可以分为计划、运行、检修、服务和技术支持等几大类。每一类作业根据管理需要可以进一步细化，如检修作业可以细分为填写通知单、创建工单、工单准备、计划排程、工单执行、功能品质再鉴定、工单关闭等。

第三步：将核电厂作业成本对象划分为三级（设备、机组和上网电量），分别归集设备维修成本、机组运维成本和最终产品成本。

第四步：归集成本。间接资源被检修、服务和技术支持等作业消耗，形成工单成本。经过下列方法核算度电成本——即最终产品成本。① 设备维修成本：利用工单“功能位置码”与设备的关系，将工单成本归集到设备；② 机组运维成本：根据设备、直接资源与机组的对应关系，将工单成本和直接资源归集到机组；③ 最终产品成本：归集到机组上的所有成本按上网电量进行分摊。

（2）徐丹的标准作业成本管理

其提出的标准作业成本管理要求通过在核电企业内部建立成本费用的责任的中心，并对责任中心中归口业务流程中进行价值链分析。同时，标准成本管理辅助作业成本管理对核电作业成本进行标准化管理，在此过程中不断进行内外部对标（历史成本和行业先进值）以达到不断改进标准、成为行业的标准的目的。

企业的业务活动专业性强，以财务人员为主的成本管理组织，成本管理往往对于流程优化、效率提高的反馈功能未能得到有效的体现，况且成本管理与业务管理的组织分离使得业务管理和作业实施者缺乏成本管理改进的动力。因此，必须在企业内建立财务与业务一体的横向成本管理组织，在企业内部建立成本费用的责任中心，且各责任中心均应编制与业务流程对应的作业成本手册。

综上，根据核电企业单一产品的特点，要想为其创造价值，作业成本管理较为适用，当然由于上网电价使得竞争加剧，且新的CAP1000机组电价的争取难度加大，仅依赖于作业成本管理是不够的。

1.2.2.3 总承包模式下的成本控制

目前我国进入了核电发展的新阶段，“十二五”期间，核电建设进入了高峰建设期，数台机组同期进行工程设计、建安施工、调试和装料运行。顺应专业化分工的必然趋势，核电工程也都采取了总承包管理模式。

（1）工程前期

核电项目 EPC 总承包模式下，项目成本控制的压力主要由业主方承担，必然想尽量压低总包合同的定价，但合同签订后工程公司肯定愿意使用高标准设计，本身并不会过分考虑成本。业主公司虽然具有概算和成本控制的压力，但一旦合同签订，业主主要是通过合同对承包方进行监管，对工程实施过程参与程度低，控制力度较低。

在与工程公司总包合同的签订与执行过程中，业主与工程公司在诸如双方责任划分、合同范围、子项装修、设备配备、验收及质保期标准、分包合同管理深度、调试费用及接口、总包合同考核与激励、工器具及备品备件配置、索赔与反索赔、工程管理信息系统、合同外事项计价原则等诸多方面均存在不同程度的争议项，这些争议项的确定会为之后的成本控制提供理论根据。

（2）工程实施过程中

挣值法适用于目标计划稳定、工期限制的长期性项目，且陆宁等人在原基础上引入 2 个安全度指数、3 个安全挣值参数和 4 个安全绩效评价指标，形成评价指标系统，并构建安全度评价指标体系。核电工程有着投资规模大、建设周期长、参与单位及专业领域多、技术复杂等特点，通过该法可满足其安全与成本的双目标。

本文认为由于核电企业举债经营、且项目数额巨大的原因，进度推迟一日，财务费用动辄上百万，所以在总承包模式下，核电企业需要结合财务情况在事前做好计划工作，且每个进度节点需要在合同上明确，并在事中加强进度控制，以免再出现部分三代机组成本超出预期的情况，标杆电价的环境下，这种情况是不利于竞争的。

1.2.2.4 采购

材料是核电企业除折旧外金额占比最大的一项成本，从采购入手可以有效地控制成本。核电企业主要分 E、P、C、S 四大板块，其中 P（Procurement）作为 EPC 全过程当中承上启下的环节，接口部门最多，项目建设的复杂性和安全级别要求高，这些因素决定了核电采购涉及金额往往较大，面临更高的经济风险。

王华认为现役核电厂都面临库存高、备件使用率低的问题，其中的战略备件因其价值高占据企业大量的流动资金，但为减少因设备故障造成的发电损失，又必须储蓄备件，管理矛盾尤为突出。在采购决策阶段就开展控制是降低成本的有效手段。以往核电厂备件采购经济分析研究，要么没有考虑设备故障概率、货币时间价值等因素，只是简单地将故障损失与备件采购成本比较；要么只针对个案，设计的分析方法和计算过程复杂，未解决经济分析通用性问题。本文提出的核电厂战略备件采购决策模型，在经济订货量的基础上主要考虑了发电收入损失、备件采购成本、备件维护成本、更换成本、资金成本和库存战略备件折旧抵税产生的收入。

刘健龙提出构建设备采购管理体系平台，包括设备采购管理体系和设备监造体系。在设备采购管理体系构建上，以大数据提供的电子数据模块为支持，从市场、成本、进度、工作规范、业务标准、日常管理、档案七个方面将核电工程设备采购的所有流程纳入其中进行统筹管理。在设备监造体系的构建上，主要用以解决采购和监造接口不清的问题。

朱学义等提出内部管理部门“价值增值”目标的确定与考核，其中采购部门的采购资金运营增值的目标内容是：引入竞争竞价机制，通过降低采购价格、采购费用、采购资金占用，加快材料存货周转速度，实现采购资金运营增值。考核指标的内容是：采购成本降低率、仓储费用降低率、超储物资处理额、加速材料周转形成的资金节约额等

本书认为，核电企业的采购金额大，且目前技术成熟度尚不如火电等企业，部分人员的认知还停留在二代技术，设计时常修改，所以在采购方面一是要如上述方法一样建立体系和模型，二是要加快三代技术的国有化以及各类人员对新技术的掌握。

参考文献

［1］威廉·配第．赋税论［M］．陈东野，译．北京：商务印书馆，1978：48．

［2］亚当·斯密．国民财富的性质和原因的研究［M］．郭大力，王亚南，译．北京：商务印书馆，1972：42-52．

［3］马克思，恩格斯．马克思恩格斯全集第 26 卷 I ［M］．中共中央马克思恩格斯列宁斯大林著作编译局，译．北京：人民出版社，1974：58．

［4］许保利．价值理论的评介与思考［J］．财经问题研究，1998（01）：17-19．

［5］Porterm. Competitive advantage: Creating and sustaining superior performance［M］．New York：Free Press，1985．

[6] Shank J k，Govindarajan v．Strategic cost management [M]．New York：Free Press，1993．

[7] Applegate l m，Sasserwe，Kohlerk．Overview of e-business pricing models [M]．Boston：Harvard Business School Press，2000．

[8] Slywotzky a j，Morrison d j，and Elman b．The profit zone：How strategic business design will lead you to tomorrow's profits paperback[M]. New York：Crown Business，2002．

[9] 大卫·波维特．价值网 [M]．北京：人民邮电出版社，2001．

[10] 孙艳霞．基于不同视角的企业价值创造研究综述 [J]．南开经济研究，2012（01）：145-152．

[11] 王成慧，叶生洪．顾客价值理论的发展分析及对实践的启示 [J]．价值工程，2002（6）：24-28．

[12] Franco Modigliani，Merton H．Miller [M]．New York：The cost of capital，corporation finance，and the theory of investment [J]．The American Economic Review，1958，（3）：261-297．

[13] 黄体鸿，张阿艳．企业价值的内涵及管理体系 [J]．武汉理工大学学报，2008（6）：453-465．

[14] 唐勇军．价值管理研究综述与评价 [J]．财会通讯，2007，2007（5）：77-79．

[15] Alfred Rappaport，Creating Shareholder Value，Revised Edition [M]．New York，The Free Press，1998，pp．xviii，205．

[16] Gordon，The Investment，Financing and Valuation of the Corporation [M]．Homewood，Illinois：Richard D．Irewin，Inc.，March 1962．

[17] Edwards，E. O. and Be11，P. W.，The Theory and Measurement of Business Income [M]．1961，University of California Press．

[18] Ohlson，J．A，Earnings book values and dividends in equity valuation [J]．Contemporary Accounting Research，1995，11（2）：661-687．

[19] 布里格姆、戴夫斯，中级财务管理 [M]．王化成、黄磊译．第 8 版，北京，中国人民大学出版社，2009，244-266．

[20] 汤谷良，林长泉．打造 VBM 框架下的价值型财务管理模式 [J]．会计研究，2003，（12）．

[21] 王平心，吴清华．作业价值分析与价值管理：一个整合框架 [A]．当代

管理会计新发展——第五届会计与财务问题国际研讨会论文集（上）［C］. 2005.
［22］彭晓峰，何瑛. 企业的价值管理模式研究［A］. 当代管理会计新发展——第五届会计与财务问题国际研讨会论文集（上）［C］. 2005.
［23］Fritzsch R B. Activity-based costing and the theory of constraints: Using time horizons to resolve two alternative concepts of product cost［J］. Journal of Applied Business Research，2011，14（1）：83-90.
［24］Sherrard W R，McEwen M，Williamson J E. Activity-Based Costing Multiple Lot Size Effect［J］. Journal of Applied Business Research（JABR），2011，13（2）：103-108.
［25］John K. Shank and Vi jay Govindarajan：Strategic Cost Management and the Value chain［M］. Handbook of Cost Management，1993.
［26］Robin Cooper and Slagmalder Regine. Strategic Cost Management couting［J］. 1998，79（7）：14-16.
［27］顾新连，徐慧晔. 基于价值创造的作业成本管理应用研究［J］. 中国经贸导刊，2009（13）：47-48.
［28］晋兵. 企业价值链成本控制探析［J］. 中国证券期货. 2012（10）.
［29］Christensen，Davis S，The Costs and Benefits of the Earned Value Management［M］. Process Acquisition Review Quaterly，Fall 1998：137-141.
［30］Anbari Frank T. Earned Value Project Management Method and Extensions［J］. Project Management Journal，2003. 34（4）：12-23.
［31］长青，吉格迪，陈建辉. 工程建设项目绩效评价的二级挣值分析方法［J］. 工业工程与管理，2006（5）：76-80.
［32］Jacob D S，Kane M Forecasting schedule completion using earned value metrics revisited［J］. The Measureable News，2004（3）：1，11-17.
［33］Lipke W. Schedule is different［J］. The Measureable News，2003（3）：31-34.
［34］张帅，谈飞. 基于改进挣值法的工程项目进度优化研究［J］. 土木工程与管理学报，2014（1）：96-100.
［35］樊怡. 改进赢得值管理方法在投资控制中的应用研究［J］. 人民长江，2014，45（11）：95-98.
［36］Naeni L M，Shadrokh S，Salehipour. A fuzzy approach for theearned value

management [J]. International Journal of Project Man-agement，2011，29（6）：764-772.
[37] 黄建文，刘敏，潘慧敏，等. 考虑质量与安全因素的挣值管理及其应用[J]. 人民长江，2018，49（18）：75-79.
[38] 徐丹. 核电企业作业成本管理探析 [A]. 中国核科学技术进展报告（第二卷）——中国核学会 2011 年学术年会论文集第 10 册（核情报（含计算机技术）分卷、核技术经济与管理现代化分卷）[C]. 2011.
[39] 雷振华，雷铭，万娜. 核电行业上市公司财务竞争力影响因素实证研究[J]. 南华大学学报（社会科学版），2017（1）：5-11.
[40] 王华. 核电厂作业成本模型探讨 [J]. 财务与会计，2018（16）：41.
[41] 郭东利. 总承包模式下的核电工程项目管理[J]. 中国核工业，2008，(5)：16-18.
[42] 徐涵，胡松，胡华涛. 成本控制，核电风险管控的重要课题 [A]. 中国核科学技术进展报告（第五卷）——中国核学会 2017 年学术年会论文集第 9 册（核情报分卷、核技术经济与管理现代化分卷、核电子学与核探测技术分卷）[C]. 2017.
[43] 王朝阳. 关于挣值法应用的若干问题分析 [J]. 江苏建筑，2008（6）：76-78.
[44] 陆宁，李霖，解燕平. 建筑工程项目施工安全管理挣值法研究 [J]. 中国安全科学学报，2013，23（3）：145-149.
[45] 王华. 核电厂战略备件采购决策模型及其应用 [J]. 财务与会计，2016（19）：34-35.
[46] 刘健龙. 核电工程设备采购与监造管理浅析 [J]. 中国设备工程，2017（19）：32-33.
[47] 朱学义，朱亮峰. 管理会计价值增值目标的实践——以淮海控股集团民营企业为例 [J]. 管理评论，2017（9）：262-272.

第2章

核电发展历史及中国核电财务相关政策摘录

2.1 核电发展历史

2.1.1 世界能源状况

能源是促进国家发展、提高人民生活水平的重要物质基础。电力凭借国民经济发展中能效高、使用方便等优点，成为广泛应用的二次能源。

目前，人类赖以生存和发展的主要能源还是“化石燃料”，即煤、石油和天然气这三大资源。但是，它们的储量是有限的。根据国际能源资料统计，全世界已探明适合于经济开采的石油和天然气资源，按目前的开采速度，约只有三四十年的储藏量。世界上煤的储量比较大，消耗也没有石油多，可以多用些时间，但估计也只能再开采三四百年。另外，煤和石油还是化学工业、轻纺工业的宝贵原料。

因此，开发新能源是人类生存与发展的需要，也是社会经济发展的需要。太阳能、潮汐能、风能和地热能，目前虽然经过研究试验已开始应用，但要大规模地用于工业还受到很多条件的限制。现在，比较成熟并已在工业上得到大规模应用的是核能。

铀和钍是可以通过裂变释放核能的天然材料。这两种金属广泛的分布在地球上，构成了一种巨大的能源储备。1 千克 ^{235}U 全部裂变释放出的热量等于 2 700 吨标准煤全部燃烧的能量。据初步统计，地球上已经探明并有开采价值的铀矿和钍矿资源，按蕴藏的能量计算，相当于地球上有机燃料的 20 倍。

2.1.2　人类对核能的认识历程

19 世纪末，人们对物质的研究进入到微观领域。20 世纪初，探索物质微观结构的前沿学科是原子物理。30 年代进入原子核物理领域，50 年代开始了粒子物理的研究。原子核是介于原子和粒子之间的一个层次。原子核科学发展至今，仍是当代最尖端的科学之一，它不仅在基础研究上取得了重大进展，而且形成了一门当代最重要的科学技术之一：核技术，包括核电技术。

下面，简要地回顾一下人类对核能和核裂变现象所经历的一个多世纪的认识历程。

1789 年，德国化学家克拉普特发现了铀，而实际上是二氧化铀，在此后的 50 年中人们一直把它当作金属铀。

1896 年，法国学者贝克勒尔发现了铀的放射线，从此开创了人类研究原子核放射线的新纪元。

1897 年，居里夫妇发现了放射性元素钋和镭。

1898 年，卢瑟福在放射性实验中发现了α、β和γ射线。随后进一步证实α射线由带两个正电荷的氦原子核组成，β射线是电子流，γ射线是波长很短的电磁波。

1905 年，爱因斯坦发表了相对论，提出了著名的质—能公式：$E = MC^2$。

1911 年，卢瑟福用一束α粒子去轰击金属薄膜，观察到大角度α粒子散射现象，分析实验结果得出结论：原子中存在一个带正电的核心，叫“原子核”。这一伟大的发现，为原子物理学的发展奠定了基础，从此开始了对原子核性质的研究。

1913 年，索迪引进了同位素的概念。

1919 年，卢瑟福在解释元素的α、β衰变时认为：α、β粒子是被不稳定的重原子核抛射出来的。他还通过实验证明：可以用外力人为地使稳定元素的原子核破裂。

1932 年，查德威尔用α粒子轰击轻元素时，发现了卢瑟福在十年前预言的粒子，即中子。中子不带电荷，和原子核之间没有库仑力的相互作用，容易接近原子核而引起核反应。中子的发现开创了核物理学的新纪元，也为重核裂变提供了强有力的“炮弹”。

物理学家海森堡和玻尔提出了原子核的质子—中子模型，即原子核是由质子和中子组成的，核内的质子数等于原子核外层的电子数，而中子是呈电中性的粒子。

意大利物理学家费米等人发现了中子在慢化到分子热运动之前，有与原子核相结合的倾向，并观察到中子吸收的选择性。

1935 年，美国科学家登普斯特发现：天然铀是由 0.72%的 $^{235}_{92}U$ 和 99.28%的 $^{238}_{92}U$ 及痕量元素 $^{234}_{92}U$ 组成，从而否定了长期以来认为铀只含有 $^{238}_{92}U$ 这一种元素的说法。

1939 年，哈恩和斯特拉斯曼用放射化学的方法发现和证实了 $^{235}_{92}U$ 在中子的轰击下发生裂变的现象。但当时把放出的新的中子给忽略了。

同年，科学家约里奥等人用中子轰击铀原子核，以寻找一种新的重核，却意外地发现了铀原子核在中子的轰击下会裂变成两块甚至三块。后来又发现在铀核裂变的同时会放出平均多于两个的中子，在适当的条件下，裂变中放出的中子还能使其他铀原子核发生裂变，从而使裂变反应持续下去，实现链式反应。这就是现今所有核反应堆的基本工作原理。如图 2.1 所示。

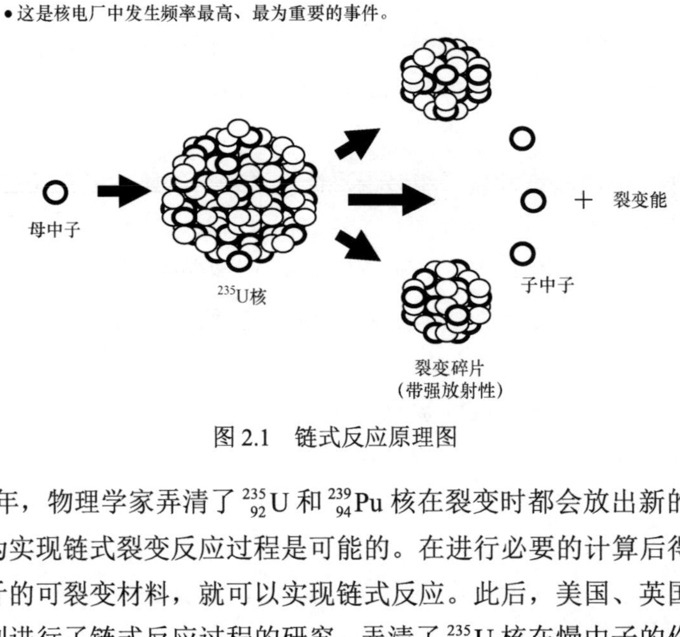

图 2.1　链式反应原理图

1940 年，物理学家弄清了 $^{235}_{92}U$ 和 $^{239}_{94}Pu$ 核在裂变时都会放出新的中子，从理论上认为实现链式裂变反应过程是可能的。在进行必要的计算后得出结论：有若干公斤的可裂变材料，就可以实现链式反应。此后，美国、英国、德国的科学家分别进行了链式反应过程的研究，弄清了 $^{235}_{92}U$ 核在慢中子的作用下最容易引起裂变。

1941 年，法国科学家佩里戈用金属钾还原四氟化铀（UF_4），首次制备了真正的金属铀。

1942 年，费米等人在美国芝加哥大学建造了世界上第一座核反应堆（CP-1）。它是一座用天然铀作燃料、用石墨作慢化剂的热中子反应堆，用了 40 t 天然铀（其中 6 t 金属铀），385 t 石墨，由 2 000 根铀棒组成（10.5×10.5×42）cm 的栅格。

在反应堆中，在 $^{235}_{92}U$ 核裂变的同时，还发生着中子与 $^{238}_{92}U$ 核作用生成 $^{239}_{94}Pu$ 的转换过程。这个过程的结果就是：随着 $^{235}_{92}U$ 核的消耗，$^{239}_{94}Pu$ 在不断地积累。

随后，美国建造了一批核反应堆用来生产核燃料 $^{239}_{94}Pu$，用它来制造原子弹。

从 20 世纪 40 年代末到 50 年代初开始，各国陆续建造多种类型的核反应堆，或用于向工业提供电力，或用作军用动力堆，或用于生产核燃料。其中，大多数核反应堆用于发电。从 20 世纪 70 年代起，核电厂的建造趋向工业化、大型化，在不少国家，逐渐形成了核电产业。

2.1.3　核电发展概况

自从 1938 年科学家发现了中子轰击铀原子核时发生铀核分裂并释放出大量能量后，人们立即转向核能的应用研究。

1942 年美国建成了世界上第一座核反应堆，实现了链式反应。但当时并不能从反应堆取得有用的能量。1954 年 6 月，苏联建成了世界上第一座核电厂，其电功率为 5 000 kW。

1956 年，美国在其核潜艇压水堆技术的基础上，建造了第一座压水堆核电厂，其电功率为 60 MW。经过二三十年的应用发展，压水堆核电厂在设计、建造和运行等方面已获得了丰富的经验。目前，商用压水堆核电厂的单机功率甚至已达到 1 650 MW。

沸水堆核电厂也是发展较早的一种核电厂。加拿大在 1962 年建成了第一座实验性的重水堆核电厂。后来又建造了电功率为 540 MW 和 750 MW 级的重水堆核电机组。但建造重水堆核电厂的国家不多，规模也不如轻水堆核电厂大，其主要原因是重水太贵。

苏联自第一座核电厂开始，一直在设计、建造石墨水冷堆核电厂，并在其国内建造了一批电功率为 1 000 MW 级的这种核电机组。由于发生了切尔诺贝利事故，俄罗斯、乌克兰关闭了一批石墨沸水堆，对仍在运行的这种机组进行了整治和改造，同事决定停止建造这种堆型的机组。

核能发电作为一种新型的能源，发展迅速，如今核电技术已相当成熟，与水电、火电并列为电力工业的三大支柱。

2.2 世界核电厂发展及运行核电厂概况

核电厂自20世纪50年代开始，根据其工作原理和安全性能的差异，可将其分为四代。

2.2.1 第一代核电厂

核电厂的开发和建设开始于20世纪50年代。1951年，美国最先建成世界上第一座实验性核电厂。1954年苏联也建成发电功率为5 000 kW的实验性核电厂。1957年，美国建成发电功率为9万千瓦的原型核电厂。这些成就证明了利用核能发电的技术可行性。上述实验性的原型核电机组被称为第一代核电厂。

2.2.2 第二代核电厂

20世纪60年代后期，在实验性和原型核电厂机组的基础上，陆续建成发电功率为几十万千瓦或几百万千瓦，并采用不同工作原理的所谓“压水堆”“沸水堆”“重水堆”“石墨水冷堆”等核反应堆技术的核发电机组。它们在进一步证明核能发电技术可行性的同时，使核电的经济性也得以证明。如今，世界上商业运行的四百多座核电机组绝大部分是在这一时期建成的，习惯上称其为第二代核电厂。

2.2.3 第三代核电厂

20世纪90年代，为了消除美国三哩岛和苏联切尔诺贝利核电厂事故的负面影响，世界核电业界集中力量对严重事故的预防和缓解进行了研究和攻关，美国和欧洲先后出台了《先进轻水堆用户要求文件》（URD文件）、《欧洲用户对轻水堆核电厂的要求》（EUR文件），进一步明确了预防与缓解严重事故，提高安全可靠性的要求。于是，国际上通常把满足URD文件或EUR史件的核电机组称为第三代核电机组。第三代核电机组有许多设计方案，其中比较有代表的设计就是美国西屋公司的AP1000和法国阿海珐公司开发的EPR技术。这两项技术在理论上都有很高的安全性。这些设计理论上很好，但实践起来却困难重重。由于某些方面的技术还不够成熟，以致在世界各国使用三代核电技术的装机数寥寥无几。在这方面我国走在了世界前列，浙江三门核电和山东海阳核电就采用了美国西屋公司的 AP1000 技术；广东台山核电则采用法国阿海珐公司的 EPR 技术，它们的建成，使得我国成为世界第三代核电厂的先行者。

2.2.4　第四代核电厂

2000 年 1 月，在美国能源部的倡议下，美国、英国、瑞士、南非、日本、法国、加拿大、巴西、韩国和阿根廷这 10 个有意发展核能的国家，联合组成了“第四代国际核能论坛”，并于 2001 年 7 月签署了合约，约定共同合作研究开发第四代核能技术：企盼进一步降低电站的建造成本，更有效地保证它的安全性，使核废料的产生最少化和防止核扩散。但遗憾的是，迄今还没有建成一个符合这些要求的第四代核电厂。

2.3　中国运行核电厂概况

2019 年在中国具有核电运行（民用核设施运行许可证）牌照的有三家：（1）中国核工业集团公司（简称中核）；（2）中国广核集团（简称中广核）；（3）国家电力投资集团公司（简称国电投）。

截至 2019 年年底，我国商运核电机组数量达到 47 台（不包含台湾地区），总装机容量为 48 751.16 MW（额定装机容量），机组数量及装机容量均列世界第三，在建核电机组 12 台，装机容量为 1 260 万千瓦，在建规模保持全球领先。

2019 年全国累计发电量为 71 422.10 亿千瓦时，运行核电机组累计发电量为 3 481.31 亿千瓦时，比 2018 年同期上升了 18.09%，约占全国累计发电量的 4.88%；累计上网电量为 3 263.24 亿千瓦时，比 2018 年同期上升了 18.15%。与燃煤发电相比，核能发电相当于减少燃烧标准煤 10 687.62 万吨，减少排放二氧化碳 28 001.57 万吨，减少排放二氧化硫 90.84 万吨，减少排放氮氧化物 79.09 万吨。

截至 2019 年第三季度，全球有 449 座商用核动力反应堆在 31 个国家运行，总装机容量达 398.887 GW，另有 52 座在建，总装机容量为 52.659 GW。作为持续、可靠的低碳能源，核电向全球提供超过 11%的电能。

自中国首台核电机组商业运行以来，中国运行核电机组总体运行平稳，取到了良好业绩。与世界核电营运者协会（以下简称“WANO”）规定的业绩指标对照，在全球449台核电运行机组中，我国运行核电机组总体处于中等偏上水平，部分机组的指标达到世界先进水平。

2.4 中国核电财务相关政策摘录

2.4.1 关于资本金的规定

文件号国发〔2009〕27号，国务院关于调整固定资产投资项目资本金比例的通知摘录。

一、各行业固定资产投资项目的最低资本金比例按以下规定执行

钢铁、电解铝项目，最低资本金比例为40%。

水泥项目，最低资本金比例为35%。

煤炭、电石、铁合金、烧碱、焦炭、黄磷、玉米深加工、机场、港口、沿海及内河航运项目，最低资本金比例为30%。

铁路、公路、城市轨道交通、化肥（钾肥除外）项目，最低资本金比例为25%。

保障性住房和普通商品住房项目的最低资本金比例为20%，其他房地产开发项目的最低资本金比例为30%。

其他项目的最低资本金比例为20%。（核电属于其他项目）

文件号国发〔2019〕26号，国务院关于加强固定资产投资项目资本金管理的通知摘录。

三、鼓励依法依规筹措重大投资项目资本金

（七）对基础设施领域和国家鼓励发展的行业，鼓励项目法人和项目投资方通过发行权益型、股权类金融工具，多渠道规范筹措投资项目资本金。

（八）通过发行金融工具等方式筹措的各类资金，按照国家统一的会计制度应当分类为权益工具的，可以认定为投资项目资本金，但不得超过资本金总额的50%。

中华人民共和国能源行业标准NB/T 20048—2011，核电厂建设项目经济评价方法摘录。

附录D（资料性附录） 财务分析参数

D.1 计算参数。

D.1.1　项目经济运营期一般按 30 年考虑。

D.1.2　资本金根据国家法定的资本金制度计列，核电项目不得低于工程建成投资的 20%计列，一般资本金与债务资金同比例投入。

2.4.2　关于核电定价的规定

文件号发改价格〔2013〕1130 号，关于完善核电上网电价机制有关问题的通知摘录

一、对新建核电机组实行标杆上网电价政策。根据目前核电社会平均成本与电力市场供需状况，核定全国核电标杆上网电价为每千瓦时 0.43 元。

文件号发改运行〔2018〕1027 号，国家发展改革委、国家能源局发布了关于积极推进电力市场化交易，进一步完善交易机制的通知摘录。

一、提高市场化交易电量规模

（一）各地要总结电力市场化交易工作经验，结合实际，进一步加快推进电力体制改革，加快放开发用电计划，加快放开无议价能力用户以外的电力用户参与交易，扩大市场主体范围，构建多方参与的电力市场，大幅提高市场化交易电量规模，统筹协调好扩大市场化交易规模和放开发用电计划。开展电力现货市场试点地区，可根据实际设计发用电计划改革路径。

（二）各地应结合实际，统筹发用电侧放开节奏，做好供需总量平衡，进一步明确放开各类发电企业、电力用户和售电企业进入市场的时间，明确放开比例，制定具体工作方案，并进一步完善和规范参与市场化交易的发电企业、电力用户和售电企业等市场主体准入标准、准入程序和退出机制，向社会公布。

（三）各地要取消市场主体参与跨省跨区电力市场化交易的限制，鼓励电网企业根据供需状况、清洁能源配额完成情况参与跨省跨区电力交易，首先鼓励跨省跨区网对网、网对点的直接交易，对有条件的地区，有序支持点对网、点对点直接交易，促进资源大范围优化配置和清洁能源消纳。北京、广州两个电力交易中心要积极创造条件，完善规则，加强机制建设，搭建平台，组织开展跨省跨区市场化交易。

（四）为促进清洁能源消纳，支持电力用户与水电、风电、太阳能发电、核电等清洁能源发电企业开展市场化交易。抓紧建立清洁能源配额制，地方政府承担配额制落实主体责任，电网企业承担配额制实施的组织责任，参与市场的电力用户与其他电力用户均应按要求承担配额的消纳责任，履行清洁能源消纳义务。

二、推进各类发电企业进入市场

（五）在保证安全的情况下，稳妥有序推进核电机组进入市场，在保障优先发电计划外，鼓励核电机组通过参与交易实现多发。

2.4.3 关于核电行业税收的规定

文件号财税〔2008〕38 号，关于核电行业税收政策有关问题的通知摘录

一、关于核力发电企业的增值税政策

（一）核力发电企业生产销售电力产品，自核电机组正式商业投产次月起 15 个年度内，统一实行增值税先征后退政策，返还比例分三个阶段逐级递减。具体返还比例为：

1. 自正式商业投产次月起 5 个年度内，返还比例为已入库税款的 75%；2. 自正式商业投产次月起的第 6 至第 10 个年度内，返还比例为已入库税款的 70%；3. 自正式商业投产次月起的第 11 至第 15 个年度内，返还比例为已入库税款的 55%；4. 自正式商业投产次月起满 15 个年度以后，不再实行增值税先征后退政策。

二、自 2008 年 1 月 1 日起，核力发电企业取得的增值税退税款，专项用于还本付息，不征收企业所得税。

文件号国税发〔2009〕80 号，国家税务总局关于实施国家重点扶持的公共基础设施项目企业所得税优惠问题的通知摘录

一、对居民企业（以下简称企业）经有关部门批准，从事符合《公共基础设施项目企业所得税优惠目录》（以下简称《目录》）规定范围、条件和标准的公共基础设施项目的投资经营所得，自该项目取得第一笔生产经营收入所属纳税年度起，第一年至第三年免征企业所得税，第四年至第六年减半征收企业所得税。

2.4.4 关于核电乏燃料处理费用的规定

文件号财综〔2010〕58 号，核电厂乏燃料处理处置基金征收使用管理暂行办法摘录

第五条乏燃料处理处置基金按照核电厂已投入商业运行五年以上压水堆核电机组的实际上网销售电量征收，征收标准为 0.026 元/千瓦时。今后，财政部会同国家发展改革委、工业和信息化部、国家能源局、国防科工局等部门根据核电发展规模及乏燃料处理处置资金需求的变化，适时调整征收标准。

第六条乏燃料处理处置基金计入核电厂发电成本。

2.4.5　我国核电发展规划

2007 年 10 月国家发展和改革委员会的核电中长期发展规划（2005—2020 年）摘录

（二）发展目标

根据保障能源供应安全，优化电源结构的需要，统筹考虑我国技术力量、建设周期、设备制造与自主化、核燃料供应等条件，到 2020 年，核电运行装机容量争取达到 4 000 万千瓦；核电年发电量达到 2 600～2 800 亿千瓦时。在目前在建和运行核电容量 1 696.8 万千瓦的基础上，新投产核电装机容量约 2 300 万千瓦。同时，考虑核电的后续发展，2020 年末在建核电容量应保持 1 800 万千瓦左右。

国家发展改革委、国家能源局发布电力发展“十三五”规划（2016—2020 年）

“十三五”期间，全国核电投产约 3 000 万千瓦、开工 3 000 万千瓦以上，2020 年装机达到 5 800 万千瓦。

第3章

核电厂投融资的实践

核电厂建设项目经济评价是项目前期研究工作的重要内容，可行性研究阶段应全面、完整地进行经济评价。经济评价的内容包括项目投资构成、投资项目概算与经济参数的计算、核电厂融资与还贷、核电厂项目的财务评价。

3.1 建设项目投资构成

建设项目投资是投资主体为获得预期效益，为项目投入一定量资金，通过工程建设而不断转化为资产的经济活动。核电项目投资量大、技术含量高、建设周期长、投资风险大。因此，国家对于核电投资决策与扶持政策给予极大的关注。除了技术、安全评价外，经济评价是至关重要的。不仅要评价项目总投资、比投资、投资回收期、净现值、投资利润率，还要评价最大净现值、核电厂总费用最小值、平准化贴现成本、内部收益率。

核电厂建设项目财务效益与费用估算是财务分析的重要基础，是编制财务分析辅助报表，包括流动资金估算表、投资使用计划与资金筹措表、借款还本付息计划表、固定资产折旧、无形资产及其他资产摊销估算表和总成本费用估算表的依据。建设项目总投资指核电厂建设项目自前期工作开始至项目全部建成投产运营所需要投入的资金总额，包括工程建成价和生产流动资金。工程建成价分别形成固定资产、无形资产、其他资产。

3.1.1 我国建设投资构成

建设工程投资是基本建设投资的总称。它是利用企业自筹资金、银行建设拨（贷）款、国外基本建设贷款以及其他专项资金进行的以扩大生产能力或新增工程效益为主要目的而兴建的各种工程及有关工作的投资，包括列入国家和各级地方基本建设计划管理范围的投资，或其他属于基本建设性质的建设工程投资。建设工程是固定资产投资主要构成部分，固定资产原值=工程建成价×固定资产形成率。我国现行建设工程投资（造价）的构成如表 3.1 所示。

表 3.1 工程投资（造价）构成及各项费用的计算方法

	费用项目	参考计算方法
1. 建筑安装工程费用	直接工程费 间接费 计划利润 税金	$\sum$(实物工程量×概预算定额基价＋其他直接费) （直接工程费×取费定额）或（人工费×取费定额） [(直接工程费+间接费）×计划利润率] 或（人工费×计划利润率） （直接工程费+间接费+计划利润）×规定的税率
2. 设备、工器具费用	设备购置费（包括备品备件） 工器具及生产家具购置费 土地使用费 建设单位管理费 研究试验费	设备原价×（1+设备运杂费率） 设备购置费×费率 按有关规定计算 [1.+2.] ×费率或按规定的金额计算 按批准的计划编制
3. 工程建设其他费用	生产准备费 办公和生活家具购置费 联合试运转费 勘察设计费 引进技术和设备进口项目的其他费用 供电贴费 施工机构迁移费 临时设施费 工程监理费 工程保险费 财务费用 经营项目铺底流动资金	按有关规定计算 按有关规定计算 [1.+2.] ×费率或按规定的金额计算 按有关规定计算 按有关规定计算 按有关规定计算 按有关规定计算 按有关规定计算 按有关规定计算 按有关规定计算 按有关规定计算 按有关规定计算
4.	预备费 其中：价差预备费	[1.+2.] ×费率 按有关规定计算

3.1.2 核电厂建设项目投资构成

一般工程投资包括固定资产、无形资产投资、递延资产和生产流动资金四部分。本章关于投资与经济评价的方法参照国际原子能机构（IAEA）经济评价指南与中华人民共和国能源行业标准 2011 年《核电厂建设项目经济评价方法》，计算公式亦不作统一。核电厂的资产投资分为基础投资、固定投资和建设投资，或分别称为基础价、固定价和建成价。

核电厂的基础投资是指以基准年价格计算的资本投资额。

核电厂固定投资是在基础投资的基础上考虑逐年物价浮动的建设资产投资总计额。

核电厂建设投资是在固定投资的基础上考虑建设期利息的资本投资总计额，也称为建成价。

3.1.2.1 基础投资

基础价原则上是买卖双方对某物项谈判成交的市场价格，即一手交钱一手交货的价格，又叫隔夜价，通常注明年、货币种类。核电厂基础价包括基本费用、附加费用以及业主的基建投资和服务费用。基本费用包括直接费用和间接费用。

发电工程投资包括为形成发电能力在建设期投入的全部基础资金，其中包括首炉核燃料费的 2/3。

从表 3.2××两台百万千瓦核电机组项目初步设计总概算估算表可见造价的构成。两台百万千瓦核电机组项目基础价工程总投资 38.19 亿美元，其中建筑工程费占 14.45%，设备购置费占 46.96%，安装工程费占 13.85%，其他费用占 24.74%。

3.1.2.2 固定投资

固定投资包括基础投资与价差预备费。

应依据施工组织设计大纲拟定的施工进度和内容，合理安排各年的资金的使用计划，对发电工程和配套送变电工程投资分别按资金来源进行固定资产投资估算，见表 3.3 投资使用计划与资金筹措总表。

表 3.2 ××两台百万千瓦核电机组项目初步设计总概算估算表

序号	工程或费用名称	外币金额/万美元						国内金额/万元					总计折人民币	总计折美元	各项占基础价/%	单位投资	
		建筑工程费	设备购置费	安装工程费	其他费用	合计		建筑工程费	设备购置费	安装工程费	其他费用	合计				人民币元/kW	外币元/kW
						外币	折人民币										
一	工程费用	9 120	94 966	0	84 992	189 078	1 412 412	423 976	630 928	227 642	18 945	1 301 491	2 713 903	394 363	0	11 714	1 606
（一）	前期准备工程					0		42 935	3 012			45 947	45 947	6 151	0	184	25
（二）	核岛工程	9 120	62 101		77 481	148 702	1 110 804	137 233	283 265	87 319		507 817	1 618 621	216 683	0	6 474	867
（三）	常规岛工程		22 671	0	7 511	30 182	225 460	48 348	189 836	66 485	18 131	322 800	548 260	73 395	0	2 193	294
（四）	BOP 工程		10 194			10 194	76 148	152 570	107 487	52 618	814	313 489	389 637	41 445	0	1 176	190
（五）	重大变更工程							32 943	43 051	7 457		83 451	83 451	52 160	0	1 55 9	209
（六）	福岛改进项工程							1 307	4 277	1 913		7 497	7 497	1 213	0	34	6
（七）	延期费用							8 640		11 850		20 490	20 490	3 316	0	94	15
二	工程其他费用	0	0	0	0	0	0	0	0	0	536 877	536 877	536 877	86 891	0	2 465	398
（一）	概算调整部分										494 104	494 104	494 104	79 968	0	2 268	367
（二）	福岛改进工程部分										19 066	19 066	19 066	3 086	0	88	14
（三）	延期管理费										19 000	19 000	19 000	3 075	0	87	14
（四）	部分重大变更工程										4 707	4 707	4 707	762	0	22	3
	一、二部分费用合计	9 120	94 966	0	84 992	189 078	1 412 412	423 976	630 928	227 642	555 822	1 838 368	3 250 780	481 254		14 179	2 004

续表

序号	工程或费用名称	外币金额/万美元						国内金额/万元					总计折人民币	总计折美元	各项占基础价/%	单位投资	
		建筑工程费	设备购置费	安装工程费	其他费用	合计		建筑工程费	设备购置费	安装工程费	其他费用	合计				人民币元/kW	外币元/kW
						外币	折人民币										
三	首炉核燃料费（2/3）		26 488			26 488	197 868					0	197 868	26 488	0	791	106
四	基本预备费				8 623	8 623	64 411				144 252	144 252	208 663	27 933	0	835	112
	合计	9 120	121 454	0	93 615	224 189	1 674 691	423 976	630 928	227 642	700 074	1 982 620	3 657 311	535 675	1	15 805	2 222
	国内设备增值税扣减（10%）		−12 145			−12 145	−90 726		−63 093			−63 093	−153 819		0		
五	工程基础价	9 120	109 309	0	93 615	212 044	1 583 965	423 976	567 835	227 642	700 074	1 919 527	3 503 492	535 675	1	15 805	2 222
六	涨价预备费				16 780	16 780	125 350				0	0	125 350	16 780		501	67
七	工程固定价	9 120	109 309	0	110 395	228 824	1 709 315	423 976	567 835	227 642	700 074	1 919 527	3 628 842	552 455		16 306	2 289
八	建设期财务费用				65 249	65 249	487 411				228 557	228 557	715 968	95 846		2 864	383
九	工程建成价	9 120	109 309	0	175 644	294 073	2 196 726	423 976	567 835	227 642	928 631	2 148 084	4 344 810	648 301		19 170	2 672
	进口环节增值税		24 291			24 291	181 452		126 186			126 186	307 638	41 183		250	40
	国内设备增值税	0	12 145	0	0	12 145	90 726	0	63 093	0	0	63 093	153 819	0		0	0
十	铺底流动资金										36 741	36 741	36 741	4 918		147	0
十一	项目计划总资金	9 120	145 745	0	175 644	330 509	2 468 904	423 976	757 114	227 642	965 372	2 374 104	4 843 008	694 402		19 567	2 712

表 3.3 投资使用计划与资金筹措总表 人民币单位：万元

序号	项目	合计	计算期					
			1	2	3	4	…	n
1	项目总投资							
1.1	固定投资（基础投资+价差预备费）							
1.2	建设期利息							
1.3	流动资金							
2	资金筹措							
2.1	项目资本金							
2.1.1	用于建设投资							
2.1.2	用于流动资金							
2.2	债务资金							
2.2.1	长期借款							
2.2.2	流动资金借款							
2.2.3	其他短期借款							
2.3	其他							

（1）固定投资

在买卖双方成交确定基础价并签订合同生效后，至卖方交货时，付款必须在基础价上按双方确认的年涨价率计算价差预备费（PF）。

固定投资=基础投资+价差预备费

（2）价差预备费

价差预备费的内容包括：人工、设备、材料、施工机械的价差费，建筑安装工程费及工程建设其他费用调整，利率、汇率调整等增加的费用。

价差预备费一般根据国家规定的投资综合价格指数，按照估算年份价格水平的投资额为基数，采用复利方法计算。

价差预备费公式：$PF=\sum_{t=1}^{n} I_t[(1+f)^m(1+f)^{0.5}(1+f)^{t-1}-1]$

式中：PF——价差预备费；

n——建设期年份数；

I_t——建设期第 t 年的静态投资额；

f——年涨价率；

m——建设前期年限（从编制投资估算到开工建设，单位：年）。

年涨价率，政府部门有规定的按规定执行，没有规定的由可行性研究人员预测。

3.1.2.3 建成投资

$$\text{建成投资}=\text{固定投资}+\text{建设期利息}$$

（1）建设期利息按各种币种贷款利率分别计算。

（2）贷款应按贷款文件明确的利率和计算方式计算。一般情况下可按半年计算至第一台机组投入商业运行后的半年底，上半年算至6月底，下半年算至12月底。

（3）当年贷款按半数计息，以后各年按全数计息。计算公式：

$$\text{建设期各年利息}=\left(\text{当年贷款本息累计}+\frac{\text{当年贷款}}{2}\right)\times\text{年利率}$$

当年贷款包括当年的基础投资和浮动值；年利率为该项贷款的综合利率包括银行的手续费、融资费等。

3.1.2.4 生产流动资金

生产流动资金是指为机组投产运行所准备的用于购买核燃料、材料、备品备件和支付工资等所需用的周转性资金。见表3.4流动资金估算表。

表3.4 流动资金估算表（分项详细估算法） 人民币单位：万元

序号	项目	合计	计算期					
			1	2	3	4	…	*n*
1	流动资产							
1.1	应收账款							
1.2	存货							
1.2.1	原材料							
1.2.2	燃料							
1.2.3	其他							
1.3	现金							
2	流动负债							

续表

序号	项目	合计	计算期					
			1	2	3	4	…	n
2.1	应付账款							
3	流动资金							
4	流动资金本年增加额							

注 1：流动资产=应收账款+存货+现金；
注 2：应收账款=（年经营成本－年退役基金－核后处理费）/周转次数；
注 3：存货=年核燃料费/周转次数+年其他材料费/周转次数；
注 4：现金=（年工资及福利费+其他费用+年保险费）/周转次数；
注 5：流动负债=应付账款；
注 6：应付账款=年核燃料费/周转次数+（年其他材料费+年水费）/周转次数；
注 7：周转次数=360 天/最低周转天数。
注 8：最低周转天数按实际情况并考虑保险系数分项确定。其他材料费指生产运行、维护修理和事故处理等所耗用的各种原料、材料、备品备件和低值易耗品等费用

生产流动资金按机组台数平均分配。并在机组投入运行前的 2～3 年投入。流动资金贷款利息逐年计入财务费用中。

（1）估算范围

生产流动资金按更换的年核燃料费用，再加上按正常运行年年核燃料费的 5%估算的材料、备品备件等费用之和计列。

（2）估算依据

生产流动资金人民币部分应分为自有流动资金和流动资金贷款，其中：自有流动资金 30%，流动资金贷款 70%，外币部分可暂按全部贷款考虑。

3.1.3　基础价、固定价、建成价的估算

3.1.3.1　估算条件

某核电厂是与外方技术合作建设的 AP1000 百万千瓦双机组第三代技术非能动压水堆核电厂，每个机组设计输出功率为 125 万千瓦，设计寿命为 60 年；由外方负责核岛设计、A1 类设备供应，中方负责核岛非 A1 类设备、核岛建安施工；中方全部负责常规岛和 BOP 主要设备的供应和建设，部分设备从第三国采购。

核电厂按中外合作，以我为主的原则进行建设。具体在工程设计、设备、材料供货、土建施工和安装、调试和运行等方面采取切块分包建设模式（外方

负技术责任），即业主负责的多包合同模式。

核电厂在2009年3月浇灌第一罐混凝土，第一台机组计划在56个月后即2013年年底投入商业运行，第二台机组计划在68个月后即2014年商业进行。

3.1.3.2　经济参数的设定

（1）基本预备费。国内费用部分的费率为 8%，外方供货和服务部分费用为4%，第三方供货和服务费率为3%。

（2）涨价预备费。国内费用年浮动率按0%计，国外费用（美元计价部分）中核岛及BOP工程年浮动率按2%。

（3）根据国务院《关于固定资产投资项目试行资本金制度的通知》的精神，经国务院批准的核电厂等重大建设项目，资本金可以低于20%，某核电厂项目资本金为人民币89亿元人民币。

（4）人民币贷款，通过国内政策性银行或商业银行贷款。贷款本金105亿元人民币，分别在8年建设期内逐年贷入，实际年利息率为8.06%，自第一台机组投入商业运行满一年后开始以本息等额方式偿还，还款期为 15 年，本息总为人民币128亿元。

（5）外币贷款。外币资金通过美元现汇贷款解决，贷款本金为 24 亿美元，分别在8年建设期内逐年贷入，贷款年利率为6.63%，自第一台机组投入商业运行满一年后开始以本息等额方式偿还，还款期为15年，本息总为30.6亿美元。

（6）首炉燃料费（2/3）。技术合作方提供首炉核燃料按合同价 2/3 计列，核燃料的交货方式为陆运 DAF 方式。运杂费参照有关规定计取，核燃料国内段运输保险按到岸价的0.7%计取。

（7）铺底流动资金。按流动资金总额的30%计算，大约3.7亿元人民币。

按上述参数计算（2×1 000）MW 核电厂基础价、固定价和建成价见表3.2××两台百万千瓦核电机组项目初步设计总概算估算表。

3.2　投资项目概算与经济参数的计算（寿期资金流）

核电厂建设项目经济评价的计算期，包括建设期和运营期。建设期指项目正式开工到建成投产所需要的时间，应参照项目建设的合理工期或建设进度计划合理确定；运营期指项目投入生产到项目经济寿命结束所需要的时间，见表3.5。

表 3.5　投资使用与资金筹措计划表

序号	项目	合计		2007 年		2008 年		2009 年		2010 年		2011 年		2012 年		2013 年		2014 年	
		美元	人民币	美元	人民币	美元	人民币	美元	人民币	美元	人民币	美元	人民币	美元	人民币	美元	人民币	美元	人民币
	分年计划%			8.39	8.42	18.96	8.67	14.59	14.27	13.60	17.07	12.09	18.67	10.96	16.80	10.82	14.73	10.60	1.38
1	投资使用																		
1.1	建设投资（固定价）	240 969	1 947 396	19 151	163 922	43 924	168 907	34 337	277 834	32 519	332 497	29 327	363 591	26 943	327 081	27 236	286 760	27 533	26 804
1.2	建设期利息	65 249	228 557	635	1 489	2 768	3 098	5 546	6 950	8 130	16 333	10 719	29 241	13 295	51 150	15 972	80 010	8 185	40 286
1.3	流动资金		122 468												36 741		85 728		
2	资金筹措																		
2.1	自存资金																		
2.1.1	注册资本金		892 788		126 971		168 907		188 458		202 949		205 504						
2.1.2	铺底流动资金		36 741												36 741				
2.2	借款	240 969	1 054 607	19 151	36 951	43 924	0	34 337	89 376	32 519	129 549	29 327	158 086	26 943	327 081	27 236	286 760	27 533	26 804
2.2.1	长期借款																		
（1）	人民币借款		1 054 607		36 951		0		89 376		129 549		158 086		327 081		286 760		26 804
（2）	国内美元现汇贷款	240 969		19 151		43 924		34 337		32 519		29 327		26 943		27 236		27 533	

3.2.1 投资项目概算（按建设期分列各期的投资概算）

根据某核电厂项目建造周期及施工进度安排，本项目建设周期的资金流分布为：第一年 8.40%，第二年 13.43%，第三年 14.41%，第四年 15.47%，第五年 15.63%，第六年 14.10%，第七年 12.92%，第八年 5.64%。

3.2.2 预计寿期每年的经营净现金流量

3.2.2.1 经营收入现金流

经营收入现金流主要根据发电量及电价进行测算。核电厂建设项目的财务效益指销售产品所获得的收入，主要指售电收入，采用不含增值税的价格计算。计算如下：

年售电收入=机组容量×8 760 小时×负荷因子×（1－厂用电率）×电价

或年售电收入=机组容量×机组年利用小时×（1－厂用电率）×电价

3.2.2.2 经营成本现金流

经营成本现金流主要根据燃料费、运行维护费、税金及附加、后处理费、退役基金和其他费用进行测算。总成本费用可分解为固定成本和可变成本。固定成本包括折旧费、摊销费、修理费、工资及福利费、退役基金、保险费、其他费用及财务费用等；可变成本包括核燃料费、乏燃料后处理费、材料费、水费、中低放废物处理处置费、核应急费等。

经营成本是项目财务分析中所使用的特定概念，包括核燃料费、乏燃料后处理费、材料费、水费、中低放废物处理处置费、核应急费、修理费、工资及福利费、退役基金、保险费、其他费用。计算公式见如下：

经营成本=总成本费用－折旧费－摊销费－财务费用

3.2.2.3 销售税金及附加估算

销售税金及附加估算包括增值税、城市维护建设税、教育费附加三部分。

财务分析应按税法规定计算增值税，计算公式如下：

增值税=销项税额－进项税额

城市维护建设税和教育费附加是地方性的附加税和专项费用，计税依据是增值税，计算公式如下：

城市维护建设税和教育费附加=增值税×税率

3.2.2.4　企业所得税

企业所得税是针对企业应纳所得税额征收的税种，财务分析时应根据税法规定，并注意正确使用有关的优惠政策。

3.3　核电厂融资与还贷

3.3.1　核电厂融资环境简述

3.3.1.1　市场环境

不同市场环境，对财务管理有重要影响。处于垄断市场，因为经营风险小，可以较多负债。国内核电市场属于寡头垄断市场，具有很高的技术壁垒和很强的行政色彩，相较于传统电能企业，有较为明显的市场竞争优势和发展优势[1]。只要核电项目建成并开始商业运行后，其现金的流入是非常稳定的，应收账款较少，偿债能力可以得到保障。

3.3.1.2　采购环境

采购环境表示的是买卖方地位和价格的变动情况。如果属于买方市场则容易采购，库存较少，卖方市场则相反，材料采购困难，库存多。核电企业的采购对象主要是核燃料，核燃料交易则属于国家专营，政府管制很明显。核燃料的供应方和需求方家数都不多，目前我国只有两家核燃料生产企业，已经拥有商业运行的核电厂企业集团也只有两家，所以供需双方相对平衡。

3.3.1.3　生产环境

生产环境主要指产品生产周期长短，影响资金周转和资金结构。核电企业的核燃料更换周期较长，通常 12～18 个月更换一次，电力产品生产和销售就是一瞬间的事情，回收资金也较快，一个月左右可以收回货款。核电厂建设时间较长，一般需要五年以上，甚至有的达到十年之久。所以需要较多的长期资金，占企业资金的 90%以上。

3.3.1.4 人员环境

人员环境包括股东、债权人、职工、顾客、政府和社会对企业的态度。社会对核电厂的核辐射很敏感，所以要加强环境的保护和社会舆情的掌握。

3.3.1.5 法律环境

根据国务院国发〔2015〕51号文《关于调整和完善固定资产投资项目资本金制度的通知》规定，经国务院批准的核电厂等重大建设项目，可以在规定最低资本金比例20%基础上适当降低。所以通常由核电厂建设单位作为资本金出资承担20%，其余大部分依靠负债，核电企业的资产负债率达到80%左右，比其他类型企业都要高。负债中的大部分又是由银团贷款而来，且大部分是长期贷款，还有部分是出口信贷等。

3.3.2 核电厂融资渠道、方式

3.3.2.1 企业资金来源渠道

企业资金主要的来源渠道有：国家财政资金、商业银行信贷资金、非银行金融机构、其他企业资金、企业内部留存收益、民间资金、境外资金。目前核电厂的资金来源主要为国有政策性银行、商业银行、国家企业、境外银行贷款、内部留存收益。

3.3.2.2 筹资方式

筹资方式是指企业取得资金的具体形式。企业主要的筹资方式及特点如表3.6所示。

表3.6 企业筹资方式及特点

筹资类型	筹资方式	筹资渠道	资金成本	财务风险	资金性质
短期资金	短期银行借款	银行	较高	较高	债务资金
	商业票据	金融机构或企业	很低	最大	
	商业信用	客户（其他企业）	时高时低	一般	
	应付费用	职工或政府	无或最低	一般	
长期资金	中长期借款	银行等	一般（较短期高）	较大	债务资金
	债券	企业、银行、居民	一般（较短期高）	较大	
	租赁	租赁公司	高	一般	
长期资金	吸收直接投资	企业、居民等	很高	很小	权益资金
	股票	企业、居民等	很高	很小	
	留存收益	企业内部	很高	很小	

一个企业究竟多少资金用于短期，多少资金用于长期，决定于企业资产类型及财务决策人员的偏好。核电企业由于固定资产巨大，所以需要较多长期资金，占企业总资金的 80%以上，如中国核电股份公司 2016 年的长期资金占比达到 95%，中国广核电力股份公司的长期资金占比相对较低，但 2016 年也达到 78%。

3.3.3 主权资金融资

主权资金融资主要有直接投资、发行普通股票、发行优先股票。

吸收直接投资是企业按照“共同投资、共同经营、共担风险、共享利润”的原则吸收国家、企业单位、个人、外商投入资金的一种筹资方式。股票是股份公司为筹集自有资金而发行的有价证券，是持股人拥有公司股份的入股凭证。

吸收直接投资和发行股票都是向企业外部筹集资金的方式，发行股票是由股票这种有价证券作为中介，而吸收直接投资则不以证券为中介，吸收直接投资是非股份制企业筹集自有资金的基本方式。股票又分为普通股和优先股，普通股是随着企业利润变动而变动的一种股份，是股份公司资本构成中最普通、最基本的股份。优先股是“普通股”的对称，是股份公司发行的在分配红利和剩余财产时比普通股具有优先权的股份。近几年我国核电企业大部分发行了普通股，还没有发行优先股。

（1）普通股筹资利弊

优点：改善公司财务状况，降低财务风险；提高公司信誉，降低债券筹资成本。

缺点：资金成本高；有可能导致现有股东失去控制权；不便于保密。

（2）优先股特征

具有股票与债券双重特征：

1）有一定优先权：一是股息优先权，二是剩余财产分配的优先权。

2）股息率事先确定，从税后利润支付、资金成本高。

3）没有期限，可归企业永久使用、可改善公司财务状况。

4）优先股东无权参加经营管理决策、不影响原有股东控制权。

3.3.4 负债资金筹集与偿还

负债筹资有短期负债筹资和长期负债筹资。长期负债筹资有企业债券筹资、长期借款筹资、融资租赁筹资；短期负债筹资有短期借款筹资、商业信用筹资、商业票据筹资和应付费用筹资。负债共同的特点：一是利息可以在税前列支，从而可享受所得税优惠，资金成本低，即企业负担的实际利息要小于名义利息；二是可以产生财务杠杆作用；三是增加了负债主体的财务风险。

3.3.4.1 企业债券筹资

企业债券是指企业依照法定程序发行，约定在一定期限内还本付息的有价证券。企业债券的特征如下：

（1）有确定的期限，到期必须归还本金。

（2）债券利息在发行时预先确定。

我国核电企业发行了少量企业债券，近几年随着核电企业发行股票的成功，可以考虑发行可转换债券，其利息率更低。

债券的偿还方式应在债券发行章程中明确规定。一般分为以下几种：到期一次偿还；分批偿还；转换普通股。

3.3.4.2 银行借款

银行借款是核电企业的主要资金来源形式，占核电厂建设资金的80%左右，主要是国内政策性银行和商业银行提供贷款，且大部分是长期贷款，还有部分是出口信贷等。

银行借款特点是所花时间较短，手续简便（相对于股票、债券而言简便）；借款期限、数量、利息可协商确定，有灵活性。

核电厂长期资金的借款主要以年金方式在核电厂投入运营后一年开始连本息一起等额偿还，一般偿还期设定为 15 年左右的时间，短期资金的借款则是到期后连本带利一次性偿还。

3.3.5 其他负债融资方式

3.3.5.1 租赁筹资

租赁是指出租人在承租人给予一定报酬的条件下，授予承租人约定期限内占有和使用财产权利的一种契约。租赁的种类主要有经营租赁和融资租赁。

经营租赁：由租赁公司向承租单位在短期内提供设备，并提供维修、保养、人员培训等的一种服务性业务，又称服务性租赁。

融资租赁：由租赁公司按承租单位要求出资购买设备，在较长的契约或合同期内提供给承租单位使用的信用业务，它是融通资金为目的。

核电厂筹建时期可以采用经营租赁的方式租赁汽车供临时使用，减少资金筹集的压力的同时，又可以减少资金风险，如一旦核电厂筹建失败，则可以减少损失。核电厂中的辅助设备则可以采用融资租赁的方式，减少资金筹集的压力。

3.3.5.2　商业信用筹资

商业信用是指商品交易中延期付款或延期交货（预付货款）而形成的借贷关系，是企业之间的一种直接信用行为。

3.3.5.3　商业票据筹资

商业票据指信誉较好，实力雄厚的大公司发行的短期无抵押本票。商业票据特点如下：

（1）无担保，完全以公司信誉为担保。

（2）成本低，低于短期借款利率。

（3）约束少，资金使用不受限制。

（4）风险大，到期偿还无协商余地，无力偿付会出现严重后果。

（5）发行条件严格，只有信誉好，实力雄厚的大公司才可以发行。

核电厂企业属于实力雄厚的大公司，所以有条件和能力发行商业票据，其成本较低，可以尽量使用。

3.3.6　田湾核电厂负债资金筹集介绍

3.3.6.1　田湾核电厂概况

田湾核电厂规划建设 8 台百万千瓦级压水堆核电机组。一期工程 1、2 号机组（单机容量 106 万千瓦）和二期工程 3、4 号机组（单机容量 112.6 万千瓦），是中俄两国政府加深政治互信、发展经济贸易、加强国际战略协作，共同推动中俄核能合作的标志性工程。4 台机组均采用俄罗斯 VVER-1000 改进型核电机组，技术设计和安全措施满足国际上第三代核电厂的安全要求。

一期工程于 1999 年 10 月 20 日开工建设，1、2 号机组分别于 2007 年 5 月 17 日和 8 月 16 日投入商业运行。二期工程于 2012 年 12 月 27 日正式开工建设，3、4 号机组分别于 2018 年 2 月 15 日和 12 月 22 日投入商业运行，工程提前于计划全面投产。田湾核电厂各机组运行总体状况良好，辐射防护措施有效，个人和集体剂量得到有效控制，三废排放远低于国家控制标准，全面实现国家安全生产标准化一级达标，年度发电量和机组性能指标稳步提升。

截至 2019 年，田湾核电厂每年发电量超过 300 亿千瓦时，4 台商运机组减排效益相当于在长江三角洲地区种植了超过 7 万公顷绿色森林，创造了良好的经济效益、社会效益和环境效益。

三期工程 5、6 号机组采用 M310+改进机型（单机容量 111.8 万千瓦），分别于 2015 年 12 月 27 日和 2016 年 9 月 7 日开工建设，是我国“十二五”期间核电机组建设的收官之作。单台机组建设工期 60 个月，计划 2021 年年底前投入商业运行（见表 3.7）。

表 3.7 田湾核电厂 1 至 6 号机组投资及功率

机组	投资规模/亿元	状态	设计功率/MkW	设计年发电量/亿千瓦时
1、2 号机组	298	运行	1 060×2	148
3、4 号机组	433	运行	1 126×2	158
5、6 号机组	307	在建	1 118×2	157

注：投资规模为项目计划总资金口径

3.3.6.2 负债筹集情况

田湾核电厂 3 至 6 号机组负债融资金额占投资总额基本在 80%以下（2011 年以后根据国家政策资本金要求 20%以上），国外银行贷款逐年减少，国内银行贷款逐步增加，借款利息率在 4%～5%之间，借款期限 22 年，由于核电机组商运后营业现金流比较稳定，所以田湾核电厂的负债偿还方式以等额偿还为主，每年偿还两次（见表 3.8 至表 3.10）。

表 3.8 田湾核电厂 1 至 6 号机组基建期负债融资

机组	筹集金额/亿元	融资渠道	平均借款利息率/%	借款期限/年	借款条件	是否抵押	偿还方式
1、2 号机组	260	人民币贷款、俄罗斯政府贷款、第三国商贷、第三国信贷	5.30	21	信用借款	部分质押	等额偿还为主，每年偿还两次
3、4 号机组	346	人民币贷款、欧元贷款	4.00	22	信用借款	否	等额偿还，每年偿还两次
5、6 号机组	240	人民币贷款	4.19	22	信用借款	否	等额偿还，每年偿还两次

表 3.9　田湾核电厂 1 至 6 号机组投资负债比

机组	负债筹集金额/亿元	投资规模/亿元	投资负债率/%
1、2 号机组	260	298	87.25
3、4 号机组	346	433	79.91
5、6 号机组	240	307	78.18

表 3.10　田湾核电厂 1 至 6 号机组基建贷款还款计划　亿元

年度	机组	历年还款	年度	机组	历年还款	年度	机组	历年还款
2007	1、2 号机组	3.17	2020	3、4 号机组	16.80	2021	5、6 号机组	25.48
2008	1、2 号机组	12.05	2021	3、4 号机组	35.34	2022	5、6 号机组	2.60
2009	1、2 号机组	22.93	2022	3、4 号机组	21.57	2023	5、6 号机组	5.07
2010	1、2 号机组	31.56	2023	3、4 号机组	32.65	2024	5、6 号机组	17.04
2011	1、2 号机组	33.88	2024	3、4 号机组	25.14	2025	5、6 号机组	14.17
2012	1、2 号机组	32.62	2025	3、4 号机组	24.55	2026	5、6 号机组	22.04
2013	1、2 号机组	30.39	2026	3、4 号机组	34.15	2027	5、6 号机组	12.07
2014	1、2 号机组	14.86	2027	3、4 号机组	34.85	2028	5、6 号机组	12.22
2015	1、2 号机组	14.62	2028	3、4 号机组	30.47	2029	5、6 号机组	16.87
2016	1、2 号机组	13.06	2029	3、4 号机组	20.95	2030	5、6 号机组	10.18
2017	1、2 号机组	11.51	2030	3、4 号机组	21.62	2031	5、6 号机组	11.10
2018	1、2 号机组	10.40	2031	3、4 号机组	18.27	2032	5、6 号机组	16.51
2019	1、2 号机组	10.37	2032	3、4 号机组	12.29	2033	5、6 号机组	5.48
2020	1、2 号机组	10.26	2033	3、4 号机组	3.35	2034	5、6 号机组	5.92
2021	1、2 号机组	8.33	2034	3、4 号机组	1.21	2035	5、6 号机组	5.92
			2035	3、4 号机组	12.79	2036	5、6 号机组	4.93
						2037	5、6 号机组	5.92
						2038	5、6 号机组	9.46
						2039	5、6 号机组	37.00
合计	—	**260.00**	—	—	**346.00**	—	—	**240.00**

3 至 6 号机组项目贷款的期限基本为 22 年，贷款利率为央行基准利率下浮 10%，根据中国人民银行公告〔30〕号文件要求，田湾核电厂已经在 2020 年 7 月基本完成了基准利率切换。

3.3.6.3 长期借款筹资

田湾核电厂基建期贷款主要是长期贷款，无一年期及以下期限贷款，债务结构较为稳健。在筹资渠道方面，主要以集团内委托贷款、政策性银行贷款、商业银行贷款为主，三种机构债务余额占比各约为三分之一，均为间接融资。田湾核电厂 2020 年 6 月末债务机构分布情况如表 3.11 所示。

表 3.11 田湾核电厂 2020 年 6 月末债务机构分布表

融资渠道	金额/亿元	占比/%
集团内委托贷款	200	35
政策性银行贷款	190	33
商业银行贷款	181	32
合计	571	100

3.3.6.4 其他长期负债

2016 年 6 月田湾核电厂与中核融资租赁有限公司签署 10 亿元人民币融资性售后回租合同，期限 6 年，实际利率水平为当时银行同期借款基准利率下浮 10%。此笔融资租赁业务是田湾核电厂首次通过融资租赁进行融资，通过融资性售后回租进行融资是对现有融资模式的一次创新，有助于盘活资产，拓宽融资渠道，优化债务结构。

3.4 核电厂项目的财务评价

3.4.1 财务分析

财务分析应采用以市场价格体系为基础的预测价格。在建设期内，即应考虑投入的相对价格变动，又考虑价格总水平变动，投资按工程建成价。在运营期内，由于运营期比较长，难以确定投入与产出的价格变动，一般可采用项目运营期初同一不变的价格；若能合理判断未来的市场价格变动趋势，投入与产出可采用相对变动价格；有要求时，也可考虑价格总水平的变动。经济分析应采用以影子价格体系为基础的预测价格，不考虑价格总水平变动因素。

财务分析主要通过编制财务分析基本报表，计算财务指标，分析项目的盈利能力、偿债能力和财务生存能力，判断项目的财务可接受性，明确项目对项目法人及投资方的价值贡献，为项目决策提供依据。

3.4.1.1　财务分析基本报表

财务分析基本报表包括现金流量表、利润与利润分配表、财务计划现金流量表和资产负债表（参见附录A）。

现金流量表是反映项目在建设和运营整个计算期内各年的现金流入和流出，进行资金的时间因素折现计算的报表，包括项目投资现金流量表、项目本金现金流量表和投资各方现金流量表。

项目投资现金流量表用来进行项目融资前分析，即在不考虑债务筹措的条件下进行盈利能力分析，分别计算所得税前与税后的项目投资财务内部收益率、项目投资财务净现值和项目投资回收期。项目投资现金流量表中的所得税为调整所得税。调整所得税为以息税前利润为基数计算的所得税，区别于“利润与利润分配表”“项目资本金现金流量表”和“财务计划现金流量表”中的所得税，计算公式如下：

$$调整所得税=息税前利润\times企业所得税率$$

项目资本金现金流量表在拟定的融资方案下，从项目资本金出资者整体的角度，考察项目的盈利能力并计算息税后资本金财务内部收益率。

投资各方现金流量表从投资方实际获利和支出的角度，反映投资各方的收益水平，计算息税后投资各方财务内部收益率。

利润与利润分配表反映项目运营期内各年销售收入、总成本费用、利润总额等情况，以及所得税后利润的分配，用于计算总投资收益率、项目资本金净利润率等指标。核电项目的利润分为利润总额和净利润。其计算方式分别如下。

（1）利润总额按下列公式进行计算

利润总额=销售收入－总成本费用－城市维护建设税和教育费附加+补贴收入

式中：补贴收入——与收入相关的政府补助以及属于财政扶持而给予的其他形式的补贴等。

依据国家现行规定，年度利润总额实现后的用途依次为：弥补以前年度亏损（自发生亏损的下年开始，可延续五年弥补，第六年仍未补完，需用净利润弥补），交纳所得税（自盈利年起），提取法定盈余公积金和任意盈余公积金，偿还短期借款及长期借款本金，各投资方利润分配。

应纳税所得额和企业所得税分别按照下列两公式计算。

应纳税所得额=利润总额－弥补以前年度亏损额－补贴收入

企业所得税=应纳税所得额×企业所得税率

（2）净利润按下列公式计算

净利润=利润总额－企业所得税

内资项目以当年净利润为基数提取法定盈余公积金，计算公式如下：

公积金=净利润×公积金率

（3）可供分配利润是指当期净利润加上期初未分配利润（或减去期初未弥补亏损）。可按下列公式计算

可供分配利润=净利润+期初未分配利润

或按照下列公式：

可供分配利润=净利润－弥补以前年度亏损额

（4）未分配利润是指可供分配利润在做各项分配后的剩余部分。可按下列公式计算：

未分配利润=可供分配利润－公积金－资本金利润

财务计划现金流量表反映项目计算期内各年的投资、筹资及经营活动的现金流入和流出，用于计算累计盈余资金，分析项目的财务生存能力。拥有足够的经营净现金流量是财务可持续的基本条件；各年累计盈余资金不出现负值是财务生存的必要条件。

资产负债表反映项目计算期内各年年末资产、负债及所有者权益的增减变化及对应关系、计算资产负债率、流动比率和速动比率。

3.4.1.2 盈利能力分析

盈利能力分析以项目投资财务内部收益率（FIRR）、项目资本金财务内部收益率（FIRR）和项目投资回收期为主要指标，以项目投资财务净现值（FNPV）、总投资收益率（ROI）和项目资本金净利润率（ROE）为辅助指标。

（1）项目投资内部收益率

项目投资内部收益率是指项目在计算期内各年净现金流量现值累计等于零时的折现率。项目投资内部收益率根据下列公式计算：

$$\sum_{t=1}^{n}(\mathrm{CI}_t-\mathrm{CO}_t)\times(1+\mathrm{FIRR})^{-t}=0$$

式中：CI_t——第 t 年的现金流入量，万元；

CO_t——第 t 年的现金流出量，万元；

FIRR——以百分数表示的项目投资内部收益率；

n——项目计算期限，年。

项目投资内部收益率可通过编制项目投资现金流量表计算，求出的 FIRR 应与基准收益率（i_c）比较。当 FIRR＞i_c 时，应认为该项目在财务上是可行的。

核电行业还可通过给定财务内部收益率，测算项目的上网电价，与政府主管部门发布的当地标杆上网电价对比，判断项目的财务可行性。一般地，项目投产期、还贷期和还贷后为单一电价，即经营期平均电价。

（2）项目资本金内部收益率

项目资本金内部收益率是指在项目计算期内，与项目资本金相关的净现金流量现值累计等于零时的折现率。

项目资本金内部收益率按下列公式计算：

$$\sum_{t=1}^{n}(\mathrm{CI}_t-\mathrm{CO}_t)\times(1+\mathrm{FIRR})^{-t}=0$$

式中：CI_t——第 t 年与项目资本金有关的现金流入量，万元；

CO_t——第 t 年与项目资本金有关的现金流出量，万元；

FIRR——以百分数表示的项目资本金内部收益率。

项目资本金内部收益率可通过编制项目资本金现金流量表（参见附录表 A.2）计算，求出的 FIRR 应与项目资本金期望收益率（i_0）比较，当 FIRR＞i_0

时，应认为该项目是符合投资方利益要求的。核电厂建设项目的项目资本金期望收益率由项目投资方确定。

（3）财务净现值

财务净现值（FNPV）是指行业基准收益率（i_c），将项目计算期内各年的净现金流量折现到建设期初的现值之和，是反映项目在计算期内盈利能力的动态评价指标，可按下列公式计算：

$$\text{FNPV}=\sum_{t=1}^{n}(\text{CI}-\text{CO})_t(1+i_c)^{-t}$$

财务净现值不小于零的项目是可行的。

（4）项目投资回收期

项目投资回收期指以项目的净收益同收项目投资所需要的时间，是考察项目财务上投资回收能力的重要静态评价指标。投资回收期（以年表示）宜从建设期开始算起，可按下列公式计算：

$$\sum_{t=1}^{P_t}(\text{CI}-\text{CO})_t=0$$

投资回收期可用项目投资现金流量表中累计净现金流量计算求得。可按下列公式计算：

$$P_t=T-1+\frac{\left|\sum_{i=1}^{T-1}(\text{CI}-\text{CO})_i\right|}{(\text{CI}-\text{CO})_T}$$

式中：T——各年累计净现金流量首次为正值或零的年数。

投资回收期短，表明项目投资回收快，抗风险能力强。

（5）总投资收益率

总投资收益率（ROI）指项目达到设计能力后正常年份的年息税前利润或运营期内平均息税前利润（EBIT）与项目总投资（TI）的比率，表示总投资的盈利水平。可按下列公式计算：

$$\text{ROI}=\frac{\text{EBIT}}{\text{TI}}\times 100\%$$

式中：EBIT——项目正常年份的年息税前利润或运营期内年平均息税前利润；

TI——项目总投资。

总投资收益率高于同行业的收益率参考值，表明用总投资收益率表示的盈利能力满足要求。

（6）项目资本金净利润率

项目资本金净利润率（ROE）指项目达到设计能力后正常年份净利润或运营期内平均净利润（NP）与项目资本金的比率，表示项目资本金的盈利水平。可按下列公式计算：

$$ROE = \frac{NP}{EC} \times 100\%$$

式中：NP——项目正常年份的年净利润或运营期内年平均净利润；

EC——项目资本金。

项目资本金净利润率高于同行业的净利润率参考值，表明用项目资本金净利润率表示的盈利能力满足要求。

3.4.1.3 偿债能力分析

偿债能力分析的主要指标包括利息备付率（ICR）、偿债备付率（DSCR）、资产负债率（LOAR）、流动比率和速动比率。

（1）利息备付率

利息备付率（ICR）指在借款偿还期内的息税前利润（EBIT）与应付利息（PI）的比值，表示利息偿付的保障程度指标，可按下列公式计算：

$$ICR = \frac{EBIT}{PI} \times 100\%$$

式中：EBIT——息税前利润；

PI——计入总成本费用的应付利息。

利息备付率应分年计算。利息备付率高，表明利息偿付的保障程度高。

（2）偿债备付率

偿债备付率（DSCR）指在借款偿还期内，用于计算还本付息的资金（$EBITDA - T_{AX}$）与应还本付息金额（PD）的比值，表示可用于还本付息的资金偿还借款本息的保障程度指标，可按下列公式计算：

$$DSCR = \frac{EBITDA - T_{AX}}{PD}$$

式中：EBITDA——息税前利润加折旧和摊销；

T_{AX}——企业所得税；

PD——应还本付息金额，包括还本金额和计入总成本费用的全部利息。融资租赁费用可视同借款偿还。运营期内的短期借款本息也应纳入计算。

偿债备付率应分年计算。偿债备付率高，表明可用于还本付息的资金保障程度高。

（3）资产负债率

资产负债率（LOAR）指各期末负债总额（TL）与资产总额（TA）的比率，是反映项目各年所面临的财务风险程度及综合偿债能力的指标。可按下列公式计算：

$$\mathrm{LOAR}=\frac{\mathrm{TL}}{\mathrm{TA}}\times 100\%$$

式中：TL——期末负债总额；

TA——期末资产总额。

项目财务分析中，在长期债务还清后，可不再计算资产负债率。

（4）流动比率

流动比率是流动资产与流动负债之比，反映项目法人偿还流动负债的能力，可按下列公式计算：

$$\text{流动比率}=\frac{\text{流动资产}}{\text{流动负债}}\times 100\%$$

（5）速动比率

速动比率是速动资产与流动负债之比，反映项目法人在短时间内偿还流动负债的能力，可按下列公式计算：

$$\text{速动比率}=\frac{\text{速动资产}}{\text{流动负债}}\times 100\%$$

3.4.1.4 财务生存能力分析

财务生存能力分析是通过编制财务计划现金流量表，考察项目计算期内的投资、筹资和经营活动所产生的各项现金流入和流出，计算净现金流量和累计盈余资金，分析项目是否有足够的净现金流量维持正常运营，以实现财务可持续性。

财务可持续性首先体现在有足够大的经营活动净现金流量，其次各年累计盈余资金不应出现负值。若出现负值，应进行短期借款，同时分析该短期借款的年份长短和数额大小，进一步判断项目的财务生存能力。

3.4.2　不确定性分析与风险分析方法

3.4.2.1　不确定性分析

不确定性分析指分析不确定性因素变化对财务指标的影响，主要包括盈亏平衡分析和敏感性分析。

（1）盈亏平衡分析

盈亏平衡分析根据项目正常生产年份的产量、固定成本、可变成本、税金等，计算盈亏平衡点，分析研究项目成本与收入的平衡关系。当项目收入等于总成本费用时，正好盈亏平衡。盈亏平衡点越低，表示项目适应产品变化的能力越大，抗风险能力越强。盈亏平衡点通常用生产能力利用率或者产量表示，计算公式见如下三个公式：

$$\mathrm{BEP}_{负荷因子}=\frac{年固定成本}{年销售收入-年可变成本-年税金及附加}\times 100\%$$

$$\mathrm{BEP}_{上网电量}=\frac{年固定成本}{单位产品销售价格-单位产品可变成本-单位产品税金及附加}\times 100\%$$

两者之间的换算关系为：

$$\mathrm{BEP}_{上网电量}=\mathrm{BEP}_{负荷因子}\times 设计生产能力$$

对盈亏平衡分析的计算结果应通过盈亏平衡分析图表示，如图 3.1 所示。

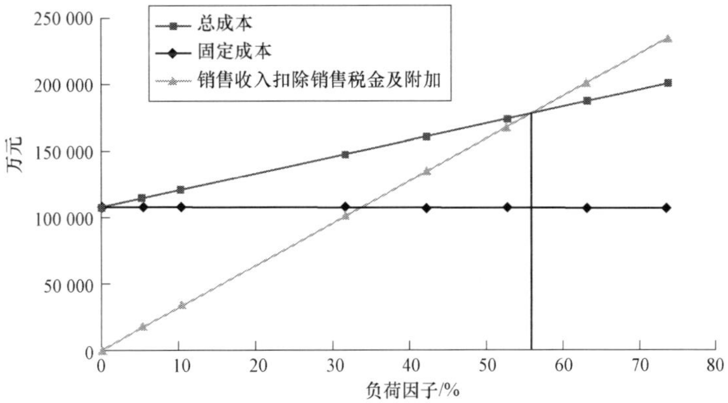

图 3.1　盈亏平衡分析图

（2）敏感性分析

敏感性分析指分析不确定性因素变化对财务指标的影响，找出敏感因素。应进行单因素和多因素变化对财务指标的影响分析，主要分析对内部收益率的影响，并计算敏感度系数和临界点。结论应 列表表示，并绘制敏感性分析图。根据核电工程项目特点，不确定性因素主要包括建成投资、负荷因子、售电价格、核燃料价格等。

绘制敏感性分析图（见图 3.2）时，以财务内部收益率为纵坐标，以几种不确定因素的变化率（百分数）为横坐标，按敏感性分析计算出的数据绘制出图形，并在图中标出财务基准收益率线。图中某因素的变化对财务基准内部收益率的影响曲线与财务基准收益率的交点（即临界点）处则为允许该种因素变化的最大幅度（即变化极限）。变化幅度如超过此限时，项目不可行。

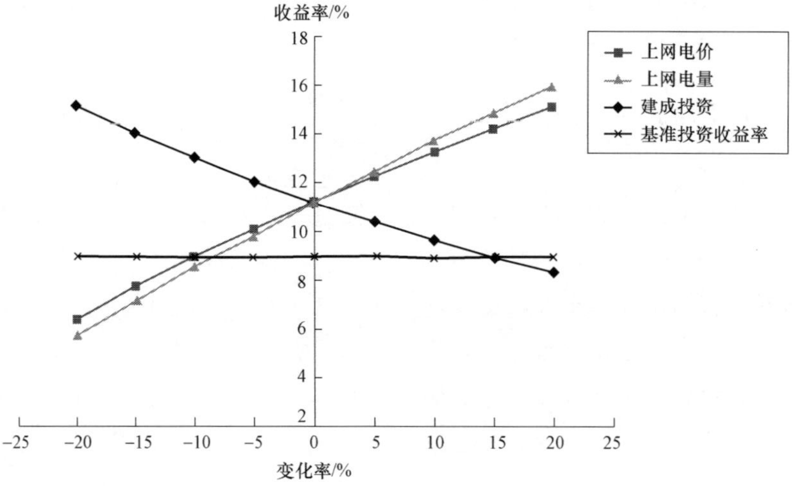

图 3.2　敏感性分析图

当给定内部收益率测算电价时，敏感性分析主要指建成投资、负荷因子、核燃料价格等不确定因素变化时，对售电价格的影响，找出敏感因素，并绘制敏感性分析图。

敏感度系数 SAF 指项目评价指标变化率与不确定因素变化率之比，可按下列公式计算：

$$S_{\mathrm{AF}}=\frac{\Delta A / A}{\Delta F / F}$$

临界点指单一的不确定因素的变化使项目由可行变为不可行的临界数值，

可采用不确定因素对基本方案的变化率或其对应的具体数值表示。

（3）“上网电价 – 项目资本金收益率”曲线

“上网电价 – 项目资本金收益率”曲线是以“项目资本金收益率”为横轴、以“上网电价”为纵轴的二维坐标系中根据上述散点拟合而成的一条曲线。该曲线可以描述上网电价随项目资本金收益率的变动趋势，可以指导项目投资方调整其项目资本金期望收益率水平。

上网电价随项目资本金收益率的变化趋势用“上网电价 – 项目资本金收益率”曲线（见图 3.3）所示。

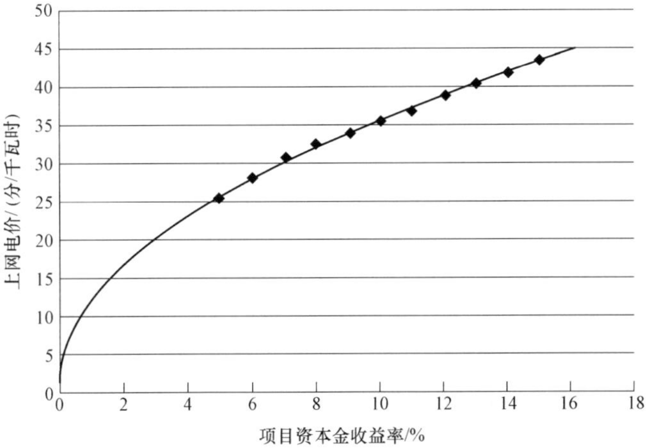

图 3.3　上网电价 – 项目资本金收益率曲线

3.4.2.2　风险分析

风险分析通过识别风险因素，估计各风险因素发生变化的可能性，以及这些变化对项目的影响程度 揭示影响项目的关键风险因素，提出项目风险的预警、预报和相应的对策。通过风险分析的信息反馈，改进或优化设计方案，降低项目风险。

从上网电量方面进行项目收益风险分析，从设备材料供应、物价水平等方面进行工程建设风险分析，从工期延长等方面进行工期风险分析，从资金来源、供应量、供应时间等方面进行融资风险分析，从燃料价格方面进行运营成本风险分析，从税率、利率、汇率及通货膨胀率等方面进行政策风险分析。

风险分析方法可采用专家调查法、层次分析法等。

3.4.3 经济费用效益分析方法

应从资源合理配置的角度分析项目投资的经济效率和对社会福利所做出的贡献，并评价项目的经济合理性。

项目经济效益和费用的识别应符合下列要求：遵循有无对比的原则；对项目所涉及的所有成员及群体的费用和效益做全面分析；正确识别正面和负面的外部效果；合理确定效益和费用的空间范围和时间跨度；正确识别和调整转移支付。

项目经济效益的计算应遵循支付意愿原则和接受补偿意愿原则；经济费用的计算应遵循机会成本原则。

经济效益和经济费用可直接识别，也可通过调整财务效益和财务费用得到。经济效益和经济费用应采用影子价格计算。

影子价格应是能够真实反映项目投入物和产出物真实经济价值的计算价格。影子价格的测算在建设项目的经济费用效益分析中占有重要地位。

项目经济费用效益分析采用社会折现率对未来经济效益和经济费用流量进行折现。项目的所有效益和费用（包括不能货币化的效果）一般均应在共同的时点上予以折现。

经济费用效益分析可在直接识别估算经济费用和经济效益的基础上计算相关指标，也可在财务分析的基础上将财务现金流量转换为经济效益与费用流量计算相关指标。

如果项目的经济费用和效益能够进行货币化，应在费用效益识别和计算的基础上，编制经济费用效益流量表，计算经济费用效益分析指标，分析项目投资的经济效率。

经济净现值（ENPV）是指按社会折现率将项目计算期内各年的经济净现金流量折现到建设期初的现值之和。可按下列公式计算：

$$\mathrm{ENPV}=\sum_{t=1}^{n}(B-C)_t(1+i_{\mathrm{s}})^{-t}$$

式中：B——经济效益流量；

C——经济费用流量；

$(B-C)_t$——第 t 的经济净效益流量；

i_{s}——社会折现率；

n——项目计算期。

在经济费用效益分析中，如果经济净现值不小于零，表明项目可以达到符合社会折现率的效率水平，认为该项目从经济资源配置的角度可以被接受。

经济内部收益率（EIRR）指项目在计算期内经济净效益流量的现值累计等于零时的折现率，可按下列公式计算：

$$\sum_{t=1}^{n}(B-C)_t(1+\mathrm{EIRR})^{-t}$$

如果经济内部收益率不小于社会折现率，表明项目经济资源配置的经济效率达到了可以被接受的水平。

经济效益费用比（R_{BC}）指项目在计算内效益流量的现值与费用流量的现值之比。可按下列公式计算：

$$R_{\mathrm{BC}}=\frac{\sum_{t=1}^{n}B_t(1+i_{\mathrm{s}})^{-t}}{\sum_{t=1}^{n}C_t(1+i_{\mathrm{s}})^{-t}}$$

式中：B_t——第 t 期的经济效益；

C_t——第 t 期的经济费用。

如果经济效益费用比大于 1，表明项目经济资源配置的经济效率达到了可以被接受的水平。

在完成经济费用效益分析之后，应进一步分析对比经济费用效益与财务现金流量之间的差异，并根据需要对财务分析与经济费用效益分析结论之间的差异进行分析，找出受益或受损群体，分析项目对不同利益相关者在经济上的影响程度，并提出改进资源配置效率及财务生存能力的建议。

3.4.4　财务分析参数

参数的测定和选用应坚持谨慎性和准确性原则。财务分析工作需要在大量预测的基础上进行，对参数不能简单套用，而是要在充分分析论证的基础上，根据项目的具体情况合理选定相应参数。每个参数均有其自身的有效期，都需要适时进行调整。

财务分析参数包括计算、衡量项目效益与费用的计算参数和判定项目合理性的判据参数。

计算参数包括项目运营期、资本金、流动资金估算的有关参数、资产折旧及摊销的有关参数、总成本费用估算的有关参数、税率和利率等（参见附录 C）。

判据参数包括财务基准收益率、利息备付率、偿债备付率、资产负债率、流动比率和速动比率（参见附录C）。

3.4.5 项目经济性评价结论

对核电厂建设项目实施经济评价，就是要根据以上各个步骤，对财务分析的结果进行汇总，并综合不确定性分析和风险分析的结果，从经济角度看项目是否可行、是否具有市场竞争能力，并指出该项目最关键的若干敏感性因素，如有改进也应明确提出。

3.5 岭澳二期融资及经济评价的案例

3.5.1 岭澳二期融资

通过对融资结构、风险的分析，体现了岭澳二期项目融资与以往核电项目融资的差异。在建设期的资金管理过程中使用短期融资工具，优化贷款结构、节省财务费用，并对欧元债务进行重组，实现了岭澳二期筹融资管理创新。

3.5.1.1 中广核投运机组业绩优异，为项目融资创新创造了条件

岭澳二期融资工作启动之时，正是中国宏观经济政策逐步引入市场导向调控机制并初见成效之际，实体经济运行持续平稳健康、市场中流动性比较充裕。大亚湾核电厂当时投产运行已届十年，其所代表的第二代压水堆技术路线的安全性和可靠性在中国得到了实践验证；按时向银行还本付息的同时为股东带来丰厚回报，彰显了其充沛的现金流创造能力；与法国电力公司（EDF）旗下核电厂同场竞技，单项及综合运行统计指标均名列前茅，昭示了中广核集团核电运行管理方面的过硬素质。岭澳一期以高标准、高质量顺利建成投产，也在继续为中广核集团的综合实力加分。在此背景下，结合市场客观条件以及自身需求，中广核集团成立专业融资团队，提出按照“有限追索条件下的项目融资”模式推进融资工作。在此之前，世界上所有的核电厂融资案例中均为股东全额担保条件下的银团贷款方式。核电项目选用“项目融资”方式，股东只以对本项目的资源投入为限承担项目责任，这无论在核电业还是银行业中都是创举。

最终，这一创造性的理念在中国得以付诸实施并使得各方利益实现均衡，在国内核电行业中亦成为被广泛借鉴的项目融资范本。这是中国核电工业逐步发展成熟，中广核集团卓越业绩基础上议价能力不断提升，以及国内银行业高瞻远瞩等多方面因素共同作用的必然结果。

3.5.1.2　项目股本金与债务资金来源与构成

岭澳二期资金来源由股本金与债务资金两部分构成，股本金占 20%，这是中国人民银行规定的电力行业所允许的最低股本金投入比例。股本金由股东分年投入，于 2008 年 9 月全部投完。长期债务资金是由国家开发银行、中国工商银行、中国农业银行提供的银团贷款，占总投资的 80%。在建设期，多家金融机构在银团贷款之外提供了较大的综合授信额度，用于短期贷款、商业汇票、应收款转让等短期融资产品，使用总量较大，持续时间贯穿整个建设期，因此也构成债务资金的一个重要组成部分。以下将就银团贷款模式和短期融资工具的使用分别论述。岭澳二期项目资金来源构成如图 3.4 所示。

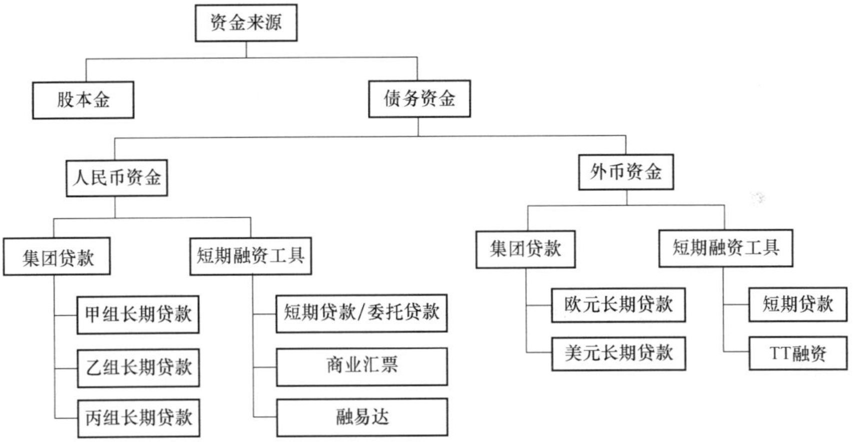

图 3.4　岭澳二期项目资金来源构成

3.5.1.3　创新性采用“有限追索权”融资模式

岭澳二期项目的银团贷款模式为“有限追索权”的项目融资模式，以项目公司为融资主体，以未来电费收益和项目资产作为融资担保，股东不提供实质意义上的担保，实现了股东对项目风险的隔离，为中广核集团后续经营发展带来了深远的影响。

（1）融资主体明确，风险边界清晰

岭东核电有限公司作为项目业主，是项目融资主体。作为项目发起人的中广核集团公司只负责为项目筹集所需资本金，并仅以其投入项目的资源为限承担项目责任。这种设计体现了“有限追索”条件下项目融资中“股东与项目风险隔离”的融资理念。

自岭澳二期项目成功实施“项目融资”模式以来，中广核集团已具备利用“项目融资”来安排大型项目融资的能力与经验，实现其在传统融资方式下无法实现的融资总量，缩短了漫长的资本积累期，实现了跨越式的发展。岭澳二期项目融资的模式和经验，在之后陆续核准的红沿河、宁德、阳江及防城港等项目中得以广泛参考和推广应用，并根据各项目不同的投资模式进行了改进，均获得了较大成功。

（2）以国家开发银行牵头，组成银团

大亚湾核电厂和岭澳一期的融资主要来源于英法等国家提供的外币出口信贷，岭澳二期融资资金来源由境外负债转为国内银团贷款，成为当年国内最大的人民币融资项目，这也是中国银行业整体实力日益提升的集中体现。

银团由三家银行组成，分别是国家开发银行、中国工商银行及中国农业银行，其中，国家开发银行是牵头行，负责银团贷款的整体资金安排和工作协调，并且是出资份额最大的贷款银行，对银团有较大的影响力和引导力。

（3）贷款结构灵活，担保结构设计合理

银团贷款共分为三组贷款，甲组人民币长期贷款、乙组人民币长期贷款、丙组人民币长期贷款和外币长期贷款。人民币贷款分组主要是为了适应参团银行对利率和期限结构的不同需求，外币贷款可用于提取欧元和美元两种币种的贷款。人民币长期贷款的利率均采用固定十浮动利率形式，即从提款起算点开始，到某个指定时点之内适用固定利率，指定时点至到期日适用浮动利率。外币贷款使用同 LIBOR[①]挂钩的浮动利率。

岭澳二期项目的担保分为股东担保和项目自身担保两类。股东担保是指股东为本项目向贷款银团提供的担保，股东与贷款银团签署了《股权质押合同》，将股东现在及将来有权从岭东核电有限公司收取的全部股息、分红及相应的权益质押给银团，直至贷款偿还结束。此外股东也提供了完工支持函和资本金到

① LIBOR：伦敦同业拆借利率，是大型国际银行愿意向其他大型国际银行借贷时所要求的利率。

位承诺函，承诺项目按时完工及注人资本金。中广核集团在大亚湾核电项目和岭澳一期项目中的成功运作使得银团对岭澳二期项目表现出积极的融资意愿，对项目的完工风险也进一步降低了疑虑。

项目自身担保是指岭东核电有限公司以自身资产或未来现金收益为履行贷款义务提供的担保，包括：岭东核电有限公司与银团分别签署了《售电收入归集承诺和售电收入归集账户质押合同》、《保险合同权益转让合同》及《工程合同权益转让合同》，将岭东核电有限公司未来的电费收入、保险合同及工程合同项下的权益质押给银团，用于担保银团贷款合同项下的本金、利息以及各项费用。岭澳二期项目担保结构如图 3.5 所示。

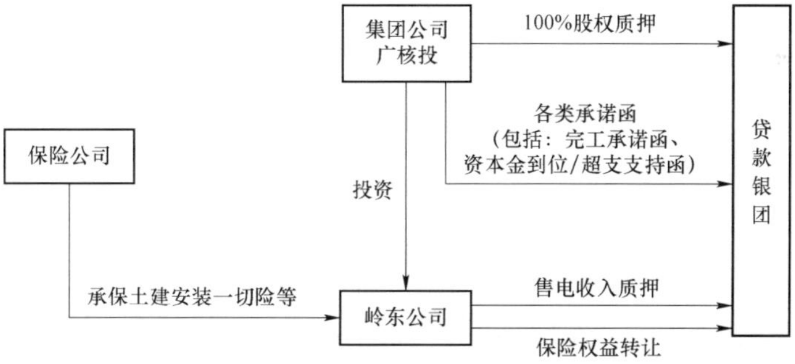

图 3.5　岭澳二期项目担保结构

3.5.1.4　短期融资工具运用得当，降低大量财物费用

岭澳二期银团贷款协议成功签署后，恰逢国家的金融环境比较宽松之时，短期融资产品利率在很长一段时期徘徊在 2%～3%，远低于银团长期贷款利率，为运用短期融资工具提供了良好契机。为控制项目财务费用，降低项目造价，岭澳二期项目通过选择分析市场上已有的短期融资产品，并将其与核电建设的实际情况相结合，在集团内率先尝试引入了部分短期融资工具，并创造了巨大的成本效益。其核心操作思路是：通过使用低利率融资产品，延后长期贷款的提款时间，以降低项目的整体造价。

（1）短期贷款

岭澳二期短期贷款包括流动资金贷款和委托贷款，由于岭澳二期属于典型的项目融资，银团贷款协议中对向银团外金融机构融资作了限制，仅允许向财务公司及股东进行额外融资，向其他金融机构融资需征得银团同意。

因此，项目使用的短期贷款主要来源于财务公司短期贷款和中广核集团委贷。财务公司为岭澳二期项目共计提供了约 101 亿元人民币短期贷款额度，3 000 万美元短期贷款额度；中广核集团为项目累计提供了 40 亿元人民币委托贷款；国家开发银行作为牵头行也为项目提供了 2 亿欧元短期贷款和 20 亿元人民币短期贷款。上述短期贷款的提款期限通常为 0.5～1 年，但由于额度较大且为循环贷款，通过“借新还旧”的方式可将短期贷款的实际持续期限延长至整个建设期。因此，直到 1 号机组投产，仍有超过 90 亿元人民币的短期贷款余额，从而大大延后了长期贷款的提款时点。

总体而言，短期贷款对项目的长期融资结构起到了优化的作用，在融资管理中发挥了以下五大作用：

① 解决银团贷款协议未签署前的搭桥资金。

② 利用短期贷款和长期贷款的利差，大幅降低利息成本。经测算，使用短期贷款与使用长期贷款相比累计节省财务费用超过 2 亿元人民币。

③ 短期贷款手续灵活，操作性强，多次解决了因工程计划不准而出现的紧急支付需求。

④ 因外币银团贷款额度不足，短期贷款解决了部分外币资金缺口。

⑤ 充分利用了中广核集团内闲余资金，提高了整个集团的资金收益，为集团内部的信贷结构调整发挥了重要的平台作用。

但短期贷款的不稳定性也很明显，在金融环境紧张时，存在贷款到期无法偿还的风险。然而岭澳二期项目使用的主要都是中广核集团内信贷资金，一般可以借新还旧，因此有效化解了此项风险。

（2）贸易类短期融资工具

在真实贸易背景下，通过使用票据等结算工具进行付款，利用其低利率、操作灵活的特点，达到延迟提取贷款，实现降低财务费用及项目造价的目的。岭澳二期运用的贸易类短期融资工具包括：商业汇票、TT 融资、融易达等。其使用情况及效果如下：

1）商业汇票

岭澳二期项目开工以来，由于票据贴现率远低于银行贷款利率，最高时利率差达到了 3%左右。通过和多家商业银行及承包商合作，岭东核电有限公司大量使用了“买方付息商业汇票”的方式对下由承包商支付工程款，其具体流程如图 3.6 所示。

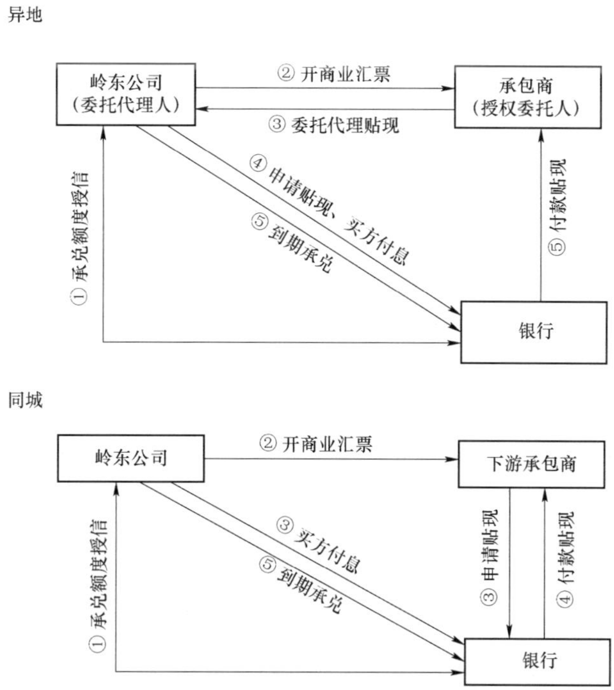

图 3.6　异地及同城商业汇票操作流程

商业汇票的基本操作思路是：由岭东核电有限公司向银行及财务公司申请综合授信额度，开立银行承兑/商业承兑汇票给下游承包商。如为同城，由承包商向银行申请当日贴现，贴现利息由岭东核电有限公司承担；如为异地，承包商、银行、岭东核电有限公司可先签署代理贴现协议，岭东核电有限公司可在开票当日代理收款方办理贴现业务，并支付贴息。

商业汇票这一融资工具在金融市场上已流通多年，但对于岭澳二期项目而言，仍有其创新意义：

① 创新设计了“买方付息票据贴现”模式

票据产品一般是由卖方在需要资金时进行贴现并支付贴现利息，但由于核电厂商务合同的支付条款均为即期付款，即满足付款条件后应立刻办理支付（付款流程所需的 30～42 天不应视为账期），卖方在能够即期收款的情况下没有进行票据贴现的动力。因此创新设计了买方付息贴现的模式，即由工程公司支付利息进行融资，承包商在没有任何损失的情况下便愿意配合开展此项融资业务，从而使这一工具能够被推广应用。

② 创新设计了代理贴现模式

因票据贴现操作较为复杂，收款方不愿使用此项产品，而采用代理贴现模式，可在收款方不承担额外风险的前提下，全权委托工程公司代理操作，以此简化操作流程，提高收款方的接受程度。

③ 竞价机制引入更优质的金融服务

最初的票据业务合作银行只有两家，不但价格偏高，各项手续也颇为繁冗，银行的服务也有亟须改进之处。后来引入了多家银行参与报价竞争，促使银行积极改进票据方案和服务水平，并提供最优价格，效果显著。在票据方案上，历经了从单一的买方付息贴现，到代理贴现，再到红沿河项目上创新使用的业主、工程公司、设备供货商三方票据；在操作流程上，从最初的签署多份合同协议到只需填写一张申请单的简化；在合作银行数量上，在高峰期时同时有 6 家银行报价，可供选择的银行范围更大。6 年来，共开出商业汇票 83 亿元人民币，与提取甲组长期贷款相比，累计节省财务费用约 1.12 亿元人民币。

2）TT 融资及远期购汇

2008 年年底，岭澳二期项目外币贷款额度基本用完，且当时短期外币融资产品的利率比较低，通过和银行共同研究，开展了 TT 融资业务，该项业务累计节省财务费用约 2 200 万元人民币。

TT 融资是在外币付款日，由银行代为支付同等金额的款项给收款方，同时借记一笔岭东公司短期负债，融资期限通常为 1 年，到期后以购汇方式还本付息。这是继商业汇票、代理贴现创新业务之后，外币业务结算方式尝试的新业务。由于单一的 TT 融资产品会产生汇率敞口风险，为锁定 TT 融资到期还款时的购汇成本，在 TT 融资发生日即和银行签署了远期外汇交易协议，锁定还款时购汇汇率，完全锁定了还款时的汇率风险。

TT 融资及远期购汇的成本创新点在于：

① 在银团外币贷款额度用完后，如无其他资金来源，外币付款必须以提取人民币贷款购汇的方式解决。相对于人民币贷款较高的利率水平，使用 TT 融资能继续享受外币低利率的好处。

② 直接购汇付款情况下，受汇率波动影响较大，而通过远期购汇方式，避免了因汇率大幅上扬而多支出成本，锁定了短期汇率风险。

③ 在人民币对美元升值的背景下，采用 TT 融资进行支付，实际上延后了外币支付时点，能够更为充分地享受到人民币升值的好处。

3）融易达

融易达业务是指在以赊销为付款方式的交易中，在买方签署书面文件确认基础交易及应付账款无争议、保证到期履行付款义务的情况下，卖方将应收账款转让给银行进行融资的一项业务。这种债权转让的融资方式与商业汇票并无本质区别，开展本项业务的背景在于：在信贷规模调控的形势下，商业汇票挤占了银行的总体信贷规模，因此报价持续攀高，而融易达不占用银行信贷规模，报价更低。

融易达与短期贷款相比，利率较为优惠，一般是在中国人民银行公布的同期贷款利率下浮一定比例，不受中国人民银行规定的贷款最大下浮比例不得超过 10%的限制；与商业汇票相比，利率具有一定的稳定性，受政策变化和调整的影响相对较小。在信贷规模紧张时，根据银行内部管理规定，该产品较其他信贷产品获取融资的可能性相对较大。融资期限最长可达一年，而票据融资的期限一般为半年，资金保障的稳定性更高。

为适应核电建设的特点，岭东公司对融易达产品进行了多项适应性改进：

① 在原来卖方融资的基础上增加买方融资功能。

② 开发了产品的委托代理功能，类似于票据的代理贴现，从而扩大了业务合作的承包商范围。

③ 有效解决了商务合同应收账款账期过短问题，工程公司签署的商务合同一般账期较短，通过补充商务合同条款设计，将账期延长到 1 年，从而使融资期限可达到 1 年，并可延期 1 个月还款。

通过各项创新产品的开发与应用，增进了与外部金融机构的合作关系，锻炼了队伍，提升了资金管理能力，增强了对新业务、新产品的敏感度。在为岭澳二期项目降低造价的同时，也将此经验推广到了中广核集团，自岭澳二期项目应用以来，中广核集团内各项目均纷纷采用，其示范意义较为显著。

3.5.1.5　欧元债务合理重组，获得较大汇兑收益

为锁定岭澳二期欧元长期债务的汇率风险，在 2009—2010 年期间以新增丙组人民币贷款购汇提前偿还欧元贷款的方式，在董事会批准的汇率目标之内，分四批将全部欧元长期债务置换为人民币长期债务，因购汇汇率低于预算汇率，同预算汇率相比直接降低造价约 5.07 亿元人民币，并且完全消除了欧元汇率风险。

2008 年，受金融危机影响，欧元兑人民币汇率降至历史低点，当时岭澳二

期项目的欧元债务总额约 4.536 亿欧元，如能抓住有利的市场时机将欧元债务转换为人民币债务，将对消除汇率风险和降低项目造价产生重大意义。当时根据市场情况提出了四个方案：

① 选择用人民币贷款直接购汇并偿还欧元债务，完成债务重组；

② 暂时不受汇率波动影响，等待经济形势进一步明朗再确定操作时机；

③ 选择一年期欧元/人民币远期锁定汇率风险；

④ 先转化为美元债务再转化为人民币债务（如采用 2 年期 EUR/USD 货币掉期+1 年期 USD/RMB 远期）。

经过多方协商后，确定选择第一方案，即直接利用人民币长期贷款购汇置换欧元贷款的债务结构重组方案。

该方案意义在于：第一，可将岭澳二期项目的外币债务风险锁定在低于预算汇率的水平，完全消除了汇率风险；第二，同预算汇率相比，将直接降低项目整体造价；第三，交易结构简单，符合国资委要求的债务保值使用简单工具的操作原则，降低操作风险。

最终，当欧元汇率跌至董事会批准的目标汇率以下时，岭澳二期项目成功把握住了时机，根据授权分四批完成了债务置换。

回顾债务置换全过程，值得推广的经验有：

① 需要对金融市场保持密切关注，对汇率和利率市场的变化保持高度的敏感性，能及时发现机会并落实到行动方案中；在方案的后续执行中，需根据市场变化及时作出调整。

② 提前作好交易准备，包括建立具备迅速反应机制的授权体系，简化审批流程获取绿色通道等。

③ 与财务公司和外部金融机构建立了积极的沟通渠道，能及时获取最新的市场咨询和专业意见。

④ 通过债务风险管理实践，建立了比较完整的债务风险管理制度和交易程序，为后续工作夯实了基础。

3.5.2 项目经济性评价

通过分析岭澳二期项目投产两年来的财务数据，结合市场环境、技术条件等因素，预测岭澳二期项目在经济计算期内的技术经济指标，评价其盈利能力、偿债能力、运营能力和投资效果，通过数据说明岭澳二期项目建设取得了预期的经济效益。

3.5.2.1 投资效果评价

岭澳二期投资控制效果显著，与概算同口径相比，实际投资比概算节约0.62%。与岭澳一期相比，岭澳二期单位造价下降19.2%。这个对比还仅是静态对比，实际上岭澳二期与岭澳一期相比，国内物价大幅上涨，国际市场天然铀价格大幅上涨，免税政策变化导致进口环节税支出大幅提高，另外岭澳二期还采用了DCS、半速机等15项重大设计改进。如果进行同口径对比，那么岭澳二期单位造价下降的幅度将更加明显。

由于核电的特殊性，前期建造阶段投资较大，但从整个生命周期来看，岭澳二期投资凸显其经济性。岭澳二期上网电价与当地脱硫煤电上网电价相比具有明显优势，核准上网电价比广东省脱硫煤电标杆电价降低了17.5%，取得了良好的经济效益和社会效益。

3.5.2.2 管理上的良好实践，保证了项目建设经济指标的优异

岭澳二期项目在建设期间经历了物价大幅上涨、“5·12”汶川大地震导致的设备供货延误、国际市场天然铀价格大幅上涨等诸多不利因素，无论是与概算横向对比，还是与岭澳一期纵向对比，岭澳二期投资控制均取得了很大成就，主要的经验有以下几点。

（1）制定了完善的投资控制制度并严格执行

严格执行各项投资控制制度，按照预算、立项、承诺、支付这一不可逆的流程进行投资控制。

（2）采用工程总承包模式，利用工程公司的专业化运作优势降低工程造价

为了控制工程造价，降低造价风险，岭东核电有限公司与工程公司签署了工程总承包合同，通过工程总承包模式锁定造价风险，同时工程公司通过专业化运作降低了工程造价。

（3）制定和落实岭澳二期投资控制指标和考核体系

为了使岭澳二期项目投资控制目标更明确，引导全员参与投资控制，工程公司对岭澳二期的造价构成和主要风险进行了深入分析，创新性地制定了岭澳二期投资控制内部指标分解方案，提出了有针对性的投资控制手段。同时，工程公司还制定了相应的考核指标和激励方案，使投资控制目标责任与激励相结合，这是在中广核集团范围内第一次全面推行核电项目的投资控制责任分解和考核体系，使投资控制真正实现全员参与，做到了标准明确、奖惩结合，通过

建立这种投资控制机制，使投资控制的压力变成各责任中心追求效益的内在动力和自觉行动。

（4）利用金融危机和欧洲债务危机的有利时机，实行债务重组，降低财务费用

为锁定岭澳二期欧元长期债务的汇率风险，在 2009—2010 年期间以新增丙组人民币贷款购汇提前偿还欧元贷款的方式，在董事会批准的汇率目标之内，分四批将全部欧元长期债务置换为人民币长期债务，因购汇汇率低于预算汇率，同预算汇率相比直接降低造价约 5.07 亿元人民币，并且完全消除了欧元汇率风险。

（5）大力推行“四个自主”降低工程造价

根据行业一般测算：自主设计比全外方设计费降低 50%；设备购置费国产化比进口降低 30%～40%（按 70%国产化率），在核电工程建设的总成本中，核电设备造价约占总投资的 50%，核电设备国产化和自主化制造将对降低核电工程造价产生直接的促进作用。岭澳二期在岭澳一期基础上进一步提高了设备国产化率，实现了 1 号机组国产化率超过 50%，2 号机组国产化率超过 70%的目标，其工程造价比大亚湾核电站、岭澳一期明显降低；采购服务、建造总包费比全部进口时降低 35%；以上总计对工程造价的影响比岭澳一期约下降 20%。岭澳二期通过大力推行自主化和国产化，实现了降低工程造价的目标。

（6）积极争取国家政策扶持

鉴于核电工程造价高、投资回收期长、投产初期发电成本高，在竞争性电力市场中处于不利地位，岭澳二期项目积极争取国家政策扶持，包括：税收优惠、关税及增值税减免、国产化资金扶持、原材料及半成品进口供应等。上述政策扶持措施，也对整个工程造价的降低起到了积极作用。

3.5.2.3 财务和经济效益评价

财务和经济效益分析与评价是在国家现行财税制度和市场价格体系下，分析预测项目的财务效益与费用，计算财务评价指标，考察项目的盈利能力、偿债能力。

盈利能力分析评价指标包括财务净现值、投资回收期等。常用的偿债能力分析指标主要包括年偿债能力指标。

（1）基础参数选择

基础参数选择如表 3.12 所示。

表 3.12　基础参数表

技术参数		贷款参数	
单机组装机容量	1 087 MW	长期贷款	
装机数量	2 台	实际利率	6.31%
总装机容量	2 173.88 MW	还款期	15 年
厂用电率	5%	还款方式	等额本金偿还
设备利用小时数	7 446 h	短期借款	
负荷因子	85%	实际利率	6.00%
折旧参数		流动资金贷款	
全部机组投产年份	2011 年	实际利率	6.00%
折旧年限	25 年	其他参数	
基本折旧率	4.00%	经济计算期	25 年，2011—2035 年
折旧方法	直线折旧	乏燃料处理费	2.6 分/（kW·h）
残值率	0.00%	乏燃料处理费开始提取年份	2015 年
税费参数		退役基金	造价终值的 10%
增值税率	17%	退役基金开始提取年份	2011 年
城市维护建设税	1%	基准收益率	8%
教育费附加	3%		
所得税	25%		
公积金	10%		
公益金	5%		

（2）盈利能力评价

1）净现值

净现值为项目寿命期内各年的净现金流量按照应达到的基准收益率贴现到项目初始时点上的现值之和。净现值反映了项目所占用的尚未收回的资金及已收回的资金进行再投资，获得以基准收益率的递增幅度获利之外，在整个项目寿命期内所获收益现值的大小。

净现值是一个绝对数指标，反映了项目的盈利总额。

净现值的大小，在项目的其他条件（如投资、收入、年经营费用等）不变的前提下，完全取决于基准收益率的大小。当用净现值来反映项目经济效益规模的大小时，实际等于同时使用了两个指标，一个是净现值，一个是基准收益率，两者不能分开单独使用。

经过计算，岭澳二期项目的净现值指标，如表 3.13 所示。

表 3.13　岭澳二期项目的净现值指标

全投资净现值	单位	数值
税前	万元人民币	376 841
税后	万元人民币	79 432
资本金净现值	万元人民币	396 137

2）投资回收期

投资回收期是指以项目的净收益抵偿全部投资所需要的时间，分为静态投资回收期和动态投资回收期。

静态投资回收期是在不考虑资金时间价值的条件下，以项目的净收益抵偿全部投资所需要的时间，一般从项目建设开始年算起。

动态投资回收期是将投资方案各年的净现金流量按照基准收益率折现之后，再来推算投资回收期，它是累计现值等于零时的年份。

由于资金的时间价值，在实际评价中通常采用动态投资回收期来评价。

经过计算，岭澳二期投资回收期，如表 3.14 所示。

表 3.14　岭澳二期投资回收期

全投资投资回收期		单位	数值
税前	静态	年	14.55
	动态	年	23.12
税后	静态	年	15.51
	动态	年	29.20
资本金投资回收期（动态）		年	18.55

3）盈利能力评价

从投资净现值上看，资本金和全投资净现值均远大于零；从投资回收期上看，资本金和全投资的动态回收期（扣除基建期）均在经济计算期范围内，也就是说在经济计算期内能够全部收回投资。从这两类盈利指标来看，岭澳二期项目投资具有良好的盈利性和较好的回报。

（3）偿债能力评价

年偿债能力指标（ADCSR）：项目还本付息的现金来源于运营后项目经营

活动现金流量，项目经营活动产生的净现金流是否能满足当期偿还贷款本息的要求，是衡量偿债能力的一个直接指标。

$$\text{ADCSR}=\frac{\text{当期经营活动净现金流}}{\text{当期贷款还本付息额}}$$

一般来讲，贷款人（银行）对该指标的要求是大于等于 1.3。

岭澳二期项目偿还贷款期间，该项指标的范围在 1.29～3.01 之间，平均为 1.66，说明岭澳二期项目具有良好的偿债能力。

参考文献

[1] 梁树广. 中国发电行业规制效果的实证研究[D]. 辽宁大学博士学位论文，2012.

第4章

中国核电公司资本结构优化研究

4.1 绪 论

4.1.1 研究背景与意义

4.1.1.1 研究背景

在全球能源紧缺背景下，世界各国都在大力发展核电能源，我国核电发展战略也由“适度发展”提升到“积极发展”。“十二五”期间，我国核工业成果丰硕，在建核电机组规模世界第一，总装机规模位居世界第四。核电已成为“中国制造”和“走出去”战略在海外最为重要的又一张名片。《“十三五”国家战略性新兴产业发展规划》提出，加快发展安全核电，到 2020 年核电装机规模达到 5 800 万千瓦，在建规模达到 3 000 万千瓦，形成国际先进的集技术开发、设计、装备制造、运营服务于一体的核电全产业链发展能力，中国核电建设正进入全新时代。

2017 年 1—12 月全国累计核电发电量为 62 758.20 亿千瓦时，商运核电机组累计发电量为 2 474.69 亿千瓦时，约占全国累计发电量的 3.94%。与燃煤发电相比，核能发电相当于减少燃烧标准煤 7 646.79 万吨，减少排放二氧化碳 20 034.60 万吨，减少排放二氧化硫 65.00 万吨，减少排放氮氧化物 56.59 万吨。

作为资金密集型的核电企业，必须有足够多的资金来保证其顺利发展。也正是因为如此，长久以来国家对于核电企业给予了高度重视与政策倾斜，国有银行对其贷款管理要求较松，这种大型国有垄断企业的优势地位使得核电企业对于融资渠道与融资成本问题很少关注，这必然造成资本结构不合理的现象突出。随着电厂与电网分开的改革举措在 2003 年逐步完成，整个电力行业发展的内外环境已经开始发生变化，愈发公平、自由的新型市场秩序使得核电企业增强了风险与收益公担的意识，由单纯依靠政策满足融资到逐渐注重采用不同融资方式改变资本结构，以此来满足企业发展的需要。2010 年国家做出对央企的经济增加值进行考核，而资本结构问题作为其重要影响因素就需要核电行业给予相当重视，合理优化其资本结构是维持核电行业健康活力保证其健康稳定发展的重要保障。

一直以来，中国核电公司的主要产品为核电产品，以低能耗、环保、安全、高效为主，在国内市场长期占有领先的销售优势。但是，随着近年来监控政策和电能“竞争上网”等系列政策的实施，核电的保护价逐步被取消，导致中国核电公司面临一些发展瓶颈，受到政策因素的影响，公司的发展优势也逐渐被削弱。为了进一步促进我国核电行业的健康发展，作为国内具有核电运行牌照（民用核设施运行许可证）的三家央企之一的中国核电公司，应加强对自身战略目标的规划，制订科学、长效的管理机构，包括优化企业的资本结构，转变传统的融资方法，加强业务的战略管理等，如此才可进一步提升自身的市场核心竞争优势。

企业资本结构理论是围绕企业资产项目来源中的负债项目与权益项目的比例情况展开研究，探讨企业资金是否存在一个成本尽可能低的资本结构。20 世纪 50 年代末 Modigliani 与 Miller 根据新古典经济学理论作为基础提出了著名的 MM 定理，假设在不考虑市场摩擦因素时，也即当交易成本、代理成本和税收作用的影响均为零时，发现企业的价值并不受到自身资本结构的影响。这个理论的提出给有关资本结构的理论研究奠定了基础并提供了思路。但是，假设中的这个完美世界在现实中是不可能存在的，因此在后期学者逐步从不同的思维角度又将研究发展到新、后资本结构理论，这对实务界的应用产生一定借鉴作用。应该看到，大部分关于资本结构理论的研究其对象都是以美国为代表的发达国家的企业，虽然中国在经济全球化的背景下，中国企业朝着建立现代企业制度方向改革的前进脚步也愈发加快，但是由于中国特色的社会主义国情的大环境以及市场与企业的不完善，中国企业的资本结构问题，还需要根据具体情况具体研究，不一定完全适用上述资本结构理论。

4.1.1.2　研究意义

核电能源对于社会经济、产业建设、环境保护均产生重要的推动作用，尤其是近年来，随着国家加快经济改革，核电行业已成为我国重要的经济战略组成部分。在加快经济改革的过程中，国内核电能源的供应与行业调整，也会面临较为复杂的问题，且随着国家“供给侧改革”政策的提出，对国内核电行业的发展提出了更为严格的要求。

在面临政策与市场经济环境约束的情况下，国内核电行业需要不断调整自身的战略规划。通常核电行业具有固定资产比例较大、投资额度较大的特征，因此，容易面临较为复杂的财务管理问题。在进行创新转型的过程中，企业的财务风险管控占据重要的位置，如何优化企业的资本结构，缓解过高负债率问题，有效优化融资策略，提升企业的流动资金，完善企业的资本结构和产业链，这是当前国内核电企业共同面临的一个问题，同时，也是当前学术界的一项研究热点。

（1）理论意义

当前针对资本结构的理论研究大多是针对于发达国家的企业来说，对于像我国这样的发展中国家的企业并没有很多关注与研究。发达国家与发展中国家在经济环境和经济体制等方面都存在着明显不同，因此西方的资本结构理论有可能并不适合我国国情，不能完全的照搬过来，而是应该结合我国经济转轨的宏观环境外加对特定实际情况的具体考察，在参考发达国家的理论研究的同时灵活把握具体情况，探讨出符合我国国情与核电行业发展特点的资本结构优化之路，为我国核电行业资本结构的良好发展提供一定的理论基础。

（2）现实意义

本章通过对中国核电公司的资本结构进行研究，针对该公司资本管理现状和存在的系列问题，进行深入探讨。以 2014—2016 年度公司的财务报表为样本，以国内电力行业的平均数据为参考值，并进行了对比分析。最后，结合核电行业垄断性的特点，论证该公司高负债运营的合理性，并以此特性来指导该公司的资本结构优化。这不仅可为国内理论研究提供相应的参考借鉴，同时，也为该公司未来战略发展和财务风险管控，提供对应的改进策略。

4.1.2 国内外研究现状

4.1.2.1 国外研究现状

企业资本结构理论始于西方国家，其理论观点十分丰富，且具有明显的绩效作用。它不仅包含了多个支派学说和理论观点，且发展至今，对全球企业的财务风险管控，仍然发挥极为重要的影响作用。因此，是有效调整企业内部资源和资金管理一种理论依据。以下为近年来，相关的理论研究成果。

JureSkarabot（2001）认为，金融融资是现代企业从事投资管理的一种创新手段，但是，倘若在进行债券发行融资的过程中，没有考虑将企业的投资需求与目的，纳入考虑范围，也没有明确公司法人和股东的收益，并非一种合理的融资投资决策；Easley 和 Hara（2004）等人，通过对西方企业的财务报表，进行了样本研究之后，从而认为，企业对外公开的财务信息与内部信息，存在较大的差异问题，容易对企业的资本结构产生不良影响。

WahdA.Chan（2002）从法律角度出发，对中东亚国家与欧洲国家进行了调查研究，从而认为，债券融资与金融资金，不仅存在资产较让、股权交易、税收管理、利率风险、融资担保等操作和管理问题，而且面临相关的法律与财务风险问题。他通过对中国债券融资与金融法制环境问题进行深入的案例研究，从而为我国企业的资本结构管理法律约束框架，提供了良好的改正思路。Lipson、Mortal（2006）等人，采用了承销费用和横截面回归研究法，从而指出，企业在进行债券发行的过程中，如果股票流通性较强，能够驱动企业的资产流动性，并提升企业的市场总价值；反之则容易影响发行成本，并影响企业的资本结构。

JureSk 和 abot（2001）在研究中指出，通常大型企业市场竞争和业务扩张需要，都会进行债券融资和金融融资，并确定哪一个融资方案，能够使企业的利益最大化，提升企业的市场经济价值。他通过建立模型的方式，对西方上市企业的资本结构、市场价值，进行数据样本收集，并利用回归分析验证法，从而验证了债券融资是优化企业资本结构、提升其市场市场的有效融资手段。

Shane.A.Johnso（2010）认为，上市企业的收益与成本管理，主要是权衡机会成本，即需要放弃因融资而获得的投资利润成本。进行债券融资有利于解决企业资本不足的问题，降低企业的流动风险。但是，如果上市企业没有因业务投资发展的需求，且没有采取资产集中化管理，使资产存在一定的负债率问题，从而采取债券融资手段，其所获得的收益并非明显。

Bharat.A.Jain（2010）在研究中指出，企业的法人或管理高层，若能够在做出投资决策之时，提供资产抵押或是提供资金增强方案，不仅能够为企业争取更多的融资资金，且可以最大化地保障投资人和股东获得较高的利益报酬。企业的投资收益与资本流动性，多样化的融资方式，是推动企业强化市场竞争优势和目标价值的科学方法。

4.1.2.2 国内研究现状

国内对资本结构的研究起步较晚，始于20世纪90年代，大部分研究者都是在西方资本结构理论的基础上，展开阐述探讨的。国内现有理论成果，主要涉及如下几方面。

（1）资本结构的影响因素进行研究

陈文浩、刘春江（2012），采用实证研究方法，对国内企业的融资选择，进行了调查研究，从而认为，良好的金融政策与市场监管机制，有利于创造良好的商业环境，为企业提升多元化的融资选择。同时，金融市场的利率调整、企业资本结构的动态变化，对企业资本结构以及财务决策，有着直接性影响。

伍中信、张娅、张雯（2013）对于当前我国的金融环境和金融管理政策，进行了分析对比，并分析其对企业资本结构变动的影响，以及动态调整的正负相关性。结果表明，政策是否能够提供宽松的融资条件，对企业是否减少负债率、降低财务风险、全面优化资本结构，产生极为重要的推导作用。

姜付秀、黄继承（2013）同样认为，有效的资本管理策略，能够为企业创造更多的效益，而其中，如何有效缓解企业的融资风险，减少过多的负债率问题，区分并明确融资优先顺序，对于企业的战略发展十分重要。他们通过构建双重差分模型，对上市企业的财务数据进行检验，认为企业高层的财务决策，对于企业是否能够优化资本结构，有着正相关的影响关系。

（2）上市公司资本结构优化对公司绩效影响的研究

段军山、宋贺（2012）采用多重门限面板模型，对我国沪深A股上市公司过高的负债率问题，对某公司进行了专门调查研究，并对该公司2000—2009年以来的财务数据，进行了样本分析，从而得知该公司历年来资本结构动态的调整方式。他们认为，随着近年来公司的负债率的增涨，对于经营绩效也构成极大的影响，并逐步影响了公司资本结构的稳定性。

陈德萍，曾智海（2012）应用广义矩阵估计法，对资本结构与企业绩效的联立方程进行估计，最终结果表明：资本结构、成长能力、股权集中度、董事会兼任经理人和企业规模，都对企业的经营绩效有显著影响；同时，他们对企业的盈利性、成长能力、偿债能力、资产担保价值和企业规模，进行了对比分析，最终结论表明，当企业这五个因素存在较大的问题，对企业的资本结构有极大的负面影响。

（3）对核电行业垄断、资本结构优势等与行业竞争优势的研究

梁树广（2012）认为，国内核电行业是电能产品的商业垄断巨头，相较于传统电能企业，有较为明显的市场竞争优势和发展优势。这主要在于政府与政策的推动有关系，并与全人类与社会环保的需求密切相联。他通过对国内政策环境对核电行业的发展影响，进行了探讨分析，并指出政策环境对核电行业资本调整的影响，认为企业要提升自身的产品竞争优势，就需要加强融资选择和财务风险管控。

苏欣欣（2013）从电力行业的产品竞争优势出发，通过结合市场与资本结构，对我国核电行业的垄断特点进行分析。她通过采用实例研究和实证分析方法，验证了企业资本结构与产品市场竞争优势的逻辑关系。最终认为，企业的资本结构是否充足完善，对其自身的市场垄断优势和发展前景有较大影响，一家企业的资本结构是否良好，直接关系并影响到企业的行业竞争及市场占有率。

闵华（2015）通过将产业组织理论与资本结构理论相结合，针对市场行业的集中度以及企业的资本结构，进行了探讨分析。他指出，企业产品竞争优势与资本结构良好，直接关系到企业是否具有行业垄断优势；而当企业的资本结构面临较大的负债风险，将直接影响到企业的绩效产能和市场销售率。垄断企业面临的产品竞争问题，与公司的最终盈利与市场发展，有较为重大的影响关系。

朱星星（2016）通过从宏观的经济角度出发，将大量的国内理论与实践相结合，从而指出，全球法制环境对于高垄断行业的绩效与产品营销，有着直接的影响。当前国内核电行业具有高度集中控制权，较之其他产业领域也具有较强的垄断性质，而随着社会对节能、环保产品的需求量不断增大，政府也进一步加强对核电行业的政策扶助。因此，这无疑为中国核电企业的发展提供了强效保障条件，国内核电行业的市场管制与竞争问题，也将随着法律制度的完善，迈向创新转型的发展阶段。

4.1.2.3 国内外文献评价

通过针对国内相关理论文献进行探讨研究，可以得知，企业资本结构管理的研究与实践工作，相较于我国，西方国家的起步发展阶段较早，且研究成果更为丰富和全面。以下对国内外文献进行评价总结。

（1）国外文献评价总结。国外的理论研究和实践工作起步较早，并形成了

完善成熟的理论体系。从国外研究资料中可以得知，国外学者注重对全球产业经济进行对比分析，并侧重针对企业资本结构问题，进行了主观因素、客观因素等内外环境的调查分析，以实际数据与企业为研究案例，从而为企业资本结构及企业的融资选择，提供了较好的方案措施和意见。

（2）国内文献评价总结。对于我国而言，国内资本结构理论的研究起步较晚，大约在 20 世纪八九十年代才涌现出相关成果，且企业的实践与应用同样较晚。通过对国内近年的文献资料，进行收集整合，结果得知，国内现有的大多研究成果仅围绕资本结构的影响因素、绩效与产品等层面出发，缺少全面性的探讨研究，因此，整体的研究层面较为狭窄，仅少数研究成果有针对性和创新性，整个而言，其技术研究层面和实践经验仍然较为不足。

（3）国内外文献差异对比。通过对比分析，可以得知，当前关于核电行业资本结构理论的相关研究，国内仍然较为稀少。由于该行业具有特殊性和机密性特点，因此，目前在我国仍然属于冷门研究学科。另外，在实证模型与数据研究方面，国内仍然需要加大研究力度，企业资本结构需要准确的财务数据分析结果，通过分析企业的负债率、流动资产率、盈利绩效等内容，才可为企业资本结构的优化与风险管控提供相应的改进措施。

4.2 资本结构相关理论基础

4.2.1 资本结构的含义

资本结构是指由企业不同的资本与企业资源、价值链等共同构成的资产比例，是企业通过一定的时间运营，所累积的营业收益或负债率等共同构成的，且包含了企业的股权及各项资本的比例关系。当前，不同的研究学者、专家，对资本结构的概念都赋予不同的定位解释。但整体而言，可划分为如下两种解释。

狭义的资本结构概念解释较为简单，主要是指由企业的长期资本，所构成的比率与各长期占有成本。例如：股权占有率、固定资产占有率、流动资金占有率等之间的比例关系。

广义的资本结构，主要是指企业债务与股权的比例关系，是由企业对集体财产权进行统筹和管理安排，并对企业的最终盈利收益有重要影响关系。本章主要是通过广义的资本结构理论来研究中国核电公司的资本结构问题。广义的资本结构它不仅能够评价企业在市场经济条件下的发展能力，也能够反映企业的融资能力和金融合作关系，是企业以资本和信用为抵押担保，因投资需求与对银行和债权人发行债券构成了债务方、债权人与股东经营者之间的一种运营手段。

当前，随着资本结构理论的研究和实践不断取得发展，它包含了更为复杂和多样化的财务管理方法，且关系到企业的长远战略发展。并涉及注册资本、流动现金、营业收入、固定资产等各方面的管理和比率分配。其中，资本结构的长短期负债率直接关系到企业的财务管理质量，如果管理不当，极容易诱发不良的经济风险和财务危机。鉴于此，企业要在市场竞争中获得优势，就需要不断完善和调整自身的资本结构。

4.2.2　西方资本结构理论概述

4.2.2.1　早期资本结构理论

在西方国家，于 20 世纪 50 年代左右，就出现了资本结构理论。最初，该理论是由经济学家 David Durand 提出的，他针对西方资本主义国家的企业，进行了调研，从而奠定了该理论的发展基础。从理论体系来看，早期该理论主要涉及了如下几种支派学说。

（1）净收益理论

该理论主要从企业的负债率角度，对企业的市场价值进行评价。该理论指出，企业存在较高的负债率，表明其市场价值也较大；同时提出了一个假设条件，即当企业的债务资本结构与其权益融资成本，是保持在稳定的水平的情况下，当融资成本不会大于企业的权益融资成本之时，那么企业的资本结构不会有任何风险。因此，企业可以继续进行融资，并利用财务杠杆率来维持两者的均衡，如此可使自身的市场价值得到提升。

（2）净经营收益理论

该理论观点，主要侧重强调企业的最优资本结构，通常如果企业在负债的情况下，仍然加大外源性融资，那么将会扩大企业的财务风险，而为了控制和减少风险，企业势必会增加权益融资成本的规模，这样一来，企业的权益融资成本将为因偿还外部的融资成本和利息，得到削减。因此，根据该理论观点，企业的市场价值与其负债率并无直接关系。

（3）传统理论

该理论介于以上两种学派之间，主要是采用折中的方法，认为企业通过加大投资比率和融资额度，不断增加债权资本。这对于企业的业务发展和市场竞争而言，是十分有利的条件，也可使企业的权益融资成本获得增长。但是，传统理论同时强调，它与企业的负债率增速是不同的，通常在进行权益融资之后，企业的资本结构会是先被削弱，其后再呈现缓慢回升趋势。

此外，传统理论还认为，当企业的负债率与其权益融资成本是相对持平的情况下，则可获得最优的资本结构。因此，传统理论的核心重点在于，注重企业的最优资本结构管理，即权衡企业的边际成本与负债边际效应，以使资本结构取得平均化，并让企业实现最大化目标价值和盈利收益。

4.2.2.2 现代资本结构理论

（1）早期 MM 理论

早期的 MM 理论，大约始于 19 世纪末时期。即于 1958 年，由 Modigliani、Miller 两位学者所提出的，他们在《美国经济评论》上发表了论文《资本成本、公司财务与投资理论》奠定了 MM 理论的早期理论学说。他们认为，当企业面临较为稳定的市场经济和运营环境，企业的市场价值不会因资本结构问题而受到影响，但是企业对资本结构的管理和优化效率，直接关系到财务风险与收益绩效。

同时他们提出了几个假设条件：第一，企业的市场价值取决于与其风险程度相适应的预期收益水平，与企业的资本结构无关。第二，股票预期收益率应等于出于同一风险程度的净权益流量的资本化，加上与其财务风险相适应的风险溢价。其中，财务风险是由净权益流量资本化率，与利率之差与负债权益比率的乘积。也即是说，企业的权益资本成本会随着财务杠杆的增大而增加。第三，在任何情况下，企业投资决策只能依据净权益流量资本化率，完全不受融资工具类型的影响。

（2）修正的 MM 理论

1963 年，Modigliani、Miller，对 MM 理论进行了优化和补充，并将企业的所得税纳入了计量范围，他们通过在模型中引入企业所得税，对之前得出的理论进行修正解释。他们认为，企业在存在所得税的情况下，负债率的增加可以抵扣利息成本，企业的市场价值既不会因负债问题而受到影响，也不会产生负债风险，通常规模较大的企业都存在一定的负债率。

修正后的 MM 理论强调，当企业在因外源性融资之后，其后的利息、债务成本，可在企业支付税务之后而得以抵消。鉴于此，企业会因存在一定的负债率，从而可以减少税务负债，继而提升了企业的市场价值和竞争优势。

一般情况下，所得税率较高的企业，会更偏向于选择外源性融资并加大负债率，将所筹集到的融资资金用于其他大型项目的投资。不过修正后的 MM 理论同时认为，如果企业在高负债的情况下仍然持续融资，也极容易诱发资本风险。

（3）米勒模型

1977 年，Miller 以模型验证的方式，分析评价了企业在交纳所得税之后，其资本结构的变动情况。最后研究结果表明，企业在选择债券融资的情况下，债务与利息成本归债券持有人所有，因此，债券持有人的利益远高于普通股持有人。

基于以上观点，可以得知，企业负债抵消所得税，但通常会成为债券持有人的收益，因此，个人权益不纳入企业资本结构的计量范畴。

对于大多数的企业而言，企业的项目投资、业务运营与管理开销，都需要更多的流动资金和融资贷款，来支持自身的业务发展和市场竞争，因此，导致大多企业的资本结构，都有一定的负债均衡成本。但是对于任何一家企业而言，并没有最优化的资本融资权益或负债资本。

（4）权衡理论

权衡理论的出现，大约始于 20 世纪 70 年代，并形成了如下几个学派观点。

① 静态权衡理论

静态权衡理论，是以构建模型的研究方法，通过研究企业的负债率，在企业完成纳税之后，是否存在相联关系或导致企业破产、税收优势价值。

1967 年，Baxter 在研究中指出，企业在进行融资之前，先要让债权人获得权益保障，如此才可获得相应的融资资金；1980 年，DeAngelo、Masulis 指出，当企业充分利用税务优势来进行融资，则可以使其负债率得到管控。反之，若过于利用所得税抵消债务的优势，也将导致企业因过度融资，加大自身的负债率，继而将削减了企业的市场价值。

② 动态权衡理论

该理论认为，企业在优化资本结构之时，不能偏离财务的杠杆目标，并且强调，企业的负债率与资本融资成本是处于稳定、持平的情况下，企业的资本结构则较为稳定良好，也将呈现最优的负债率。但由于负债率是不断变化的，因此企业在优化资本结构之时，应注重对财务杠杆的控制和风险规避。

1984 年，Jalivand、Harris，通过对资本结构的动态变化，展开了追踪调查。结果表明，企业的资本结构是根据自身的战略需要，不断进行调整和优化的一种财务管理行为；2007 年，Titman、Tsyplakov 两位学者认为，企业的资本结构动态变化，与其自身的动态调整能力及财务杠杆目标管理有直接关系。

4.2.2.3 新资本结构理论

新资本结构理论的出现，对于现代企业而言，更具有实用性，并摒弃了传统理论观点的假设条件，也更贴近现代企业进行财务管理、优化资本结构的需求。

（1）代理成本理论

代理成本是由 Jensen、Meeking，通过创新研究，将之引入资本结构的理论体系当中的。代理理论主要涉及如下几个层面。

① 强调企业、股东与各利益参与主体的共同权益。该理论涉及了企业资本管理的优化规则、监督、约束等三个关系，并将之与权益人、企业代理人之间的利益关系相挂钩。

② 该理论同时认为，企业在发行债券之后容易出现财务信息不对称问题，且在债券发行成功后，企业与高层人员通常因频繁对外进行业务投资、拓展经营规模，从而影响到债权人的利益。反之，当企业的经营权和决策权被剥夺，那么，企业的市场价值就会贬值，这就是股权代理成本理论的核心。

③ 当企业在做出融资决策之时，要考虑到股东及各利益主体的共同利益。同时，选择科学的融资模式，并在投资项目过程中合理利用资金，避免资金亏损伤害到债权人的利益。如果融资过度并出现投资失误，债权人将要求企业赔偿更多的利率和成本，企业最终将得不偿失。

（2）信号传递理论

1972 年，Spence 提出了该理论学说。他通过建立模型的方法，检验企业的资本结构与负债结构，并利用检验结果，将企业的投资及破产风险，进行了对比和评估预测。

1977 年，学者 Ross 对该理论进行了补充，强调了企业的品牌信誉与资本结构之间的相联关系。他通过模型验证，结果表明，企业在进行融资及项目投资之后，容易出现信息不对称问题，而外界只为根据企业提供的信息报表，来评价企业的品牌效益。通常发行债券的企业是具有品质优势的，因此根据现实的政策与经济因素，债券发行是无法模仿也难以实行的。

1997 年，Leland、Pyle 则指出，企业为了加大融资额度，需要有足够的融资保证金，并先投入部入流动资金来吸引投资人和债权人。在这种情况下，企业的资本结构是稳定的，同时，企业的股份和债券发行量越多，其市场价值也将得以最大化体现。

（3）控制权理论

控制权理论的核心观点在于，着重市场竞争因素与企业资本结构的相联关系，市场的变动与影响因素，直接对企业的资本结构、市场价值造成不同的差异影响。

1998 年，Stulz 在研究中指出，投资者的目标期望和利益最大化，是优化企业资本结构的决定因素。他通过构建模型的方式，研究了企业的负债率与融资方式，从而验证了企业通过增加股东权益，以股票互换的融资方式，对企业及多方利益主体都是一种双赢举措。同时当企业产生一定的负债资本，将使企业获得较优的资本结构和市场价值。

（4）融资优序理论

融资优序理论始于 1984 年，是由 Myers 和 Majluf 在现代 MM 理论及信息传递理论的研究基础上，进行补充完善之后演变而来的。他们认为，当企业的融资顺序错位，将导致财务企业的信息不对称，信息不对称与企业的股权体制、财务杠杆管理、资本结构有着直接性的关联关系。本章中中国核电公司提供的融资选择方式，同样是采用该理论的核心思想。

融资优序理论偏向认为，企业在进行融资决策之时，最优的融资顺序应是先考虑内源性融资，其后才是选择外源性融资。例如，通常发行债券和出售股份的方式引进融资资金，其后，才是选择向银行进行金融融资。这主要在于内源性融资不会产生高额的利息成本，债券融资有利于提升企业的市场知名度和战略优势，拓展业务与投资规模，相较于银行融资可节约大量的成本，且不会引发不良的财务信息不对称和资金风险问题。

融资优序理论将信息传递理论的核心，纳入了考量范围，即认为企业存在财务信息不对称问题，会引发企业的财务风险。但是，如果能够在加强风险管控和合理利用固定资本的情况下，通过进行资产和信用抵押的方式发行债券，获得更多的外部投资资金和融资款项，不仅可缓解企业的资金风险，也可以提升企业的市场价值和竞争优势。

4.2.3 资本结构影响因素

我国电力行业发展有其独特的政治和经济背景，随着市场经济的发展，电力行业国家拨款比例呈逐年下降趋势，电力行业基本建设基金正在逐步趋于完善，我国电力行业本身呈现出以外源性融资为主、内源性融资为辅的资本结构特点，且资产负债率呈现出逐年上升趋势。

4.2.3.1 融资方式

当前，企业的融资方式可分为两大类。具体如下所示。

（1）内源性融资

内源性融资是指企业根据投资、业务发展、运营管理的需要，并结合自身现有的资产情况，从企业内部进行融资的一种活动方式。

进行内源性融资时，重点考虑的是固定资产的折旧、留存收益。其中，前者是指企业在补充资本之时，依照政策及行业规定，对固定资产进行折旧提取的一种活动方式；进行折旧换算是应用于大型项目的投资，也即是将企业的长期固定资产进行现金换算，从而变更为资金来源应用。后者是指，企业通过以往的盈利和内部存留资金，加以利用和分配，用于生产和业务发展所用。

（2）外源性融资

外源性融资是指企业根据发展需要，对外部市场进行资金筹集和融资的一种活动方式。包括：发行债券、股权、众筹、向银行和其他信贷机构借贷等等。通常情况下，企业为了保障资本结构的稳定性，减少融资的利息成本，会优先考虑债券融资或是股权融资。此外还有租赁融资或是商业融资，随着我国金融租赁政策的开放，企业进行租赁融资不仅可以减少债务压力，且可获得充足的资金和设备及技术支持，减少了向银行融资的长短期还款压力。

4.2.3.2 资本期限结构

一般情况下，企业的资产与资本指标并没直接关系，但与各资本指标的占用时间及变动情况，有较大的关联性。也就是说当企业的流动资金、负债资金的时间占用长度，对企业的资本结构有着直接性的影响，因此，我们将这种情况解释为企业资本的期限结构。

在很大程度上，企业资本结构的长期资产率，是否稳定充足，直接取决于企业的长期资本是否足够，如果长期资本不足支持企业的发展，那么，企业需要动用较多的流动资金，或是对外融资来支持长期资产。流动资金的计算公式如下：

流动资金=长期资本（长期负债+所有者权益）–长期资产

流动资金=流动资产–流动负债

流动资金的充足率，是保障企业运营发展的基础条件，也可视为企业的备用资金和第二资金。若是企业的流动资金较低，这很难为项目投资和业务发展提供资金保障，因此，企业需要加强融资能力，拓展融资渠道，以获得更多的投资资金和融资款项，以此来推动企业项目投资和业务成本开支。

4.3　中国核电公司总体概况及财务能力

4.3.1　中国核电公司总体概况

中国核能电力股份有限公司（简称为中国核电公司）总部位于中国北京，其注册资金为 1 095 277 万元人民币，成立于 2008 年，并于 2015 年 6 月 10 日在上海证券交易所上市。迄今为止，公司已有 10 余年的发展背景，由中国核工业集团有限公司作为控股股东，联合中国长江三峡集团公司、中国远洋运输（集团）总公司和航天投资控股有限公司共同出资设立。

公司的经营范围，涉及核电项目的开发、投资、建设、运营与管理，包括：清洁能源的投资、开发，以及核电的输配、销售、业务管理及服务咨询等。

当前，公司现有 20 多家子企业，其中，包括 21 家控股子企业、3 家合资企业、2 家联营企业。至 2016 年年底公司共有价值 2 800 亿元人民币的总资产，在职员工总数超过 11 000 人。

截至 2016 年年底，公司已建成并投资运营的核电机组数量共为 16 台；另外，还有 9 台在建核电机组，其总装机容量达到 1 325.1 万千瓦。

中国核电公司规模庞大，业务结构丰富，在国内同行业中有较强的竞争优势和核心地位。本章内容中，通过收集公司近 3 年来的财务报表数据，以 2016 年度的数据样本进行验证分析，以建立财务指标的方式对公司的资本资构进行细化研究。

截至 2016 年 12 月 31 日，中国核电公司的总资产额，累计 2 820.47 亿元人民币，较 2014 年年底增长 21.1%；负债总额为 2 103.21 亿元人民币，较 2014

年年底增长 16.4%。说明公司近 3 年以来，规模快速扩大，市场占有率较高，同时，适用以融资借贷的方式拓展公司的业务发展。

如图 4.1 所示，公司在 2016 年期间，共实现 300.09 亿元人民币的营业收入，较之 2014 年的营业收入，提升了 37.3%左右；公司 2014 年的净利润，约为 51.57 亿元人民币，至 2016 年，已达到 81.08 亿元人民币，提升了近 36.4%左右，由此表明，中国核电的未来发展空间十分明朗。

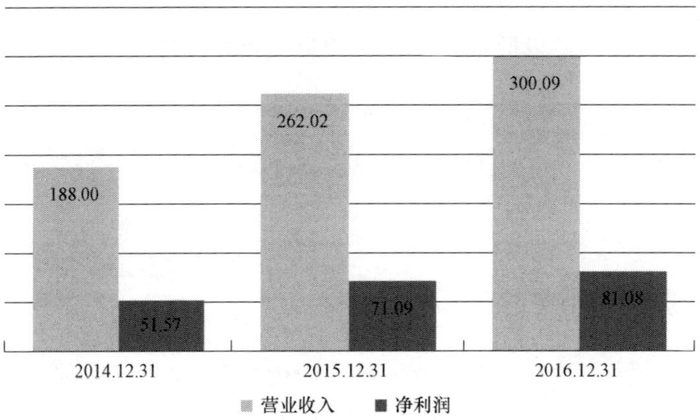

图 4.1　近 3 年中国核电公司营业收入和净利润对比图

近几年来，中国核电公司的资本结构因面临业务发展，需要加大核电工程的建设，并产生了大量的财务开销，从而使资本结构存在较大的不稳定性。其主要表现在于，公司的资产负债比率较高和长短期负债结构复杂，因此存在较大的负债风险。究其主要原因，是公司在当前面临着诸多的外部因素影响，具体可归类为：政策限制因素、外源性融资因素、同行竞争这三大因素的影响。具体如下所述。

（1）2016 年 12 月，国家发展改革委颁布了《省级电网输配电价定价办法》，该办法采用了激励与约束的并行策略，即一方面，对电力行业提供了激励与政策扶持条件；另一方面，明确规定了省级电力产品的供应、输送、配置等定价原则，即通过实行“竞价上网”的方式，对国内电力行业提出了更为严格的要求。电力“竞价上网”政策的实施，使一直具有垄断优势和市场竞争优势的中国核电公司，面临着更为严峻的考验与挑战。目前，公司的产品竞争优势下降，其市场主导经营权也受到约束，从而导致公司的盈利增长缓慢，最终影响了整体的财务结构。

（2）当前，中国核电公司需要在建的核电厂、发电机组以及项目投资较多，因此，需要大量的资金来维护以上相关业务的发展。遵从资本结构理论的核心思想，企业的还款能力、经营绩效、业务规模及盈利水平，对其资本结构的稳定性有正向影响关系。由于中国核电公司在加强业务发展过程中，持续对银行进行了多次长期、短期的融资借贷，从而导致公司现有的财务资金充足率减少，使公司的资本结构受到一定的影响。通常，财务状况是一个企业的管理水平和经营成果的直接体现，受到外源性融资压力的约束，因此，公司当前需要进一步加强对财务管理的战略规划与目标制订。

（3）中国五大发电集团——中国华能集团公司、中国大唐集团公司、国家能源投资集团有限公司、中国华电集团公司和国家电力投资集团公司，都是中国核电公司在电力行业的主要竞争对手，其中国家电投集团还拥有核电控股投资运行资质，再加上另外一家有核电运营资格的中广核集团，中国核电公司仍然面临较强的电能产品竞争。同时，随着电力竞价上网政策的实施，要与以上同行企业进行竞争，中国核电公司需要全面优化资本结构，降低财务风险，解决过多的长短负债率问题，只有加强内外战略管理规划，如此才能够全面提升自身的市场竞争优势和占有率。

4.3.2　中国核电公司财务能力分析

（1）偿债能力分析

偿债能力分析，主要是通过分析企业的财务报表和资本结构，从而评价企业是否能够依照规定时间偿还融资债务。根据企业的融资类型，可将企业的偿还能力分类为短期、长期偿还能力两种类型。

企业的短期偿债能力，包括流动比率、速动比率等指标，具体如下式所示：

流动比率=流动资产/流动负债

速动比率=（流动资产－存货）/流动负债

长期偿债能力主要包括资产负债率等指标，具体如下式所示：

资产负债率=负债总额/资产总额

通过选取国内 62 家电力同行上市公司（根据申万行业分类 2014 版，包含水电，火电，新能源发电，热电，燃机热电等方面）的财务报表数据，整理计算得出 2014—2016 年电力行业相关指标的数值，并将之与中国核电公司的指标对比，通过对比分析，可以对中国核电公司的相关指标与特征、问题，进行相应探讨分析。

如表 4.1 所示，中国核电公司在 2014 年至 2016 年期间，其流动比率平均值约为 0.89，速动比率平均值约为 0.47。同时，从表中同时可以看到，2014—2016 年中国核电公司的资产负债率的平均值为 76.27%，整体负债情况较高。

表 4.1　2014—2016 年中国核电公司偿债能力指标情况

年度	资产负债率/%	流动比率	速动比率
2014 年	79.07	0.97	0.45
2015 年	75.18	0.94	0.52
2016 年	74.57	0.75	0.42
平均值	76.27	0.89	0.47

由表 4.2 中的数据不难得知，2014—2016 年，国内电力行业其资产负债率，平均值为 58.94%，流动比率的平均值为 1.04，速动比率平均值为 0.93。

表 4.2　2014—2016 年电力行业偿债能力指标情况

年度	资产负债率/%	流动比率	速动比率
2014 年	60.84	0.94	0.82
2015 年	58.41	1.03	0.93
2016 年	57.55	1.14	1.04
平均值	58.94	1.04	0.93

对比表 4.1 和表 4.2，可以得知中国核电公司的流动比率和速动比率，相对小于电力行业平均值；中国核电公司近三年资产负债率平均值为 76.27%，电力行业资产负债率平均值为 58.93%。可以看出，中国核电公司资产负债率高于行业平均水平。根据上表数据分析，中国核电公司的流动比率和速动比率都低于电力行业水平，表明中国核电公司在短时间内的偿债能力弱于行业水平。究其主要原因，是由于公司的投资业务、在建设项目占用了大量的流动资金和固定资产，从而削弱了公司的短期偿债能力。

从客观的市场角度分析，国内核电行业属于资本密集型行业，且中国核电公司在近年来的业务发展与拓展规模迅速，短期负债是因项目投资而产生的。虽然公司自 2014 年至 2016 年期间，其短期负债率不断增长，但同时，这期间的流动资产比率也不断提升，公司可利用流动资金来偿还部分债务。不过，流动资金的减少，可能会对公司的盈利与业务发展造成影响。对此，公司需要进一步优化财务结构，减少财务风险，避免影响到公司的整体竞争优势。

（2）营运能力分析

营运能力是通过分析企业的经营管理能力、业务运营水平、资源分配的合理度，从而检验企业是否有足够的市场竞争优势，并加强对资本结构的调整和优化。

通常情况下，企业的营运能力分析，是指企业运用各项资产以赚取利润的能力。具体涉及：流动资产、固定资产、负债资产等相关指标的分析评价。本章主要将应收账、存货款的周转率纳入计算范围。具体如下式所示：

应收账款周转率=主营业务收入/应收账款平均余额

存货周转率=主营业务成本/存货平均余额

固定资产营运能力，其检验指标，为企业固定资产周转率，具体如下式所示：

固定资产周转率=主营业务收入/固定资产平均余额

由表 4.3 中，可以看到 2014—2016 年，中国核电公司的应收账款周转率平均值为 9.47；存货周转率的平均值为 1.09；固定资产周转率平均值为 0.25。

表 4.3　2014—2016 年中国核电公司营运能力指标

年度	应收账款周转率	存货周转率	固定资产周转率
2014 年	7.94	0.95	0.24
2015 年	10.64	1.08	0.27
2016 年	9.83	1.23	0.25
平均值	9.47	1.09	0.25

由表 4.4 可以看出，2014—2016 期间，国内电力行业应收账款周转率平均值 10.43；存货周转率平均值为 65.34；固定资产周转率平均值为 0.20。

表 4.4　2014—2016 年电力行业营运能力指标

年度	应收账款周转率	存货周转率	固定资产周转率
2014 年	10.75	153.72	0.22
2015 年	11.09	23.91	0.20
2016 年	9.45	18.40	0.18
平均值	10.43	65.34	0.20

对比表 4.3 和表 4.4，不难得知，由于电力行业的特点，固定资产占比高、电力即时销售、回款快，所以电力行业普遍存在应收账款周转率高、固定资产

周转率低。但中国核电公司的存货周转率均明显低于同业平均水平。

综上可以得知，中国核电公司应收账款周转率高、固定资产周转率低，存货周转率也较慢。与同行业比较而言，说明公司在存货管理方面存在缺陷，应查明存货余额的合理性，尽量减少存货的储存时间。

（3）盈利能力分析

盈利能力是通过对过往阶段、当前阶段，企业历史累积下来的收入和利润增长能力，进行检验分析的。评价企业是否具备一定的市场盈利能力，是检验企业是否能够合理分配资源、加强财务风险管理、优化资本结构的基本条件，也是使企业在市场竞争环境中获得持续发展的前提。

企业的盈利能力评价指标，涉及：企业的销售净利率、净资产收益率、总资产报酬率等，其计算公式分别为：

$$销售净利率=净利润\div营业收入$$

$$总资产报酬率=净利润\div平均资产总额$$

$$净资产收益率=净利润\div平均净资产$$

由表4.5中可以得知，2014—2016年中国核电公司的盈利能力其平均值为27.19%；总资产报酬率平均值为4.54%；净资产收益率平均值为11.89%。

表4.5　2014—2016年中国核电公司盈利能力指标情况　　%

年度	销售净利率	总资产报酬率	净资产收益率
2014年	27.43	4.02	11.61
2015年	27.13	4.86	12.60
2016年	27.02	4.74	11.47
平均值	27.19	4.54	11.89

由表4.6中可以看出，2014—2016年国内电力行业的销售净利率其平均值约为16.97%；总资产报酬率平均值为6.74%；净资产收益率平均值为8.38%。

表4.6　2014—2016年电力行业企业盈利能力指标　　%

年度	销售净利率	总资产报酬率	净资产收益率
2014年	13.96	6.16	5.77
2015年	18.09	7.44	9.86
2016年	18.87	6.58	9.52
平均值	16.97	6.73	8.38

由表 4.7 可以得知，2014—2016 年期间，中广核电公司的销售净利率平均值为 23.78%；总资产报酬率平均值为 7.20%；净资产收益率平均值为 15.90%。

表 4.7 2014—2016 年中广核电力公司盈利能力指标 %

年度	销售净利率	总资产报酬率	净资产收益率
2014 年	19.74	7.73	11.32
2015 年	28.87	6.58	11.60
2016 年	22.74	7.29	12.90
平均值	23.78	7.20	15.9

通过对比以上三个数据表，可以得知近三年来，中国核电公司的销售净利率，其平均值高于行业平均水平，并略高于中广核电公司；其总资产报酬率，低于行业平均水平，也远低于中广核电公司；净资产收益率则高于行业平均水平，但低于中广核电公司。

由此不难得知，相较于传统电力能源企业行业，中国核电公司的电力销售盈利较高，在能源的创新与供应率方面，也占较强的市场优势。此外，总资产报酬率低于同业与中广核电公司水平，说明中国核电公司资产总额太大；而净资产收益率则高于行业平均水平，但低于中广核电公司，说明中国核电公司的销售收入太低，期间费用占比太高，降低了净资产收益率。因此，公司仍需要持续加强核电产品的生产、销售量和盈利增长点，降低期间费用的发生，如此才可超越中广核电公司并领先于国内其他同行水平。

（4）发展能力分析

通过分析企业的发展能力，可以得知企业是否能够在市场环境中，从事生产和销售经营，激发企业的潜能和价值优势。其评价指标，分别是涉及：净利润增长率、总资产增长率、净资产增长率这三个指标项，其计算公式如下：

净利润增长率=（本年净利润 – 上年净利润）/上年净利润

总资产增长率=（本年资产总额 – 上年资产总额）/上年资产总额

净资产增长率=（年末所有者权益 – 年初所有者权益）/年初所有者权益

从表 4.8 可以看出，2014—2016 年，中国核电公司的净利润增长率平均值为 16.97%；总资产增长率平均值为 6.73%；净资产增长率平均值为 8.38%。

表 4.8　2014—2016 年中国核电公司发展能力指标　　%

年度	净利润增长率	总资产增长率	净资产增长率
2014 年	13.96	6.16	5.77
2015 年	18.09	7.44	9.86
2016 年	18.87	6.58	9.52
平均值	16.97	6.73	8.38

从表 4.9 可以看出，2014—2016 年，国内电力行业的净利润增长率平均值为 38.79%；总资产增长率平均值为 8.59%；净资产增长率平均值为 18.48%。

表 4.9　2014—2016 年电力行业企业发展能力指标　　%

年度	净利润增长率	总资产增长率	净资产增长率
2014 年	−45.24	8.038	19.88
2015 年	159.06	6.90	17.41
2016 年	2.55	10.84	18.13
平均值	38.79	8.59	18.48

从表 4.10 可以看出，2014—2016 年，中广核电公司的净利润增长率其平均值为 21.00%；总资产增长率为 10.44%；净资产增长率为 11.93%。

表 4.10　2014—2016 年中广核电公司发展能力指标　　%

年度	净利润增长率	总资产增长率	净资产增长率
2014 年	36.2	9.70	11.30
2015 年	23.1	8.92	11.60
2016 年	2.30	12.71	12.9
平均值	21	10.44	11.93

综合对比可以得知，2014—2016 年，中国核电公司的净利润增长率每年比较稳定，但其平均值严重低于行业平均水平；且低于中广核电公司；三年来核电公司的总资产增长率，其平均值略低于行业平均水平，同样低于中广核电公司，其净资产增长率平均值低于同行业公司及中广核电公司平均水平。

整体而言，中国核电公司的发展能力，并不能在同行业中算是最突出的。但中国核电公司的净利润增长率、总资产增长率、净资产增长率近三年都保持稳定的增长；另外，近三年来公司的项目投资与融资管理，目前并未对公司的资产结构构成风险。这说明公司在稳步发展，整体的市场竞争能力与发展能力十分明朗。

4.4　中国核电公司资本结构现状及存在的问题

4.4.1　资本结构现状

4.4.1.1　资本结构概况

本节内容中，分别对中国核电公司的资本、债务、权益资本等三个指标项，进行评价分析。

（1）资本规模变动状况

资本规模的变动，是企业资本结构动态变化的体现，对其进行分析判断，可了解企业资本规模的具体变化情况。

从表 4.11 可以得知，中国核电公司的负债、权益这两项指标，近 3 年都呈上升的迹象。2015 年权益增加了 188 亿元人民币，负债同时增加了 220 亿元人民币；2016 年权益增加了 64 亿元人民币，负债同时增加了 124 亿元人民币。从绝对额来看，每年权益的增加数都少于负债的增加数。

表 4.11　近 3 年中国核电公司资本规模指标对比　　亿元人民币

指标项＼时间	2014-12-31	2015-12-31	2016-12-31	2015-12-31	2016-12-31
				同比增长率/%	同比增长率/%
负债总额	1 758.82	1 978.88	2 103.21	12.51	6.28
权益总额	465.64	653.35	717.26	40.31	9.78
资本总额	2 224.47	2 632.23	2 820.47	18.33	7.15

在 2015 年公司的负债总额共为 1 979 亿元人民币，相较上一年度增长率为 12.51%左右；2016 年公司的负债总额共为 2 103 亿元人民币，相较上一年度增长率为 6.28%左右，负债总额也每年上升。

从表 4.11 同时可以看到，中国核电公司于 2015 年，公司整体的权益总额为 653 亿元人民币，较之 2014 年度增长率为 40.31%左右，2016 年公司整体的权益总额为 717 亿元人民币，较之 2015 年度增长率为 9.78%左右，同年公司的资本总额共计 2 820.47 亿元人民币，较之 2015 年度，有 188.24 亿元人民币的提升，增长率为 7.15%左右。

由表 4.12、图 4.2 不难得知，中国核电公司于 2016 年共有 2 103.21 亿元的负债总额，占整体资本的 74.57%；权益总额约为 717.26 亿元人民币，占整体资本的 25.43%左右。表明公司的权益明显低于负债总额，公司负债率较高，且三年期间基本持相近的水平。

表 4.12　2014—2016 年中国核电公司资本结构变化情况表　亿元人民币

项目＼时间	2014-12-31	2015-12-31	2016-12-31
负债总额	1 758.82	1 978.88	2 103.21
权益总额	465.64	653.35	717.26
资本总额	2 224.47	2 632.23	2 820.47
负债占总资本比重/%	79.07	75.18	74.57
权益占总资本比重/%	20.93	24.82	25.43

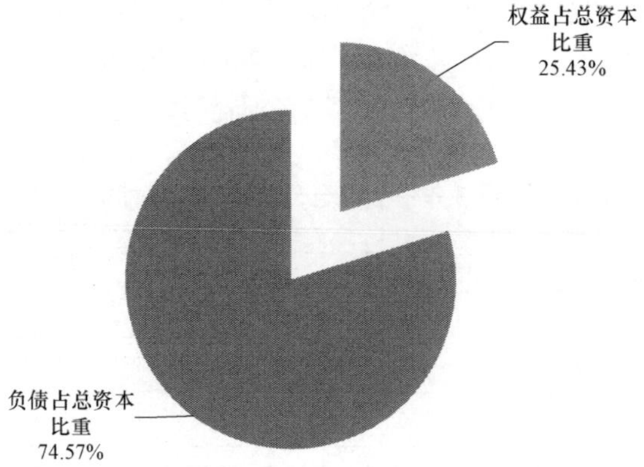

图 4.2　2016 年 12 月 31 日中国核电资本结构情况

另从图 4.2 中同时可以看出，近 3 年来，中国核电公司的负债总额和权益总额，都有上升的迹象。负债上升是由于增加了银行贷款，权益的上升主要是 2015 年公司对外发行了股票增加了 130 亿元人民币资金，这意味着公司主要依赖外源性融资。

（2）融资结构

企业的融资方式，大致可分为内源性融资和外源性融资。电力行业企业内源性融资主要是由企业内部留存收益和固定资产折旧构成，内源性融资的多少取决于公司的财务状况，盈利能力强及内部资金积累多的企业更容易选择内源性融资。外源性融资主要是企业向企业以外的其他经济主体筹集的资金，外源性融资又可以分为债务融资和权益融资。

本章中将中国核电公司3年来，公司的内源性融资定义为：未分配利润与固定资产折旧的和；债务融资定义：为短期借款、长期借款与应付债券的和；权益融资定义为股本与资本公积的和。

由表4.13、表4.14，可以得知，中国核电公司的债务融资占比较大，内源性融资占比与行业均值相差不大。公司留存收益比率达到60%以上，说明公司在尽量利用内源性融资，符合优序融资理论。根据优序融资理论放宽MM理论的假设，企业融资应考虑到财务信息的对称，同时加强融资成本的决策，负债融资容易给企业造成财务压力。

表4.13　2014—2016年中国核电公司的融资结构情况　　%

项目＼时间	2014-12-31	2015-12-31	2016-12-31
股权融资	7.35	13.67	13.02
债务融资	92.65	86.33	86.98
内源性融资	21.14	21.76	23.77
外源性融资	78.86	78.24	76.23

表4.14　2014—2016年的中国核电公司和电力行业留存收益情况　　%

留存收益比率＼时间	2014-12-31	2015-12-31	2016-12-31
中国核电公司	0	62.95	61.86
电力行业	62.24	58.13	63.61

在当前情况，中国核电公司的融资方式较为保守和单一，从融资形式来看，主要是向银行进行融资借贷，因此，公司的外源性融资比率较高。究其原因，主要是公司投资需求资金较多，内源性融资远远不能满足投资需求，所以进行了大量外源性融资。长期进行外源性融资，将导致公司的长、短期债务增多，公司需要对外支付更多的利息成本，这也将在一定程度上，对公司资产结构造成不良影响。

（3）期限结构

资产结构与资本结构的匹配情况关系企业的偿债能力和财务风险，下面对近 3 年来，公司的资产结构和资本结构的匹配情况做详细分析，如表 4.15 所示。

表 4.15　2014—2016 中国核电公司资产结构的匹配对比　　亿元人民币

时间	资产结构			资本结构		
	指标	金额	比率	项目	金额	比率
2014-12-31	流动资产	223.61	10.05%	短期资本	230.77	9.64%
	非流动资产	2 000.86	89.95%	长期资本	1 993.70	90.36%
2015-12-31	流动资产	343.77	13.06%	短期资本	364.96	7.21%
	非流动资产	2 288.46	86.94%	长期资本	2 267.27	92.79%
2016-12-31	流动资产	310.88	11.02%	短期资本	412.37	6.84%
	非流动资产	2 509.59	88.98%	长期资本	2 408.09	93.16%

从表 4.15 中，可看到中国核电公司资产结构匹配所存在的问题。表 4.15 中数据，得知近 3 年来，中国核电公司的短期资本略少于流动资产的比重，流动资金已转变为负数，这意味着公司是利用短期资本，来维护长期资产的充足率。根据筹资组合结构理论的观点，中国核电公司这种方式属于冒险型的筹资形式，从而使公司近年来的非流动资产大于长期资本，特别是 2016 年短期负债比流动资产多了 102 亿元，这种短贷长投的行为大大提高了公司财务风险。

4.4.1.2　债务结构概况

（1）负债类资本规模变动

企业的负债率是体现在企业的各种财务指标的占用、数量、比例规模当中的，其中较常见的指标主要为长短期负债率、流动负债率。如表 4.16 所示，为中国核电公司于 2014 年至 2016 年期间的各项财务指标数据的比例。

表 4.16　中国核电公司财务数据分析企业的债务资本结构　　亿元人民币

	2014-12-31	2015-12-31	2016-12-31	2015 年同比增长率/%	2016 年同比增长率/%
流动负债	230.77	364.96	412.37	58.15	12.99
非流动负债	1 528.06	1 613.92	1 690.84	5.62	4.77
负债合计	1 758.82	1 978.88	2 103.21	12.51	6.28

从表 4.16 中，可以得知中国核电公司的负债总额，持续每年上升的势头，2016 年年底其负债总额达到 2 103.21 亿元人民币。流动负债 412.37 亿元人民币，较 2015 年年底增长了 47.41 亿元人民币，流动负债率增加了 12.99%；非流动负债 1 690.84 亿元人民币，较 2015 年年底增长 76.92 亿元人民币，上升了 4.77%。

如表 4.17、图 4.3 所示，截至 2016 年 12 月 31 日，中国核电公司短期借款金额为 120.38 亿元人民币，占负债总额的 5.72%，近 3 年短期借款总体缓慢上升趋势，但是比例相对于长期借款，还是很低；长期借款 1 528.02 亿元人民币，占负债总额的 72.65%，近 3 年长期借款总体缓慢下降趋势，但还是占了负债总额的绝大部分。

表 4.17　近 3 年中国核电公司主要负债结构情况表　　亿元人民币

项目	2014-12-31		2015-12-31		2016-12-31	
	金额	比例/%	金额	比例/%	金额	比例/%
短期借款	72.08	4.10	87.00	4.40	120.38	5.72
长期借款	1 344.34	76.43	1 455.54	73.55	1 528.02	72.65
应付债券	54.74	3.11	14.94	0.76	0.00	0.00
长期应付款	111.95	6.37	119.46	6.04	134.53	6.40
负债总额	1 758.82	100.00	1 978.88	100	2 103.21	100

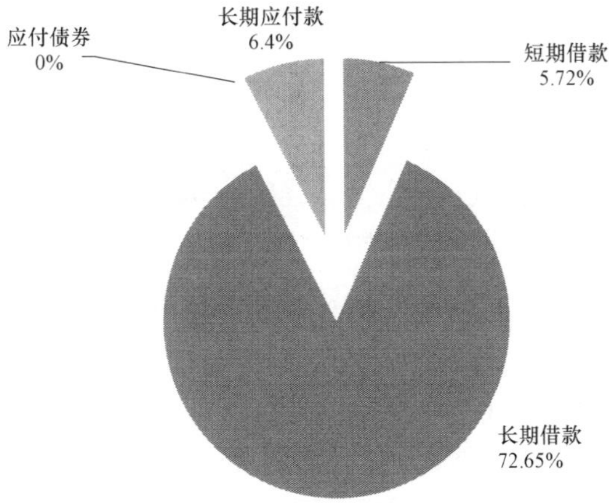

图 4.3　2016 年 12 月底中国核电公司负债示例图

2016 年，中国核电公司没有应付债券，近 3 年数据结果表明，公司的应付债券开始每年下降，但长期应付款，将近 134.53 亿元人民币，约占负债总额的 6.40%。目前公司的短期负债比例低，长期负债比重较大，企业主要依靠长期借款融资方式，且主要面向银行融资，债券融资较少。

（2）负债结构合理性

企业的负债结构是否合理，主要是针对企业的流动负债率与净收益率，来进行检验分析的。也就是当企业在一年期间所要支付的本金和利息，是大于企业的经营活动净现金流量，说明企业陷入了财务危机，企业只能利用其他资金偿还债务，因此，也进一步削减了资本结构的充足率。

下面针对中国核电公司的流动负债率及收益率，进行对比分析（流动负债经营活动净现金流量比＝流动负债÷经营活动净现金流量），具体见表4.18所示。

表4.18　2014—2016年中国核电公司流动负债与盈利净收益的对比

亿元人民币

项目	2014-12-31	2015-12-31	2016-12-31
流动负债合计	230.77	364.96	412.37
负债合计	1 758.82	1 978.88	2 103.21
流动负债率/%	13.12	18.44	19.61
经营活动产生的现金流量	95.43	169.64	185.21
流动负债经营活动净现金流量比	2.42	2.15	2.23

从表4.18数据中可以看出，中国核电公司的流动负债率在逐年上升。截至2016年年底，流动负债率为19.61%，近3年来，公司的流动负债率呈上升趋势。

根据流动负债与经营活动净现金流量比例都在2倍以上，说明公司经营活动产生的净现金流量（包括折旧和利润）不足以保障偿还流动负债，说明公司资金在短期间内产生一定的周转压力。连续3年都处于这种压力下，说明公司财务部顶着压力努力周旋，为公司节省了融资利息，因为长期资金的成本要大于短期资金成本，公司实际上用短期资金代替了部分长期资金。

2017年7月23日，中国核电公司董事会审议通过公司公开发行可转债方案的议案，计划发行可转债拟募集资金78亿元人民币，其中：24.16亿元人民币用于田湾核电厂扩建工程5、6号机组项目，30.66亿元人民币用于福清核电厂5、6号机组项目，23.18亿元人民币用于补充流动资金。

4.4.1.3　权益结构概况

（1）权益类资本规模变动

权益资本结构包括了：实收资本（股本）、资本公积、盈余公积、未分配利润。权益类资本规模变动主要体现在这些指标值的增长率，具体参见表 4.19 所示。

表 4.19　2014—2016 年中国核电公司权益类资本的变动　亿元人民币

指标	2014-12-31	2015-12-31	2016-12-31	2015 年同比增长率/%	2016 年同比增长率/%
实收资本	116.74	155.65	155.65	33.33	0
资本公积	37.94	128.95	128.95	239.88	0
盈余公积	13.90	16.00	19.65	15.11	22.81
未分配利润	55.04	74.65	101.88	35.63	36.48
归属于母公司股东权益合计	224.62	375.95	406.77	67.37	8.20
少数股东权益	241.02	277.40	310.48	15.09	11.93
权益合计	465.64	653.35	717.26	40.31	9.78

表 4.19 数据结果表明，近 3 年来，公司的总权益资本比量持续上升。2015 年有 40%的增幅，主要原因是当年发行了股票获得了资本金和较多的资本公积以及当年的未分配利润留存较多；2016 年共为 717.26 亿元人民币，较上一年度有 9.78%的增幅。其增长原因是因盈余公积、未分配利润两者的增长所推动的。

（2）权益类资本结构

中国核电公司自上市以来，共对外进行了三次大规模的融资，这些资金对企业的经营发展和盈利增长，产生了巨大的价值作用。当前，现代企业主要融资渠道仍然是向银行融资。于 2015 年，中国核电的资产负债表中短期借款和长期借款，占公司总资本的 11.75%，公司这一年向银行进行短期借款，共有 120.38 亿元人民币，而长期借款额，至 2015 年为止，达到 1 528.02 亿元人民币。

值得说明的是，由于中国核电公司上市时间较短，传统的上市公司融资方式，比如：配股、发行可转债、发行公司债券等，中国核电公司都没有。公司只是在 2015 年 6 月 10 日首次公开发行 A 股股票，以及 2016 年 6 月 13 日公开发行限售股。

2015 年 6 月 10 日，中国核电公司发行股票 38.91 亿股，发行价格为 3.39 元/股，所筹集的资金主要用于新股发行，所筹集到 131 亿元人民币，扣除新股每股 0.051 元的发行费，实际筹集到的资金近 130 亿元人民币。2016 年 6 月 13 日，中国核电公司面向股东全国社会保障基金理事会转持二户、航天投资股份有限公司、中国长江三峡集团公司、中国远洋运输（集团）总公司发行限售股350 250 000股。

企业资本结构的形成，与企业的权益结构、债务资本结构相关。当前中国核电公司要注意两者的比例关系，前者应大于后者的比例，否则将陷入债务困境和财务危机。根据这一框架，以下我们从权益类指标和股东权益占有比率出发，对近三年来中国核电公司的权益类资本结构，进行样本分析统计具体如表4.20所示。

表4.20　近三年中国核电公司权益类资本结构

指标	2014-12-31		2015-12-31		2016-12-31	
	金额/亿元	占股东权益比例/%	金额/亿元	占股东权益比例/%	金额/亿元	占股东权益比例/%
实收资本	116.74	51.97	155.65	41.40	155.65	38.26
资本公积	37.94	16.89	128.95	34.30	128.95	31.70
盈余公积	13.90	6.19	16.00	4.26	19.65	4.83
未分配利润	55.04	24.50	74.65	19.86	101.88	25.05
归属于母公司股东权益	224.62	100	375.95	100	406.77	100

由表4.20可以看出，近3年以来，中国核电公司的股本占股东权益的比率，呈逐年下降的趋势。截至2016年12月31日，公司的股本比例占整体的38.26%左右，较上一年度下跌了近3.14%；资本公积则占整体的31.70%；盈余公积占比为4.83%；2016年的未分配利润则明显上升，达到25.05%，较上一年度，有5.19%的增幅。

4.4.1.4　公司财务杠杆分析

根据企业盈利的税前收益，以及资产息税前的利润率计算公式，分别如下：

$$息税前利润=利润总额+财务费用中的利息$$

$$息税前资产利润率=息税前利润/总资产平均余额$$

如以上两式所示，通过将公司的利润总额加上财务费用，继而再利用财务杠杆原理，用中国核电公司息税前利润率与负债的利率进行对比，得出是否需要增加负债，最终结果如下：

近3年期间，中国核电公司于2014年息税前利润为80亿元人民币，平均资产总额为218亿元人民币，计算得出息税前利润率为36.7%；2015年期间息税前利润为 122 亿元人民币，平均资产总额为 280 亿元人民币，计算得出息税前利润率为 43.6%；在 2016 年，公司息税前的实收利润为 135 亿元人民币，平均资产总额为 330 亿元人民币，计算得出息税前利润率为 40.8%，这 3 年平均息税前利润率为 40.8%，说明资产的收益率比较高。

综上结果不难得知：中国核电公司息税前利润率明显大于利息率，虽然公司的长期负债率较高，但有利于提升股东的收益率。从财务杠杆原理来讲，应该鼓励公司负债经营，不过需要把握还债风险的度，只有公司的负债风险得到遏制，公司经营才是安全的。

4.4.2　资本结构存在的问题

依据前面各节的分析，我们可以总结出中国核电公司资本结构存在的问题，具体问题如下所示。

4.4.2.1　资产负债率偏高

通过上节研究得知，中国核电公司近三年的平均资产负债率为 76.27%，大大高于电力行业平均值（58.94%）。导致其产生这个问题的因素，可从如下几方面分析。

（1）投资规模过大过快。这是由电力行业的特点决定的，中国核电公司既属于大规模电力企业，业务、项目的扩展和投资金额较大，且投资收益缓慢，公司的外源性融资比例加多。而且每年权益的增加额都无法超过负债增加额，所以在公司对外发行股票获得 130 亿元现金后资产负债率还是始终无法大幅下降。

（2）利息逐年增加。公司盈利能力相比以往已经提高，但是各种财务支出也较高。例如 2014 年年底至 2016 年，财务费用分别为 19.62 亿元人民币、39.89 亿元人民币、43.25 亿元人民币，每年支出费用不断增加，这势必导致公司的净利润被削弱。

（3）利润上升空间不大。核电厂建设周期长，中国核电公司目前的投资成本、发电成本逐年增知，而产品的销售价格，主要由政府统一规定的，因此，公司无法自行提升产品定价。加上“竞争上网”政策与同行竞争因素，导致公司的利润空间并不大。

（4）过度向银行借贷。由于公司上市时间较短，传统的上市公司融资方式，比如：配股、发行可转债、发行公司债券等，而中国核电公司目前仍是注重外源性融资，向银行借用融资借款。由于银行贷款，占到了负债总额大多数，银行贷款比例过高，导致资金使用成本上升，从而导致公司的负债率居高不下。

4.4.2.2 资产流动性不够

依据前文的内容研究，得知公司近 3 年来的资产流动性不足。2014 年至 2016 年，中国核电公司的流动比例分别为 0.97、0.94、0.75；速动比率分别为 0.45、0.52、0.42。两者均低于行业均值。这是因为公司的资产当中固定资产和在建工程等非流动资产所占比例较大，占用了大量的资金，导致资产的流动性较弱，使公司支出大量的流动资金偿还债务。资产流动性不足，可能会对公司正常生产经营产生一定风险。

2016 年年底，中国核电公司共有 1 281.77 亿元人民币的固定资产净额，占整体的 45.45%左右，在建工程项目占用的资金，为整体的 38.52%左右，两者合计，共占总资本的 83.97%左右。因此，公司应合理控制投资规模，适当融资，减少当前的财务风险。

这是因为公司的资产当中固定资产和在建工程等非流动资产所占比例较大，占用了大量的资金，导致资产的流动性较弱，流动比率和速动比率都较低。资产流动性不足，可能会对公司正常生产经营产生一定风险。

4.4.2.3 融资方式较为固定化

目前，中国核电公司主要融资渠道仍然是以银行为主，这一问题，也是国内电力行业普遍存在的问题。融资方式较为保守和固定化，从而不断将加大公司的负债风险。公司的短期借款率，近几年虽然得在逐渐减少，但公司的长期借款并未得到控制。从利率成本方面来看，企业长期借款的资金成本，远高于短期借款。中国核电行业的电站建设和业务投资，需要长期资金，而为了保证公司资金的需求，电力行业通常是向银行借贷，但是，其后期的偿还成本也将增加。短时间来看，中国核电公司也面临一定难题，因此，加快融资方式的转化与创新选择，是公司进行经营发展的当务之急。

在进行项目投资过程中，中国核电公司在没有调查相关政策、市场竞价、项目盈利等可能造成的影响因素情况下，造成建立的相关财务指标、指标评价及对项目的投资预算及资金规划不合理，从而导致过度投资。目前公司仍有大量的应收账没有回收，在建工程项目占据了大部分资金，且项目的建设周期较长、盈利收益缓慢、维护与管理成本较高、人力物力开销较大等相关问题，导致公司内部资金的流动性以及资本结构的稳定性受到影响。

4.5　中国核电公司资本结构影响因素及优化对策

4.5.1　中国核电公司资本结构影响因素分析

企业的资本结构管理直接关系到企业的发展能力，也对企业法人、股东和投资者等参与主体的共同权益，构成较大的直接影响。如果企业出现较高的负债比率和资金风险，内部资金流动性不强，则容易破坏企业资本结构的稳定性。

4.5.1.1　公司规模

公司规模对资本结构有重要的影响。中国核电公司规模庞大，截至 2016 年年底，公司拥有控股子公司 21 家，参股公司 3 家，联营公司 2 家，控股在役核电机组 16 台，装机容量 1 325.1 万千瓦，控股在建核电机组 9 台，装机容量 1 037.7 万千瓦，总资产规模超过了 2 800 亿元人民币，员工总数超过 11 000 人。

当前，中国核电公司的子公司较多，且多以控股公司为主。这表明，公司的业务发展能力快速，并能够吸引到更多的外来投资合作。因此，这对公司的未来战略发展与市场竞争，起到较强的保障与推动作用。

不过，需要说明的一点是，近三年来，中国核电公司不断加快项目与市场业务的投资和扩张，导致公司的长、短负债率也较高。针对这一问题，公司需要加强对资产结构的科学分配，例如，合理调用固定资产，并加快回收欠款和投资收益，以减少发展过程中出现不必要的财务风险。

4.5.1.2　宏观经济因素

2016 年至 2017 年，国内整体的经济运行水平和发展形式，相对较为稳定良好，但与此同时也面临较为复杂的内外影响因素。例如，当前全球的金融竞争与产业竞争形势激烈，导致国际贸易和汇率换算复杂多变，全球生产率、企业竞争力下降，中国核电公司也面临这种全球经济因素影响。

从全球竞争角度来看，较之海外欧美经济发达国家，当前我国在经济层面仍然属于发展中国家，国内安全能源的利用，产业结构和市场经济体系正面临创新和调整的阶段。自 2015 年，我国提出供给侧改革政策规划以来，国内各大产业面临了全新的结构调整，而核电产品作为清洁能源，不仅具有环保作用，还是工业与民生经济发展的重要推导力，但当前我国核电行业面临很多现实问题，具体包括如下。

（1）对核电产品和行业的认知不足

由于国内大多数人对核电产品的认知和了解程度，仍然不够深入，核电工程的构建，十分复杂，专业知识也较为丰富和深奥。但现实情况中，很多公众认为核电是高危产品，导致核电企业的项目建设和产品推广，面临很多的限制和困难，而对大众进行沟通和宣传也存在较大的困难，从而导致公众对核电产品存在很大的不信任和质疑。

（2）全球竞争优势和发展力不足

虽然近年以来，我国核电建设与核电产品的市场供销情况发展迅速，但其比重，仅占全国产业比例的 3%，这一比例与法国核电的 80%的总占比，仍然难以进行比较，且在全球的竞争优势和盈利空间仍存在较大的局限。此外，国内核电机组和项目工程的建设偏低，面临电价上网竞争政策的实施，核电电价逐步取消原来的保护价，核电行业的垄断优势也被削弱，并面临更复杂的市场竞争环境。

（3）成本费用较高及产能过剩

随着全球经济发展水平的不断加快，市场电能产品原材料的进购价和成本价都较高，且基于核电行业的特殊性，对人力资源成本及项目成本的需求和开销额度较大，市场发展过程中，同时面临消费率偏低、产能过剩和现代服务业水平不高等问题，而随着我国电力体制的改革和加深履行范畴，开始淘汰高耗的电能产品和行业，导致电力需求下降，这也是导致中国核电公司销售盈利下降的相关影响因素。

4.5.1.3 盈利能力

通过第 4.3 节的分析可以看到，中国核电公司盈利能力各项指标呈上升趋势，尽管近几年来企业扩张速度很快，但是与同行业企业比较，毛利水平较高，盈利能力仍然较好。当前，公司应当加快资本优化，转化融资方式，减少利息的支出，提升自身的盈利空间。

4.5.1.4 偿债能力

通过前文研究，可以得知中国核电公司的短期偿债能力不强，存在短期负债风险，企业流动资金少于流动负债，偿还短期负债存在一定风险。企业流动资金的规模和大小直接决定了短期偿债能力的高低，当前中国核电公司的债务性筹资金额比较高。

4.5.1.5　资产结构

中国核电公司属于大型核电企业，资本结构庞大，但其长期负债比重也占据了大部分，因此，公司在进行运营发展过程中，面临较高的债务资金风险。为了解决这一问题，避免公司资本结构稳定性受到破坏，增加更多的财务风险，中国核电公司需要不断优化资本结构的相关财务指标。

根据核电行业的特殊性，大型项目投资的资金需求量较高，因此，进行巨额的银行融资和外部投资，是国内核电行业的普遍现象，也是中国核电公司当前面临的现状。鉴于此，就要求中国核电公司的资本结构，需要有足够的流动资金来维护公司的稳定发展，并利用这些流动资金偿还公司的长期和短期负债款项，以减少公司出现经济风险，避免中国核电公司的项目投资和业务发展陷入困境，从而削弱公司的市场竞争优势和长远生存发展。

4.5.1.6　产业特征与行业特点

由于核电行业与传统行业有较大的不同，其具有投资规模大、技术含量高、准入门槛高等特点，与传统行业对比，有较大的特殊性。其中的明显特征之一是资本结构的管理和优化较为复杂。因此，要进行资本结构优化还面临如下难点和问题选择。

（1）经营方式和政策的影响。核心行业特殊的产业形态及对业务发展的需要，需要更多的融资资金和款项才得以持续运营，核电能源的供应需跟随政策及环境的变动不断进行调整并调整战略方式。例如，于2016年11月7日发布的“十三五”规划（2016—2020年）就对国内核电行业提出以“节省能源、实现环保”的要求和规定，核心行业应根据市场的需求不断加强能源项目的开发，以提供无污染、低能耗的能源产品加强产业发展，并细分新能源市场的分布格局。对于中国核电公司而言，不仅面临“电力上网竞价”的政策限制，导致自身的市场垄断优势开始受制，且当前的核电工程项目投资和建设工程较多，产业结构形态的未来发展仍要加快整顿并调整融资方式，公司当前负有大量银行的长、短款融资，因此其内部结构负债率较高，资本结构的优化需注重对融资方式进行创新和科学选择。

（2）国内核电行业负债率普遍较高。国内核电行业普遍有较大的投资需求，核电工程、电力网、核电机组和基础设施的布控和建设规模较多，虽然核电产品有极大的市场需求和良性发展空间，但受负债融资过多、投资规模过大、流动资本受限的影响，大多核电公司的资本结构存在较大的负债率。在面临高利润绩效增长的同时，同样面临高负债风险和资本结构稳定性不足的问题。

（3）海外竞争优势整体能力较低。国内核电行业发展三十多年，一直在国家保护电价中享受垄断利润和竞争优势，近五年逐步要求上网竞价销电。这虽然对整体电力行业能够起到较好的格局调控和整合，但对于核电行业来说进入市场进行竞争还是经验不足，没有充分经历过市场的磨炼；但反观海外核电公司及电力行业的发展，已经积累了几十年的市场竞争经验，所以在市场竞争环境下国内核电公司目前仍然不具有快速的发展优势和国际竞争优势。

4.5.2 中国核电公司资本结构优化目标

资本结构优化，是企业进行资本规划和目标考量的重点。中国核电公司是国有绝对控股的上市公司，所以其资本结构优化目标应该是企业价值最大化。影响企业价值的因素主要是现金净流量和贴现率，其体现在公司经营中就是持续的盈利和风险程度。所以中国核电公司应该在风险可控制的条件下持续盈利。

4.5.3 中国核电公司资本结构优化对策

4.5.3.1 适当降低资产负债率

（1）提高盈利能力

随着全球各工业建设与社会用量的需求与日俱增，我国同样也加快经济建设及城乡电网的建设及投资力度，因此，对于我国电力行业而言，这无疑是一次重大的机遇。对于中国核电公司而言，核电产品作为一种新能源，由于具有节能、安全、环保的高效性能作用及优点，因此，其未来发展前景和盈利空间可谓十分良好。

盈利增长是降低资产负债率最有效的方式。一方面中国核电公司应该在国家利好政策的影响下，完善电价机制，建立与其他资源的价格联动机制，确保电力行业的政策环境良好；另一方面要加大与电网企业进行合作，发展换电站、智能电网等，加大标准化建设和集约化管理力度，进而降低电力成本，减少资产负债率。

（2）完善内部控制

中国核电公司下属企业较多，旗下多达21家控股子公司，2家联营公司，因此总公司与下属公司的账务往来比较繁杂，这在一定程度上虚增负债，但是并不能导致严格意义上的资产负债率上升，因此完善企业的内部控制，尤其是财务处理规范性，严禁财务挂账现象发生，适当的调整负债资本结构。此外，还要提高财务人员意识，明确资产负债率并不是财务风险缺陷，合理使用财务杠杆。

4.5.3.2 保持合理的资产流动性

任何企业都需要保持一定的资产流动性，对于具有高密集性、重度融资额度、财务开销较频繁的核电企业而言，更需要保持合理的资产流动性来应对各种内外风险。根据中国核电公司的实际情况，可以从以下两点来分析。

（1）加强资金整合

中国核电公司为保持在行业中的优势，近年不断加大核电工程项目的投资建设，并对设备等固定资产进行升级、改造、维护，这使公司支付了大量的管理成本和融资资金。鉴于此，公司需要注重如下问题改进。

① 减少项目投资。为调节公司的资本结构，避免出现更多的长期负债款项，公司应减少项目投资，加强对已建工程项目的效益推广、利润增收、应收款项的回笼等，通过采用开源节流的财务管控方式，以此防止公司的资金链条断裂，减少公司发生更多的债务风险。

② 进行租赁合作。融资租赁是当前十分流行的新融资方式，不仅审核周期较短，且没有利息和偿债压力，企业不仅可进行资产抵押，同时可根据业务发展的需要，定期支付租赁公司相应的设备租金，便可租用到合适的配套技术与生产设备。当前中国核电公司工程项目较多，业务规模较大，因此，可根据实际需求利用资产进行抵押，获得更多的资金来源和租赁设备，从而减少不必要的成本投入和偿债负债。

③ 加强对外投资。企业的生产经营的本质，主要利用固定资产和信息，来获得投资和融资资金。中国核电公司当前有较多的业务区域，且具有较强的市场品牌优势，因此，可通过加强境外投资和招商合作，吸引外商和投资人士，共同参与核电工程项目的投资建设，获得更多的外源资金，不仅可以减少自身的资金风险，也可以增加企业的现金流入和盈利收益。

（2）调整银行借款的债务期限

中国核电公司可以利用良好的企业形象，与银行协商，将部分短期借款转为长期借款，以便增加企业长期资金来源，同时缓解企业的偿债压力。对于银行来说，长期融资审核要求较为严格，审核的周期较长，但可为银行提供更多的利率收入，因此，中国核电公司可通过利用自身的品牌信用，已建成的项目工程当抵押条件，从而获得银行的长期贷款资金。

4.5.3.3 融资方式多元化

融资方式有很多，但是电力行业企业主要由国家控股，一股独大的局面长期影响着电力企业的融资模式，债权人和债务人具有同源性，导致长久以来电力行业企业都倾向于使用银行贷款这种方式融资。

目前，中国核电公司的融资方式已向多元化发展，公司已采用了商业票据、融资租赁、股票筹资等方式筹集资金。这是一个开创性的尝试，对于企业融资方式的选择具有重要的意义，向融资方式多元化迈出了一大步。虽然如此，但是就目前来看，融资金额构成比例上还是相对集中，主要依赖于银行借款。因此，可以适当加大其他融资方式的力度，适当调整使用其他融资方式的比例，广泛尝试各种融资方式，如资产证券化等，进一步实现融资方式多元化，降低资金使用成本。

（1）尝试资产证券化

资产证券化是将企业拥有的流动性不足，但未来具有稳定现金流的资产，通过一定的结构性安排，转换为在资本市场上出售和流通的证券的过程。资产证券化有很多优点，如下所示。

① 改善资产负债结构

资产证券化一般都采用资产负债表外融资的方式处理，但是通过真实的销售环节，将证券化的资产和负债从资产负债表中移到表外，这样既不会增加企业的负债，又可以使企业获得资金，因此可以降低企业的负债水平，使资产负债率居高不下的情况大大改善，优化了资本结构。

② 降低交易成本

资产证券化是将资产组合起来构筑资产池，经过资产证券化机制的专业运营，降低交易成本，缩短发行流程。在发行过程中，引进信用增级机制，改善基础资产池的质量，提高债券偿还率，从而有利于降低债券发行利率。

③ 调整期限结构

资产证券化使得资产投资者将其持有的长期资产提前变现，使得长期资产和短期负债匹配失当的问题得以解决，有利于资产负债的管理。

因此，公司可以采用资产证券化的融资方式来满足公司巨额建设资金的需求，以拓宽公司融资渠道，优化资本结构。

（2）充分利用融资租赁

融资租赁由于具有便捷、低风险、融资方式灵活的多重特点，从而受到各大新老企业的喜爱，也是继传统的银行融资、信贷融资的新生融资产业。融资租赁包括：直接租赁、回租租赁、杠杆租赁、委托租赁等多种选择方式。其融资优势主要如下：

① 拓宽融资方式

当前，金融融资租赁业务受到企业的欢迎。这主要在该类融资项目中，通常是由出租人负责设备、技术的原始价格，并提供相应的后期服务，包括技术与设备的维护，这一切资金都由出租人所出。承租人只需要租期内支付一定的租金，就可获得需要设备和技术进行运营生产，减少资金浪费，同时可发挥良好财务杠杆作用。

② 盘活固定资产

发电企业的资本结构通常有大量的固定资产比率。融资租赁中的售后租回业务，不仅可使用资产抵押，即承租企业可将名下的固定资产，转让给租赁方和租赁公司，其后再回租资产从其手中租回，这样的方式可企业大大提升对固定资产的利率效率，并转化为流通货币和流动资金，用于项目开发和投资，极好地取代了传统的融资方式，并灵活地盘活自身的固定资产。

③ 支付方式灵活

发电企业的投资规模、资金款项较密集，项款额度也较大，且回收和盈利缓慢。因此，利用当前的金融租赁融资，既可减少负债压力，同时还可根据自身财务状况，来选择支付的款项和偿还时间，极大地减少了电力行业的负债压力。

（3）充分利用外资

尽管当前，国内电力企业迎来了全新的发展局面，同时随着金融政策的放宽，企业的融资方式更为快捷、方便、多样化，同时也吸引大量的海外资金和业务合作。但是，与海外企业的用电规模与电力行业发展规模相对比，国内的规模与资金实力仍然存在一定距离。鉴于此，中国核电公司需要注重如下两点。

① 加强境外业务投资、从事海外并购，进行直接融资和拓展电力产品的业务以展渠道，引公司的核电产品引入国际，加强销售和发展的范畴，使公司的盈利方式和业务发展模式更为多元化。

② 利用外资资金充足企业资本结构。例如，向国外商业银行进行直接贷款、融资，或邀请外商参与业务合作、成立合资企业的方式，加强公司的项目开发力度和业务发展形式。由于当前国外金融政策较为成熟先进，且我国也实施了担保融资政策，因此，中国核电可利用政策形势加强海外融资和业务创新，包括利用 BOT、TOT 等方式加引入更多的投资资金。

4.5.3.4 改进流动资金使用效率

无论什么企业，都要拥有足够的流动资金来应对风险。对于具有高密集性、重度融资额度、核电工程在建项目较大的核电企业而言，更需要有充足的流动资金来应对各种内外风险。对于中国核电公司而言，由于公司在短期内，难以回收投资成本和实现宏观的投资收入，因此，在流动资金的使用上面，要改进资金使用效率，保障资金的周转率。对此，公司需要加强如下改进工作。

（1）多元化发展模式

中国核电公司的主要业务收入来源于电力销售业务，公司 2016 年电能产品的营业收入，占全体的 99.21%。鉴于此，为避免受“竞价上网”政策的影响，从而影响公司及时回收资金，减少产品和业务结构的单一化，虽然核电产品具有环保、节约、高效的多重优势和特点。但近几年来，中国核电的投资成本和产品生产成本不断提升，兼之受到“竞争上网”政策的影响，公司无法对自行对产品进行定价，未来公司的收入将受到一定制约，鉴于此，公司应进行多元化的创新和经营改革。

（2）回收应收账款，促进资金流流率

中国核电公司的当务之急，是需要合理利用现有的资金，加强招标和采购规模，减少欠款和坏款数量，制约高效、完善的财务管理体系。核定流动资金的定额，编制符合实际的定额流动资金计划，并对流动资产进行全面清查、盘点，注意积压物资的处理，规范支取、报销制度，从源头上对现金流量进行控制。

对于企业的在建工程和资本性的支出，需要建立相对应的跟踪体系，对资金进行动态管理，积极和及时地促进资金回笼。要对各部门的资金清算方法进行规范，划分各类资金使用途径，特别是电费收入要实现实时划转，减少存量资金，保证资金流转的顺畅，实现资金规模效益。

4.6　结论与展望

4.6.1　研究结论

企业资产结构的规划管理，对于企业的运营发展产生深刻的影响作用，也对企业的决策与投资管理有较大的关联性影响。在本章中，主要通过以中国核电公司的资产结构的管理现状及问题，展开探讨研究。具体的研究结果包括以下两点。

（1）针对公司近三年来的数据样本，即通过收集公司的财务报表数据，进行分析，从而找到中国核电资本结构存在的问题，设计适合其自身特点的资本结构改进方案，解决公司资本结构的不合理之处。

（2）分析公司资本结构存在的问题。分析结果表明，公司当前的资产负债率偏高、资产流动性不够、融资方式较为固定化、流动资金不足。都是可能影响公司进行市场竞争和发展的不良因素。因此，通过针对一系列问题，为公司提供了相应的优化对策。

4.6.2　研究不足与展望

由于时间与篇幅的限制，加上笔者专业知识的限制，因此，本章可能还存在如下一些不足之处：

（1）在分析中国核电公司的资产结构时，以公司 2014—2016 年的财务数据为对象进行分析，虽然与国内其他同业公司进行了对比分析，但对中国核电公司上市之前的盈利及资本结构数据，缺少对比分析，因此，可能存在一些不客观之处。

（2）由于当前，国内核电行业资本结构优化的理论研究较少，虽然本章仅通过对国内外相关理论代表观点，进行了综合比较，并吸取相关理论依据和案例经验，但可能还存在一定的不完善。

鉴于以上问题，笔者将在日后加强这一课题探索，同时也希望相关研究人员，能够加强这一方面的内容研究，进一步丰富国内相关理论成果。笔者相信，随着我国不断加快经济改革，国内的工业建设和城乡经济一体化工作不断深入，我国核电行业必将迎来更良好的发展空间。

参考文献

[1] Berger，A. N. and Udell，G. F. The Economics of Small Business Finance：The Roles of Private Equity and Debt Markets in the Financial Growth Cycle. Journal of Banking and Finance，1998，22，613-673.

[2] Rui-shu Liu. Influence Factors Analysis of Capital Structure of Power and Coal Industry Listed Companies [M]. Springer Berlin Heidelberg：2013.

[3] Anup Chowdhury，Suman Paul Chowdhury. Impact of capital structure on firm's value：Evidence from Bangladesh [J]. Business and Economic Horizons，2010，3（3）.

[4] Yuanxin Liu，Xiangbo Ning. Empirical Research of the Capital Structure Influencing Factors of Electric Power Listed Companies [J]. International Journal of Marketing Studies，2009，1（1）.

[5] T Ishuk，O Ulyanova，V Savchitz. Approaches of Russian oil companies to optimal capital structure[J]. IOP Conference Series：Earth and Environmental Science，2015，27（1）.

[6] Nejad Niloufar Rezaie，Wasiuzzaman Shaista. Multilevel Determinants of Capital Structure：Evidence from Malaysia [J]. Global Business Review，2015，16（2）.

[7] Chin-Bun Tse，Timothy Rodgers. The capital structure of Chinese listed firms：is manufacturing industry special? [J]. Managerial Finance，2014，40（5）.

[8] Ciaran Mac an Bhaird，Brian Lucey. Culture's influences：An investigation of inter-country differences in capital structure[J]. Borsa istanbul Review，2014，14（1）.

[9] Boqiang Lin，Lisha Yang. Efficiency effect of changing investment structure on China's power industry [J]. Renewable and Sustainable Energy Reviews，2014，39.

[10] Inês Drumond，José Jorge. Loan interest rates under risk-based capital requirements：The impact of banking market structure [J]. Economic Modelling，2013，32.

[11] Eriotis N，Vasiliou D，Ventoura-neokosmidi Z. How firm characteristics affect capital structure：an empirical study [J]. Managerial Finance. 2013. 33（5）.

[12] Stiglitz，Weiss，M. H. Ownership Structure，Investment and the Corporate Value：an Empirical Analysis[J]. Financial Econocs，1998，47（1）：103-121.

[13] McConnell J. H. and C. J. Muscarella. Corporate Capital Expenditure Decisions and the MarketValue of the Firm [J]. Journal of financial Economics. 1985，No. 14.

[14] Woolridge，J. R. Competitive Decline and Corporate Re-structuring；Is a Myopic Stock Market to Blame [J]. Journal of Applied Corporate Finance. 1988. No. 1.

[15] Modigliani F，Miller M. Corporate Income Taxes and the Cost of Capital：A Correction [J]. American Economic Review，1963，6（53）：433-443.

[16] Harris M.，and A. Raviv. The Theory of capital structure [J]. Journal of Finance，1991（46）：297-355.

[17] Friend I and L Lang. An Empirical Test of the Impact of Managerial Self-Interest on Corporate Capital Structure [J]. Journal of Finance. 1988（6）：271-281.

[18] Raan R and L Zingales. What do we know about capital structure Some evidence from international data [J]. Journal of Finance，1995（5）：1421-1460.

[19] Mc Connell J J&Pettit R. Applications of the modern theory of finance to small business firms [J]. Small business fnance，1984（1）：97-126.

[20] Petrit R and R Singer. Sma11 business finance：a research agenda [J]. Financial Management，1985（8），47-60.

[21] Michaelas N，Chittenden F and Poutziouris P. Financial Policy And Capital Structure Choice In U. K. SMEs：Empirical Evidence From Company Panel Data [J]. Small Business Economics，1999（12）：113-130.

[22] Barton S L，Hill C H and S Sundaram. An empirical test of stakeholder theory predictions of capital structure [J]. Finacce Management，1989（18）：36-44.

[23] Prowse S D. Institutional investment patterns and corporate fnancial behavior in the US and Japan [J]. Journal of Financial Economics，1990（27）：43-66.

［24］Bergen A N and Udell G F. The Economics of Small Business Finance "The Role of Private Equity and Debt Market in the Financial Growth Cycle"［J］. Journal of Banking and Finance 2003（22）：20-21.
［25］Myers S C，Majluf N S. Corporate financing and investment decisions when firms have information that investors do not have［J］. Social Science Electronic Publishing，1984，13（2）：187-221.
［26］Modigliani. F，M. Miller. The cost of equity Capital，Corporation Finance and the Theory of Invest［J］. American Economic，1958（53）：261-297.
［27］能源发展"十三五"规划［J］. 中国电力企业管理，2017（01）：7.
［28］国家发改委、国家能源局正式发布《电力发展"十三五"规划》［J］. 中国核工业，2016（11）：5.
［29］陈文浩，刘春江，陈晓懿. 管制放松背景下的利率变动与公司资本结构动态调整——基于制造业的经验分析［J］. 财经研究，2012，38（12）：63-73.
［30］伍中信，张娅，张雯. 信贷政策与企业资本结构——来自中国上市公司的经验证据［J］. 会计研究，2013（03）：51-58+96.
［31］姜付秀，黄继承. CEO 财务经历与资本结构决策［J］. 会计研究，2013（05）：27-34+95.
［32］段军山，宋贺. 基于多重门限模型的我国上市公司资本结构动态调整研究［J］. 财经研究，2012，38（11）：81-91.
［33］陈德萍，曾智海. 资本结构与企业绩效的互动关系研究——基于创业板上市公司的实证检验［J］. 会计研究，2012（08）：66-71+97.
［34］徐向艺，张虹霓，房林林，等. 股权结构对资本结构动态调整的影响研究——以我国 A 股电力行业上市公司为例［J］. 山东大学学报（哲学社会科学版），2018（01）：120-129.
［35］曹霜，郭书杰. 电力上市公司资本结构对经营绩效的影响［J］. 当代经济，2017（30）：94-95.
［36］吉云. 资本结构对电力行业上市公司财务绩效的影响［D］. 江西财经大学，2017.
［37］李一鸣. 混改推动电力企业焕发新活力［J］. 新产经，2017（04）：80-81.
［38］王秋洋，王欣. 优化国电电力资本结构的策略［J］. 中外企业家，2017（03）：20.

第5章

基于APV方法的G核电项目投资评估研究

5.1 绪 论

5.1.1 研究背景

当今世界科学技术日新月异，迅速发展，全球化信息网络时代已经形成，国内国际的竞争日趋进入白热化。丰富的能源储备对于一个国家来说是非常重要的，一个国家的电力供应情况直接影响国家的经济实力。在当前电力行业中，核能已经逐渐成为电力行业的新宠儿，传统的火电虽然还是扮演重要的角色，但它们消耗的都是不可替代的自然资源，而且产出效率相对于核电来说相对较低，且核电具备清洁高效，安全性高等特点，已经引起了我国的高度重视，积极推进我国的核电发展具有非常重要的现实意义。

从目前我国国内核电项目的投资现状来看，存在诸多问题，比如安全问题、核电行业许多相关制度不够健全等。这些问题严重威胁着我国核电市场的发展，应该根据核电市场的现状，根据它投资的特点以及特殊性，再结合我国的国情，积极有效地采取最为合理有效的投资决策方案对核电项目进行投资。

核电项目一般都具有投资巨大，技术高尖等特点，且具有高负债率，稳定的资金回流等特点。当前主流的核电项目投资决策方法都采用了NPV法（Net Present Value）来评估该核电项目的可行性。NPV法关键在于要知道合适的折现率，而它的前提条件就是在保证未来各期的现金流量不变的前提下，项目的初始投资不一定全部来自母公司的自有权益，如果企业的初始投资有一部分是由企业的负债筹资组成，那么利用净现值法只能确定合适的折现率，这时就需要增加计算加权平均资本，用加权平均资本作为折现率进行计算，很容易导致计算陷入死循环且计算得到的结果缺乏参考价值，存在信息失真的情况。其他的投资决策方法也存在各种各样的问题，且都非常一致地忽略了高负债带来的高税盾价值这一指标，导致计算评估的结果无法为投资者在对核电项目进行投资决策时提供一个最科学合理的参考依据。

5.1.2 研究意义

投资决策是一项非常复杂的过程，必须在保证核安全和经济效益两不误的前提下开展工作，正如研究背景中所述，传统的代表方法 NPV 法以及其他各类投资决策方法都存在相应的缺陷。目前核电行业是国家直接管辖的，作为一个垄断行业，偿债能力是不需要过度担忧的，适度调控的电价可以保证资本现金流的回笼，解决了由于高负债带来的财务困境成本的问题。

本章针对核电项目高负债率以及稳定的盈利能力和偿债能力等特点，利用核电项目高负债的特性来提高项目的税盾价值，税盾价值的提升相应地增加了企业的价值，以此达到项目评估价值最大化。本章的研究意义总结为两点：第一，以 NPV 法为代表的传统投资决策方法都一致忽略了税盾价值这一关键指标，没有结合核电项目的行业特性，所得到的结果与项目价值最大化这一目标存在差距。第二，介绍调整现值法为核电厂项目计算评估其价值，系统性地介绍调整现值法及其参数确定方法，并结合 G 核电项目的情况详细给出其在实际案例中的应用过程，为 APV 法在投资决策实务中的应用提供参考。

利用 APV 项目评价法可以比 NPV 法计算得到的企业价值增加税盾价值，因此该方法可以囊括更多的可行性项目，特别是在国际上投标建造核电厂时更有利于取得价格上的竞争优势，更有利于我国核电产业快速迈进国际舞台。

5.1.3 研究方法及研究框架

5.1.3.1 研究方法

本章通过查找国内外关于相关的研究内容和理论，在对此进行详细分析的基础上，通过实地调研，采集项目的相关数据，将理论应用于实际，结合分析得到本章所期望得到的结论，具体可分为以下两种。

（1）比较分析法

本章通过大量查阅国内外相关内容进行归纳总结的情况下，通过比较分析传统的投资评估方法与 APV 法的优劣，进而为本章的研究结论提供理论支撑。

（2）理论与实际相结合

本章在国内外相关理论研究的基础上，通过实地调研采集相关数据，具体将 APV 法应用于核电项目中，并与传统方法计算的结果比较分析，找出 APV 法在核电项目投资评估中的优势所在，为投资者提供更加有力的参考依据。

5.1.3.2　研究内容与框架

本章首先指出的是目前国内外对于核电项目的投资研究现状，提出对核电项目投资的研究价值和研究意义，然后分析当前常用的投资评价方法存在的一些弊端，由此提出了新的项目投资评估方法调整现值法（APV），创新性地将该方法应用于核电项目进行探究，通过结合 G 核电项目相关数据计算分析，具体通过 APV 法各个参数的预测分析计算得到的 G 核电项目的价值，然后通过计算得到的 NPV 值与 APV 值比较分析证明本章的研究目标，为投资者对核电项目的投资决策判断时提供更有力的科学依据。

本章的主要结构共分成以下六个部分。

第一部分为论文的绪论。主要通过对论文的研究背景和研究意义的介绍，以及现状分析得出论文写作的实际价值，然后对整篇论文的框架结构进行叙述。并且阐述了本章的创新点。

第二部分为文献综述部分。首先分析了目前对于核电项目的投资研究现状，然后介绍了当前国内外对于调整现值法（APV）的研究和发展应用，以及总结阐述了核电投资目前存在的现状。

第三部分主要介绍调整现值法（APV），通对 APV 法的各个指标的确定，以及一些参数的计算公式和内容。然后单独将 APV 法与 NPV 法进行比较分析，再通过与其他四种常见的投资评估方法进行比较，分析 APV 法的优劣。

第四部分首先介绍 G 核电项目的基本情况，对核电行业进行分析，再结合核电项目的财务能力以及成本费用等财务指标进行分析。将调整现值法（APV）应用于 G 核电项目，具体通过核电项目的无杠杆自由现金流、税盾价值以及无杠杆权益资本成本等参数进行计算和预测，得到 APV 值，再将数据代入公式计算得到 NPV 值，二者进行比较分析。

第五部分为结论与展望。根据前面的分析以及第四部分计算得到的结果来论证本章的主要观点，并根据电力市场化背景提出投资决策的展望。本章的研究思路如图 5.1 所示。

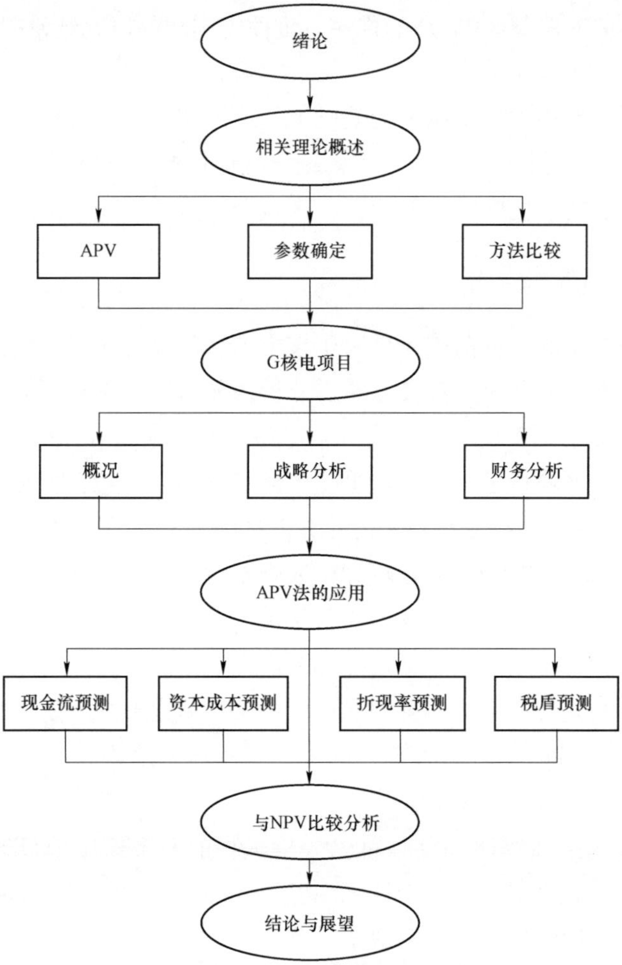

图 5.1　研究结构框架图

5.2　核电厂项目投资评估文献综述

5.2.1　国内外研究综述

5.2.1.1　核电行业发展的研究综述

社会各界一直以来都广泛关注着核电行业的发展变化，中国核电的发展之路历经了三十多年。中国核工业集团从 20 世纪 80 年代就率先建成了 3 台核电机组。到 21 世纪，中国广核集团和中核集团一起合作再次建成 8 台机组。当前已经建成的机组有很多种，而且技术十分复杂。2005 年后至今的时间里，我国一共批准了 8 台核电机组的建设，国家核电技术公司成立，核电控股建设行列迎来了新成员中国电力投资集团，并确定了以“华龙一号”和 CAP1400 技术为主线的核电技术路线。前两个十年的发展模式对中国核电的发展产生了一定的影响，在今后如果中国核电想要取得更大的发展，必须要有一个优良的发展模式。

（1）国外研究方面

Karin M（2006）在研究中发现西方发达国家在核电领域的发展放缓了脚步，是因为核电技术在攻坚克难的过程中碰到了许多困境，其中有来自社会各界以及技术上的难关，对于该情况，有关部门应制定切实可行的方案，能源部和核电项目共同设立运行许可证规划基金会，并为新的反应堆开发计划提供专项资金支持。

Mohamed Elbaradei（2008）提出，随着核电技术的蓬勃发展，核电安全性得到了很大的提升，世界各国的相关部门积极调整能源结构，实现可持续的核电发展战略。核电产业在发展过程中势必会受到众多因素的阻碍，比如核电技术领域的技术难关，核安全的处理，核废料的处理以及国际层面和世界能源结构上的问题，从多方面入手分析才能保证核电产业健康持续稳定的发展。

西蒙 • 泰勒（2010）认为英国能源公司的衰败是由于公司的财政施行策略、企业总体战略、电力价格的大幅度下滑、核燃料进行再处理的负担及英国在反应堆设计各方面综合考虑的结果，泰勒认为该情况是可以规避的。

Rietveld H M（2010）提出发展核电有几项基本的措施和方法，首先就是要赢得公众的信任，其次必须要保证电价的竞争优势，第三是核安全技术要得到保障，第四就是要实施人才培养计划。其中位于首要位置的是能够赢取公众的信任，从而使核电安全健康的发展。

Laurent Stricker（2014）指出，想要保持核电产业的健康发展，其首要任务是保证核电厂在运行过程中的安全。如果想改善核电的经济效益，从长远发展来看，提高燃料的使用效率是最有效的方案；但想要保持长期稳定的效益就必须通过改进核电技术以及提高核电项目的内部管理水平。

（2）国内研究方面

汪映荣（2008）认为我国应该根据欧美发达国家的发展模式，汲取他们的优势，消化吸收，以此来发展自身的核电事业，而世界各国中他认为最有借鉴意义的是法国。通过发展抽水蓄能电站，掌握自身发展的优势，寻找一条适合具有我国鲜明特色的可持续核电发展道路。

张兴法（2009）认为我国要解决能源短缺必须积极发展核电。发展具备竞争力的核电技术最关键在于吸收外国先进技术的前提下能够尽早发展出本国特有的核电自主经营技术。

许红星（2010）指出认为我国目前存在能源短缺的情况，但又想保持以煤炭为主的能源结构显然是不科学的。由于受到资源、环境和成本等多方面的制约，只通过增加煤炭产量的方式是切实不可行的。相比较而言，发展核电是解决我国能源问题更加合适的选择途径。发展核电不仅能够借鉴其他国家的成熟技术，同时也能够实现大规模减排温室气体，保护大气环境。

5.2.1.2 核电项目投资的研究综述

（1）国外研究方面

Black 和 Scholes（1973）在基于无红利条件下提出了欧式看涨期权定价公式，在实物期权理论阶段提供了重要的依据。最早提出实物期权的概念的是麻省理工学院 Myrers 教授，他将项目的价值划分为两个部分，其一是项目未来的自有现金流，第二点就是企业在项目价值创造的过程中的项目机遇。实物期权理论目前广泛应用于核电投资领域。

Trigeorgis（1993）对项目价值的确认与 Myrers 教授不同，他认为一部分是企业未来的自由现金流的净现值，另一部分是由企业通过内部灵活的管理所产生的期权价值。

Kester 将实物期权的使用范围作了更大的衍生，他认为在只要企业能够灵活投资，在这基础上，投资机会可以和股票的期权价值相等，除此之外，企业的潜在风险与企业灵活的管理所创造的价值呈现正比例增长。

Lox 和 Ross 提出了根据离散时间的不同而形成的二次元树状定价数学模型，在很大程度上简化了期权定价公式的计算步骤，为投资打造数学模型。

Smets 最早提出了期权博弈理论，在有关出口交易和对外进行投资的论文中，创造出了用于连续时间下的期权博弈理论分析模型，他结合了博弈理论模型，对于实物期权的研究具有深远的影响，同时为期权博弈理论应用于核电投资做出巨大贡献。

Dixit 和 Pindyck 在前一辈的研究基础上提出了一段持续时间下的期权博弈

模型，并在市场分析的基础上分成新的市场模型和原有的市场模型，为期权博弈理论方面的研究提供了坚强的理论基础，期权博弈理论也为核电行业的投资提供理论基础。

Dias Teixe 总结归纳了连续时间下的净现值法模型，显示了这些模型的经典之处，这些模型产生的原理在于净现值法模型的研究已经日趋成熟的基础之上。在一些相关的研究资料中显示，将 Smets 提出来的模型作为基础的话，可以发现相关的价值函数，从中通过数据模型计算分析出最佳的投资时机。当前核电项目投资应用最多的就是净现值法。

（2）国内研究方面

宋昌钰（2007）提出国民经济的基础产业之一就是能源市场，能源对于一个国家来说是综合实力的重要组成部分，而其中电力又是能源中非常重要的一环，国家综合实力的提升离不开源源不断的电力供应，寻求一个积极有效的投资方式，保障核电能在我国得到健康持续稳定的发展，将直接推动国民经济的迅速发展和繁荣。当前我国政策必须高度重视核电产业的发展，给予核电产业更多的空间和政策优惠，积极推动核电事业走上一条科学发展的道路，作为新能源和清洁能源的代表，核电事业的发展一定会不容所托。

王寿君（2008）认为经过几年内国外核电项目在我国核电市场的激烈竞争，我国目前的核电行业以及国家相关部门已经意识到了自主知识产权的重要性，由此提出了要发展核电必须大力提倡自主创新，实现我国核电发展走上一条科学自主研发的道路。想要掌握核反应堆的先进技术，就必须首先吸收国外的先进技术，活学活用，然后自主研发，把技术层面推向一定的高度。

郑明光、叶成、韩旭（2010）提出核电产业是目前我国在制定战略中必须引起高度重视的一个环节，他在国家战略中起到了至关重要的作用。针对当前核产业的发展需要，他通过系统分析和比较分析的方法从以下五个方面提出了对策和建议。其一是制定战略模式和发展规划，提高中央和地方两者的积极性，增加市场经济的竞争性；其二是构建学术同盟，集聚科研创新的思维模式；其三是利用国内外两种资源开拓不同的市场，引领市场；其四是组建大型相关产业的企业巨头，形成更加具有专业化的产业组织格局；其五是加大国家政策的扶持力度，做大做强核电事业。

邹树梁（2015）认为核电产业与核电产业附带的一些衍生服务相辅相成。这些衍生出来的行业覆盖面非常广，其中夹杂这第二第三产业，而核电行业的发展对这些衍生产业起着决定性的作用，可以说是这些产业的衣食父母。带动了周围地带的经济发展，起到了加强各个行业产业的联系。总的来说，哪里兴起了核电厂，哪里就会有一个独立的产业链诞生，这就是核电产业带来的经济效益。

5.2.1.3 调整现值法（APV）投资应用的研究综述

（1）国外研究方面

迈尔斯在 1974 年首先提出了评估企业价值的方法的调整现值法（APV）。通过把企业的现金流量分成两个组成部分，其中一部分是与筹资方式相关的连带现金流量，称之为无杠杆自由现金流，主要包括一些支出，与经营活动有关的基本现金流量，利用全权益筹资下的股权资本成本进行折现，第二部分就是指因为避税收益而获得的税收上的优惠，简称税盾价值，利用利息率计算出税盾的折现率。两种计算现金流量折现值的方法的结果之和减掉初始投资。其中它把企业的价值分成两个部分，其中一部分就是把企业所有的资本成本用权益资本替代，另一部分就是税盾价值。二者相加再减去企业的初始投资就是企业增加的价值。迈尔斯认为 APV 法可以有效地避开由于资本结构变化产生的数据偏差。

麦肯锡在介绍 APV 方法的同时也提到了如何转换无杠杆权益资本成本和负债的权益资本成本，这一研究为 APV 法中关于无杠杆权益资本成本的计算提供了更进一步的依据。

李萨德在 1982 年首次将 APV 法引用到了国外的一些企业价值投资评估中，并且得出了自由现金流会导致资本成本预测不准的情况。

汤姆斯·鲁曼在 1997 年非常系统地论证了在资本结构改变的情况下，APV 法优于加权平均资本成本法的方面，提出 APV 法在评估企业价值的过程中可以给经营管理者更多有价值的信息。

（2）国内研究方面

严勇（1998）通过对国外 APV 法的研究，首次将 APV 法引入国内，指出 APV 法不但能够区分企业并购的分配和调度，而且能够分析财务数据的可行性指标。

章华与欧阳明德（2005）将 APV 法与调整折现率法进行了比较，同样认为 APV 法能够更加准确地反映企业的价值，因为 APV 法主要是通过将不同种类的现金流进行相应的折现，再根据企业面临的风险来调整折现值的方法。而调整折现率法则是采取了一致的调整折现率将企业的自由现金流进行统一折现，他可能会忽略因为风险因素带来的折现率不确定的情况，导致数据失真，无法判断。

王少豪在 2011 年研究了国外学者对于 APV 方法和加权平均资本成本法的比较过程，发现了关于企业在资本结构上的问题研究发现，加权平均资本成本法在评估企业价值的过程中常常会遇到存在两个无法解决的问题，第一点就是加权平均资本成本法需要的企业资本结构需要在一个相对不变的大环境下进行计算分析，但该环境是很难创造的；第二点，加权平均资本成本法计算得到的债务与权益比率会受到权益资本结构的影响，实际值与计算出来的数值会存在一定的偏差，理论上应该由权益资本和债务比率市场价值计算得到实际值，但需要先确定企业价值才能够计算得到权益资本成本的市场价值。在企业的价值不确定的情况下，两者的计算结果都是不确定的，这样循环往复只会让投资模型进入一个自我重复计算的过程，始终无法得到一个正确的结论，目前也没有一个明确能够解决这类方法的途径。

李发报（2012）非常完整地介绍了调整现值法，并发现如果企业的资本结构发生变化，那么使用加权平均资本成本法就会存在严重的缺陷，相比较而言调整现值法能够更加准确地估量企业的价值。

5.2.2　文献评述

总体而言，当前国外的核电发展水平已经有一个新的提升，国内的核电产业主要还是以借鉴为主，自主化研究也在如火如荼的进行中，要想改变目前的状况以取得产业更快更高效的发展，一方面需要加大对核电行业的投资力度，另一方面需要研究符合我国国情特点的核电行业发展模式，争取使我国的核电事业更上一层楼。

从上述文献综述中也不难看出核电技术发展的重要性，但我国目前还处在吸收国外先进技术的阶段，接下去必须积极寻求科学合理的投资方式，奠定我国在投资领域的基础。国家必须重视核电投资领域的重要性，并积极实施核电发展战略方针，科学合理的投资方式为核电产业带来对其他行业的经济领先优势，强核富民，可持续发展。

从对比分析也可以发现，调整现值法不但有效地解决了在投资领域权益资本以及债务比例受环境影响的问题，而且有效解决了资本结构不断变化的企业价值计算困境，能够科学合理的计算得到企业的价值，值得深入研究和拓展。

5.3 项目投资评估方法探究

5.3.1 APV 法及相关指标的分析

5.3.1.1 调整现值法概况

APV 法的兴起源于 20 世纪 90 年代欧美发达国家的企业并购浪潮。我国也逐渐效仿欧美发达国家，将企业并购列入重点发展当中，虽然我国市场经济体制得到不断完善和发展，但综合看当前的外部市场依旧不够成熟，很多企业并购的行为缺乏理论和数据支持，导致很多企业盲目地进行企业并购，并没有实质性得到论证。调整现值法（APV）的出现是通过企业的财务数据进行分析拓展，稳扎稳打，步步深入，对财务的可行性分析比较到位，而且能为投资者做出正确的投资决策判断和实现企业财务管理目标提供一定的数据支撑，是一个行之有效的项目投资评估方法。

APV 法的启蒙思想来于莫迪利安尼和米勒两位学者。他们的想法就是建立在没有税收的前提条件下，企业的权益资本成本是不会影响到投资者和债务人相互的分配关系。企业的资本结构跟税收是存在一定关系的，如果资本结构不一样，那么企业的现金流量也会产生相应的变化。税盾价值最大的特点在于企业可以通过增加负债的方法来减免所需要缴纳的税款，以此实现税盾价值，税盾价值提升就可以增加整个企业的价值，实现企业价值最大化这一财务管理的目标。

调整现值法（APV）的中心思想就是将企业的预期现金流量分成两个部分：其中一部分是与筹资方式相关的连带现金流量，主要指的就是因为避税收益而获得的税收上的优惠，简称税盾价值，利用利息率计算出税盾的折现率。另一部分就是与经营活动有关的基本现金流量，利用全权益筹资下的股权资本成本进行折现。两种计算现金流量折现值的方法的结果之和减掉初始投资，其结果就是企业最终的整体价值。

利用 APV 法计算企业价值时，需要把企业的所有资本换算成权益资本进行计算，用无杠杆权益资本成本来计算自由现金流，然后加上企业通过提高负债的形式来减少纳税额，享受国家的税收优惠政策，从而增加税盾价值，二者相加就是企业的整体价值。

调整现值法计算公式如下：

$$V = V_{\mathrm{u}} + V_{\mathrm{tax}}$$

$$V_{\mathrm{u}} = \sum_{t=1}^{\infty} \frac{\mathrm{FCF}_t}{(1+k_{\mathrm{u}})^t}$$

$$V_{\mathrm{tax}} = \sum_{t=1}^{\infty} \frac{r \times D_t \times T}{(1+k_{\mathrm{tax}})^t}$$

式中：V 为企业价值；V_{u} 为全权益价值；V_{tax} 为税盾价值；FCF_t 为企业第 t 期的无杠杆自由现金流；k_{u} 为无杠杆权益资本成本；K_{tax} 为债务资本成本；r 为利率；D_t 为企业第 t 期的负债额；T 为企业所得税率。

5.3.1.2　无杠杆自由现金流的分析

本章主要讨论的是在 APV 法下评价企业的整体价值。一般自由现金流分为两种，分别是整体自由现金流和股权自由现金流，其中本章采用整体自由现金流进行分析。整体自由现金流的计算公式为“净利润 + 税后净利息 + 折旧 – 资本支出 + 运营资本变化”，整体自由现金流与股权自由现金流不同之处在于计算中去掉了所有的经营支出以及投资和税收，在扣除这些指标之后剩余的现金流量。股权自由现金流的计算公式为“利润 + 折旧 – 投资支出”，股权自由现金流主要扣除的是所有的开支，税收和利息之后剩下的现金流量。

相对于股权自由现金流来说，整体自由现金流更加能反映企业的整体价值，股权自由现金流更多的是计算企业的股权价值。本章采用的就是利用整体自由现金流进行计算，结合 APV 法可以将净利润改为无杠杆净利润，公式可改为“无杠杆净利润 + 递延所得税变化 + 折旧 – 资本支出 – 运营资本变化”。其中：

$$无杠杆净利润 = \mathrm{EBIDTA} \times (1 - 所得税税率)$$

通过对无杠杆自由现金流的计算分析可以发现，做出一个全面的企业投资评估计算判断需要对各个财务报表进行分析比对，再经过数据处理得出预测值，这样的方法会使得计算的工作量非常大。除此之外还有一种方法只预测自由现金流的组成部分，对净利润、折旧和资本支出等指标进行分析。该方法所构建的财务数据模型所需要的变量不多，综合来看，用后者来预测企业的整体价值更为可靠。

5.3.1.3 税盾的分析

税盾一般指的就是设定一个固定的百分比，针对高收入纳税人所缴纳的所得税不能超过这个固定值。许多国家的税盾很高，如西方国家中法国以前在 20 世纪 80 年代的时候税盾为 70%，这样的税负上限过高，后期根据世界经济形式以及国情，下调到 50%，意指高收入人群所需要缴纳的所得税和一些其他性质的税款总和不能超过其总收入的 50%，相对而言 50%就显得更具有合理性和科学性。

计算税盾最主要的工作就是预测企业每年的负债基数，根据调整现值法（APV）中可以发现，企业的所得税是一个常数，计算的利率也可以利用企业每年的资本成本和融资成本，方法中所需要的数据指标有利率、企业负债额度和企业所得税，以此作为基础每年的负债基数就可以进行预测。企业每年负债额度的数值必然与企业自身的战略息息相关，同时，另一个影响因素就是企业自身各年的营业收入预期，可以用息税前利润（EBITDA）来表示，综合企业的息税前利润、负债比率以及企业未来的发展战略作为依据，以此预测企业各年资产和负债在短期内的变动，最后根据息税前利润减去所得税便能轻松预测得到企业的税盾价值，以此推测整体价值。

5.3.1.4 无杠杆权益资本成本的分析

财务杠杆具有一定的财务效应，此效应是由于固定费用产生的，具体指其中一个财务变量发生轻微变动时，另外一个相关的财务指标就会发生明显的改变，当企业的负债筹资所产生的每股收益变动率大于 EBITDA 时，就产生了特有的财务杠杆效应。其中无杠杆权益资本成本的说法是根据 MM 定理得出的，MM 理论成立的前提条件是基于无税收时，企业在有负债的权益资本成本与增加风险溢价的企业在无负债情况下的权益资本成本相等。其中风险溢价的计算公式为“无杠杆权益资本成本减去企业的负债成本的差值乘以负债权益比率所得的值”，具体数学公式为：

$$k_e = k_u + \frac{D}{E}(k_u - k_d)$$

式中：K_e 为增加了负债的债务资本成本；k_u 为无杠杆的权益资本成本；K_d 为债务资本成本；D 为负债价值；E 为权益价值。

MM 理论给出的计算公式经过其他专家学者的推算发现该公式存在不断迭

代计算的问题，由于权益价值需要通过企业的价值减去负债价值计算得到，但这是一个未知变量。虽然许多变量都是已知的常数，但很多需要计算的变量是通过某些不确定性的指标计算得来的，一旦变动，整体数据的值就会不一样，如企业相关的 β 系数就与企业的权益价值有关。如果用最初的权益之反复计算出无杠杆权益资本成本，也可以算出来，只是在计算过程中反复迭代计算的形式会导致计算的结果不够准确，容易导致数据失真，没有实际的参考价值。

无杠杆权益资本成本中所涉及的风险溢价与计算过程中包含的行业风险是一个不同的概念，二者必须区分看待，但行业风险中是不包含由于企业不同的风险因素所带来的风险溢价所产生明显的差异，可以根据不同类型企业的数据对比来得出企业的无杠杆权益资本成本的值，债务资本成本的值也可以通过计算得到。

5.3.1.5　利息税盾折现率的分析

针对利息税盾的折现率，它的决定因素关键取决于税盾面对的风险大小。在税盾影响的风险层面，本章认为作为一家企业，首先必须要盈利，这样才能保证税盾的存在，在盈利的前提之下，如果风险程度高，为了实现税盾，就必须采用较高的折现率。如果因为企业没有盈利，没有产生税盾价值，那么即使企业能够支付税收也是毫无作用的。本章中核电项目一旦建成运行，就可以做到持续盈利，以此就规避了上述的问题。本章采用的是企业无杠杆权益资本成本作为利息税盾的折现率来计算税盾价值。

一般情况下，利息税盾的折现率取决于其中两个指标的高低，分别为债务资本成本和无杠杆权益资本成本，如果仅把无杠杆权益资本成本当成是利息税盾的计算依据，就会存在对利息税盾风险因素估计不准确的风险，由于企业经营时所带来的风险溢价会导致企业的税盾折现率高于债务资本成本，原因在于债务风险溢价是低于权益风险溢价的。综上所述，最合理的方式把债务资本成本作为最低值，把无杠杆权益资本成本的值作为最高值，通过计算这二者的平均值作为企业的利息税盾折现率，这样的结果更具合理性和科学性。

5.3.1.6　APV 法的优势和劣势

APV 法的优点是容易拓展考虑更多的财务影响指标，如可以将某一利率补贴单独地作为利息结余现值进行评估，其中最大的优势就在于考虑了税盾价值这一关键性指标。从 APV 的公式中可以发现，杠杆企业的项目价值 APV 等于一个无杠杆企业的项目现金流（NPV）加上筹资方式的附带效应的净现值。其中所指的附带效应分别为：① 债务的节税效应；② 新债券的发行成本；③ 债务融资的利息补贴；④ 财务困境的成本。

其中税盾价值指债务的节税效应和债务融资的利息补贴，但从中可以发现APV最大的缺陷就是会导致产生企业的财务困境成本。财务困境成本又分为直接财务困境成本和间接财务困境成本，直接财务困境成本一般指的是由于企业面临财务困境产生的一些费用成本，间接财务困境成本指的是由于投资人面对企业偿债能力以及经营能力出现问题时不愿意进行投资，导致企业投资不足带来的问题。如果能有效得解决企业的财务困境成本，那么 APV 法就能最大程度实现企业价值最大化这一财务管理目标。

5.3.2 APV 法与传统投资方法的比较

传统的对于评估企业价值的评估方法有四种，分别为投资回收期法，净现值法，内部收益率法和加入实物期权的各项指标评价法，但其中大部分研究对企业进行投资决策评估时更多的是采用目前理论和实际应用都比较成熟的净现值法（NPV），本章单独提炼分析 NPV 法和 APV 法的对比，辅助分析 APV 法与其他主流投资方法的对比来分析各个方法的优劣所在。

5.3.2.1 APV 法与 NPV 法的对比

净现值是指投资项目现金流入量总数的现值超过其流出量现值的差额。用它来评价投资项目的方法就叫净现值法。现金流出量包括投资在固定资产上的资金，投资在流动资产上的资金和付现营运成本；现金流入量包括每年的营业收入，固定资产报废时残值收入或变价收入，项目期满时对流动资产回收。一般来说，本项投资方案净现值为正数，则说明投资项目有利润可图，净现值越大投资项目越有利；反之，若净现值为负数，则说明收不抵支，该方案应该放弃。对于净现值法作为评估企业投资评估分析时，其得到的值越大，说明该投资方法越优。

净现值法的计算公式为：

$$\mathrm{NPV}=\sum_{t=0}^{N}\frac{F_t}{(1+i)^t}$$

式中：NPV 为净现值；i 为折现率；F_t 为第 t 年的净现金流量。

NPV 法需要确定一个合适的折现率，低的折现率给未来现金流量更多权数，高的折现率则相反，因此合理地选择折现率是很重要的。通常认为，正常的折现率应该是其资本的机会成本，即从一个相似风险的投资中获取的预期报酬率。理论上机会成本应反映投资项目的风险，区别于公司其他项目，但实际上投资项目的机会成本很难计量，结果往往采用加权平均成本加以替代。如果公司投资项目与其他项目差别不是很大，加权平均资本成本是基本可行的。但是调查表明，投资决策中采用的折现率差别很大，决策者经常选用了 3～4 倍于加权平均资本成本的折现率为控制比率。在环境不确定性不断增加的情况下，以净现值法（NPV 法）为核心的传统投资决策方法的应用范围在不断缩小，局限于那些不确定性非常小的“现金奶牛（Cash Cow）”业务和没有任何后续机会的产品估价。而本章中核电企业的投资存在巨大的灵活性以及复杂性，NPV 法的应用价值存在一定的局限性。从以下四点详细分析 NPV 法的缺陷。

（1）从投资决策角度来看

NPV 法是从静止的角度来考虑问题，不但投资产生的现金流量是固定的，管理行为也是僵硬的，只对是否立即采纳投资做出决策。而 APV 法在面对不固定的情况时，能够灵活利用企业的现金流，再结合税盾价值，能较好地反映投资的真正价值，与实际情况较好地吻合。且 NPV 法假设投资是可逆的，而现实中大多数投资具有不可逆性，这是 NPV 法的重大理论缺陷。在 NPV 法中内含了这样的假设：投资是可以逆转的，如果市场条件没有预料的好，可以很容易地撤出，收回初始投资，因此计算净现值时无需考虑撤离时的损失。但实际上，大多数投资不符合这种假设，即具有不可逆性，一旦投入就不容易撤出，重大项目的投资更是如此。例如公司广告宣传针对公司某些产品，其费用不可逆转，是沉没成本，在市场条件不利时它很难从交易中收回投资。不止重大项目，一般项目也有不可逆性，汽车、卡车、办公设备等非专业的物品，即使是新的，卖价也常常是低于公平市价。本章中对于核电项目等国家垄断性行业，一旦投资实施，是绝不可逆的，NPV 法的缺陷暴露无遗。

（2）NPV 法忽视了企业未来成长机会的价值

NPV 法只强调净现值大于 0 的项目作为投资决策准则。但在这样的决策中，投资的战略意义或间接价值及知识的价值却难以量化。在实际经营中，企业进行的投资活动并非都能立即获益，而且投资目的也不一定单纯是为了获得财务上的利益，尤其是短期性的利益。从长远来看，企业当前投入的资本是为了占有更多的市场份额，拥有某种专利权，或者保持进入某个新市场的潜力等。例如，投资于研究和发展项目，可能会获得专利，为企业创造未来获利机会；

购入一块土地可能会有利于未来开采矿产或者开发房地产等。三门核电公司的第一期核电机组则是为 AP1000 的技术做经验积累，在此基础上进一步吸收消化这一技术，为以后我国的核电发展奠定基础。这些活动有一个共同特点，就是使企业获得未来成长的机会。对于目光长远并且有着良好的市场扩张理念和产品发展规划的企业来说，未来的机会可能比眼前的收益更有价值，它们多是企业战略目标实现的重要组成部分。显然，采用 NPV 法不能为这些着眼于未来的投资决策提供理论支持。而选用 APV 法则弥补了这一缺陷，大大提高了投资决策的科学性。

（3）NPV 法忽视了投资项目中的柔性价值

NPV 法假设未来的变化总是按决策之初既定环境发生，不论是对未来的现金流还是所需采用的风险折现率，都未考虑管理者对未来变化的适时调整。实际上，在长期性的投资中，尤其是核电投资领域，面对不确定性较大的市场环境，管理者可以于现在或将来根据市场条件的变化对投资项目的运营进行调整。例如：投资建成并运营后，如果市场条件有利，管理者可以追加投资，扩大规模；而在市场条件不利时，可以缩减生产或者转产，甚至如果项目产品收益低于预计值时可暂时停止经营，或在项目寿命结束前转让。

（4）NPV 法计算过程中的问题

NPV 法的前提条件就是保证未来各期的现金流量不变的前提下，此处就存在问题，项目的初始投资不一定全部来于母公司的自有权益，如果企业的初始投资有一部分是有企业的负债筹资组成，那么利用净现值法只能确定合适的折现率，这时就需要增加计算加权平均资本，用加权平均资本作为折现率进行计算。除此之外，用净现值法计算还必须知道企业的市场价值，但问题就在于要计算企业的市场价值又必须知道企业的 NPV 值，这样就进入了无限的死循环计算，十分繁琐。

综上所述，NPV 法存在以上四点主要问题矛盾，针对本章所应用的核电投资领域，NPV 法不但无法适应核电投资的灵活性，没有考虑到市场环境的变化，而且忽视了投资项目中的柔性价值和企业未来的成长机会，并且 NPV 还存在计算困境。相比于 NPV 这些种种问题，APV 法最大的问题是容易产生财务困境成本，但是本章应用的是核电行业，后续分析可以证明核电行业可以非常有效得排除这一问题，而 APV 法所需要变量无杠杆自由现金流和税盾价值都是可以通过财务数据计算分析确定的，企业的初始股权投资和债权投资虽然具有一定的不确定性因素，但大致也是可以估量的，相比较而言，基于 APV 法计算得出的结论更具可靠性和合理性，有效避免低估企业的价值，而且考虑到了核电投资领域的灵活性，不会导致数据失真，为投资者提供一个更为合理的投资决策判断依据。

5.3.2.2　APV 法与其他主流投资方法的比较

对于项目投资评估的方法多种多样，其中目前研究较为成熟的主要有以下三种方法。

（1）投资回收期法

投资回收期主要指的是从企业初始建设开始，利用企业得到的收益来还原投资所需要的年限。投资回收期主要分为两类，但在核电项目投资的过程中，常用的是动态投资回收期法。动态投资回收期的特点就是如果它的回收期越短，说明该企业更加值得进行投资。投资回收期的优点主要有两点，第一是该方法能反应项目的风险大小以及投资的合理性，第二是该方法易于理解，概念清晰，操作简单，实施的范围比较广。

（2）内部收益率法

内部收益率法是计算企业每年投资的现金流量的折现值之和，如果计算所得的结果跟企业的初始投资是相等的，那么，计算所得的折现率就是该企业的内部收益率。其中，内部收益率的值越大，就说明企业的投资效率越高。内部收益率方法的优点也有两点，第一是该方法计算的原理比较容易被大众所理解，对于反映企业的盈利能力是非常直观的，也可以非常清晰的了解企业的资金使用效率。第二是与净现值法形成鲜明对比，即内部收益率是根据企业的未来现金流量决定的，是一个固定的值，不会因为其他客观的因素发生变动，而净现值法在计算的过程中就必须设定一个基准折现率，然后才能进行计算分析。当前我国的许多行业的基准收益率国家相关部门都没有做出明确的规定，通过净现值法计算出的数据只能作为参考，并不一定能实际应用。

（3）加入实物期权理论的各项指标

在现在的对核电厂的投资决策研究中，有很多专家学者都倾向于加入实物期权理论。他们的根据就是因为核电项目的投资具有投资回收期长，不确定的市场环境，安全性以及非交易性等相关因素，觉得加入实物期权得出的结论更加具有参考价值。

加入实物期权就是预先以某一个确定的价格买卖并且在某一个时间点上对于实物的权利。实物期权法的优势在于它在面对变化多样的大环境时它的应变能力更为出色，相对而言，传统的投资方法的可操作性空间就比较狭窄，一般其他投资决策方法在面对环境变化的时候，很难做出相应的变化，显得非常死板，实物期权法就是根据随时变化的市场环境做出相应的措施，为有限的计算实物期权价值打下良好的基础。还有一个很重要的优点就是引用实物期权的方法还可以对企业进行套期保值，套期保值在一定程度上可以降低企业的财务风险，起到防患于未然的作用。

通过对四种方法的具体介绍以及各个方法的优缺点分析（见表 5.1），再根据核电项目的特性，如核电厂的建设周期比较长，它的初始投资额大，且还具有技术难度高以及风险系数大等。常用的核电项目投资决策的方法是 NPV 法，净现值法虽然能够计算出核电项目的价值，给投资者一个判断标准是否可以进行投资。但核电企业最大的特色高负债率没有得到体现，也就是少了税盾价值这一关键指标，NPV 法计算出的数据必然不能全面体现企业价值最大化的财务管理目标。而上述其他三种方法也都没有考虑到税盾价值带来的收益，针对我国多种多样的行业特性和企业文化，再结合项目投资决策评估方法各自的特点，也许在运用到非垄断行业企业方面，其他四种方法可以有效评价，但对于核电项目来说，因为核电企业负债率很高，用调整现值法（APV）考虑到了高负债特点利用税盾价值来增加企业的整体价值，所以该方法更能体现企业价值最大化这一共同目标。

表 5.1　APV 法相对四种投资方法比对表

核电项目主要评价指标	四种评价方法的缺点	APV 法对比其他评价指标的优势
投资回收期	① 资金具有时间价值，但投资回收期法没有反映这一重要指标。 ② 只考虑到了投资前的收支情况，没有实时跟进后期企业以及外部环境变化下的收益情况，也没有考虑到资本回笼之后企业未来的发展，对于企业的决策产生很大的影响。 ③ 虽然易于理解，但数据应用于实际案例中存在问题	考虑到了项目的时间价值和税收带来的税盾价值
净现值	① 需要提前设定一个基准收益率，计算出的数据结论可能缺乏企业实际情况的支撑，缺乏可行性。 ② 在设定折现率的同时受到其他外部指标的影响，不能直接反映资金的利用效率，如果初始投资与计算的净现值相去甚远，那么项目的风险回报会比较高始投资额相差较大时，可能出现失误	不需要事先设定个折现率，可以直接反映企业的收益
内部收益率	① 内部收益率的计算相对来说比较复杂，而且在计算过程中会出现很多无法计算出结果的问题，对于检验计算结果也比较繁琐。 ② 内部收益率的指标如果出现无法预测的情况时，它的计算结果就会失去参考价值。 ③ 该方法主要更多的是适用于指标，具体实际案例分析时就会影响判断	调整现值法考虑的主要是企业的税盾价值，更能反映企业的经营收入情况，和基本的资本成本作对比更加具有实际意义

续表

核电项目主要评价指标	四种评价方法的缺点	APV 法对比其他评价指标的优势
加入实物期权理论的各项指标	① 实物期权理论没有一个定性的标准，在计算时，该方法所用到的指标随时变化，不一定能轻易获得。 ② 实物期权更多的是考虑企业宏观环境下的因素，但企业最重要的还是人为因素，人为因素考虑不足	计算方法相比更加优化

本章基于 APV 方法的核电厂项目投资决策模型研究，不但考虑了投资所带来的不确定性、灵活性以及合理性等各种因素，最大的优势就是结合核电项目的特性，高资产负债率产出高税盾价值，高税盾价值带来高企业价值，加上核电厂项目稳定的偿债能力和经营能力，对评估核电项目的企业价值具有非常重要的实际价值。

5.3.2.3　APV 方法的优势所在

根据上述分析，现在通过数据和核电项目的财务报表具体分析。调整现值法对于其他评价方法最根本的优势在于，其他的诸如投资回收期法、净现值法、内部收益率法和加入实物期权的各项指标评价法都没有考虑负债所带来的税盾价值，它们在投资方法上只考虑到了投资和净现金流，而 APV 法既考虑了净现金流而且考虑到了筹资。在调整现值法下，把公司的现金流分成两个部分：其一是无财务杠杆作用时的营业现金流量，其二是与项目融资联系的现金流量。一般投资主体都是由母公司提供的资金和技术支持，母公司产生的现金流与子公司分开看是有明显不同的，计算分析时应区分处理，否则就存在数据失真的风险。调整现值法（APV）通过结合企业的无杠杆权益资本成本，债务资本成本以及初始投资等方面的变化，充分利用税盾价值的作用，实现企业价值最大化的目标。

对于核电项目来说，都具有一个共同的特点，那就是项目的高负债率，但项目又具有非常强大的偿债能力和盈利能力以及十分稳定的现金流，以下就是对三大电力企业资产负债率的数据分析。

从表 5.2 和图 5.2 结合可以看出，作为核电企业中的两大巨头企业中核集团和中广核集团，它们的资产负债率基本上都在 70%以上，其中资产负债率是衡量一个企业负债水平以及应对风险时的能力，也是反映一个企业偿债能力的一个重要指标。一般而言，资产负债率如果保持在 50%～60%是较为合理，而很多非垄断行业企业平均负债率相对较低，只有 33%左右，但国企控股平均负债率为58%，略显较高。根据国资委公告的数据显示，我国国有企业资产负债率普遍偏高，其中工业企业达到73%，非工业企业达到81%，当在分析资产负债率时，从不同投资人的角度分析，站在债权人的角度，资产负债率不能太高，资产负债率一高的话，说明企业的偿债能力出现问题，那么企业不能偿债的话作为债权人，体现的债权资金就无法收回。如果企业的资产负债率低的话，企业的主要风险就由股东来承担，对于债权人来说，这是非常有利的。从经营者的角度可以发现他们只在乎企业的资本成本高低，尽一切可能降低企业的财务风险。一般非垄断行业是高负债高风险，但核电行业属于垄断行业，核电项目发电后，电能产品立即可以出售，一般下个月就可以收回货款，欠电费的企业还是少数，核电项目的现金流入是及时和充足的，这样企业虽然是高负债，但财务风险较小。

表5.2　电力企业资产负债率表　　%

公司名称	2012	2013	2014	2015	2016
中核集团	79.33	78.69	79.07	75.18	74.57
中广核集团	80.25	72.65	68.13	68.56	71.53
国家电力投资集团	61.31	65.22	63.57	60.31	62.06

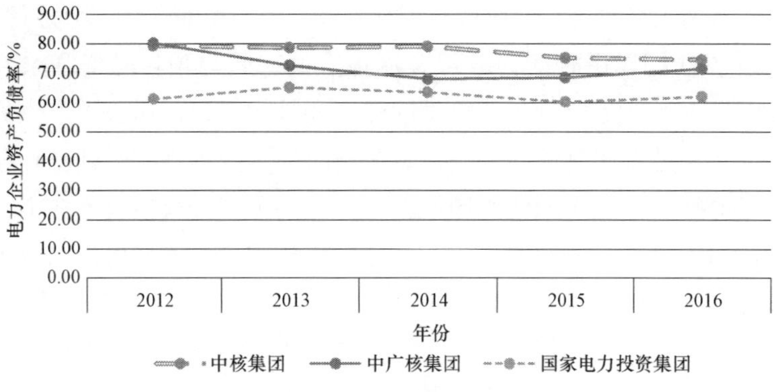

图5.2　电力企业资产负债率

从图5.3中发现两家核电龙头企业的应收账款周转率都维持在一个良好的水平，都高于社会平均值7.8，说明两家核电项目收账迅速，资产的流动性强并且表明企业的坏账损失少，且核电企业具备国家政策性银行保障贷款，以及国家政策兜底，即使存在亏损也可以向国家申请上调电价来弥补损失。从图5.4分析得到核电项目的存货周转率有下降的趋势，说明核电项目的回款存在一定的问题，也可以说明核电的电力输出供不应求，从侧面反映了核电项目的发展潜力。

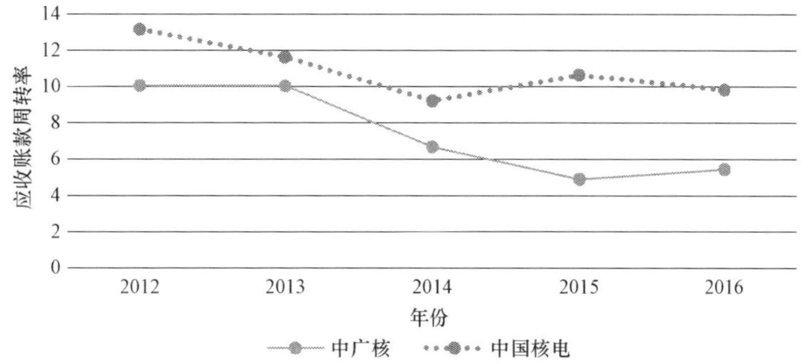

图 5.3　核电项目应收账款周转率

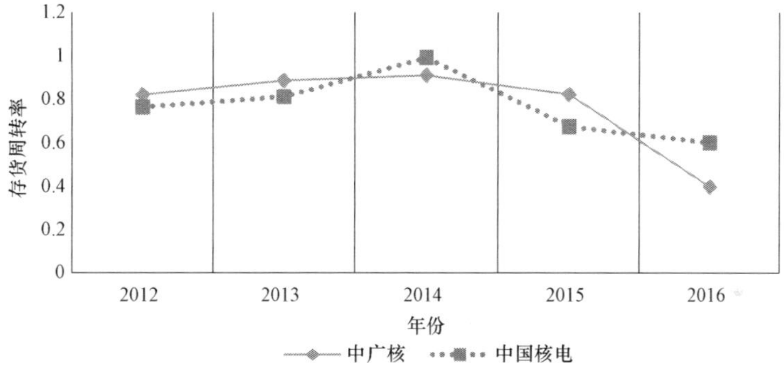

图 5.4　核电项目存货周转率

从运用 APV 法分析核电项目投资的角度来看，核电项目的高资产负债率恰恰是最大的优势所在，高负债率可以带来高额的税盾价值。税盾价值越高说明企业在债务利息上少交了更多的税费，意指在一定程度上享受到了国家在税收上的优惠，从而使得企业的现金流增加，实现税盾价值最大化，进而增加了企业的价值。这是大部分企业都无法做到的，对于大部分企业来说，他们的财务管理目标之一是把资产负债率控制到最低，让投资人看到它们出色的偿债能力，这样一来就无法实现税盾价值，这也是企业性质决定的，以此将 APV 法运用于核电项目此类垄断性行业来评估企业的价值是上佳选择。而上述四种常用的评价方法在评估核电项目价值的时候都忽视了税盾价值带来的收益，按照以上方法评估出来的企业价值很容易导致数据失真乃至企业公司管理层的决策失误。

5.4 基于APV方法的G核电项目案例分析

5.4.1 G核电项目简介

本节主要通过对G核电项目的具体情况进行分析，通过采取实地调研的方式详细了解到了G核电项目的情况以及财务数据，切实感受到了核电项目高负债率的特色，然后将APV法应用于大型央企，用数据论证判断APV法用于核电项目的可行性。

目前所接触的投资决策评估方法更多的是应用于非垄断行业企业，因为非垄断行业企业的可操作性较大，具备调查研究的灵活性以及实践性，一般也是采用净现值法或者是实物期权的指标法作为参考，本章创新性得尝试采用调整现值法（APV）应用于核电项目此类大型央企进行分析研究，希望通过此类方法的分析研究最大程度利用核电厂项日高资产负债率的特色，来实现企业价值最大化的财务管理最终目标。

G核电项目是国务院决定在H地区新建的一座大型商用核电厂，该核电厂的初期规划是建设6台百万千瓦级别的压水堆发电机组。建设工程采用的是国内最先进的技术，然后在建设的过程中应用国内自主化研究的技术，由中国核电集团承包建设。

G核电项目一贯坚持按照国务院以核养核，滚动发展的方针，大力发展核电技术，吸收人才，为我国自主研发的新型核电技术提供坚实的理论基础和技术支持（注：由于属于保密单位不方便公布其具体位置、股东和报表具体内容）。

5.4.2 核电厂的性质分类与行业分析

5.4.2.1 核电厂的性质与分类

核电厂最基本的作用就是提供国家的电力供应，核能作为一种新能源，逐渐取代火电水电能消耗性能源。核电厂发电的原理就是利用核裂变或者核聚变通过在核电厂反应堆里反应所产生的能量，以此产生电能的发电基地。大部分的核电厂都是利用核裂变进行发电的，目前利用核聚变产生的能量不好控制，还处于理论研究的阶段。核电厂使用的原料都是具有高度放射性的重金属，比如铀和钚。一般核电厂的组成部分分为两大块，一块是通过裂变产生蒸汽的核岛，另一部分是通过蒸汽进行发电的常规岛。

核电厂的主要设备有：主泵、稳压器、蒸汽发生器、安全壳、汽轮机和危急冷却系统，其中危急冷却系统又分为注射系统和安全壳喷淋系统。核电厂主要分为四大类：压水堆核电厂、沸水堆核电厂、重水堆核电厂和快核核电厂。其中 G 核电项目属于压水堆核电厂。

压水堆核电厂的组成部分主要是核岛和常规岛。它的主要部件分别为稳压器、主泵、堆芯和蒸汽发生器。其中常规岛的部件操作运行流程跟火电厂相似。在我国，压水堆的发电厂比较早，而且到目前为止，该项核电厂的技术也是最为全面完整的，并且具有我国自主化研发的技术。

5.4.2.2　核电行业分析

目前全球尤其是发达国家，用核能代替传统能源支撑国家电力供应的比例不断升高，它们的占比超过 20%的国家已经有 18 个，其中法国的核电占比更是达到了 75%。当前全球范围内已经有 60 多个国家把核电发展作为国家能源发展的重要战略，说明核电在世界能源结构中的地位日趋不可撼动。可以非常清晰得看到核电产业对能源市场乃至世界经济的发展有着不可替代的重要作用。

我国目前能源结构主要以煤炭为主，截至 2016 年能源结构中煤炭消费占比达 64%；长期以煤炭为主体的一次能源消费结构，环境污染和碳排放问题突出，与人民群众日益增加的环境需求背离严重。根据能源发展“十三五”规划，到 2020 年能源结构中煤炭占比要降到 58%以下。

煤电供给侧改革加速推进，未来煤电新增装机容量大幅压减，利好核电发展。2016 年 1—11 月全国核电设备利用小时数为 6 504 小时，较去年同期增加 126 小时，回升态势明显。核电定价机制逐渐完善，新投产机组上网电价与燃煤机组标杆电价挂钩。2016 年下半年开始多地区煤电价格上调，当前煤价高企、煤电上网价格有望进一步上调，有力支撑后续投产核电机组电价水平。电力市场化或造成核电上网电价下行，但考虑到核电运行可变成本极低，以价换量经济性明显，合理利用市场化电力交易将进一步提升核电机组盈利水平。

总体而言，当前在电力供应中的占比逐年提升，由于电力行业电价的波动对核电市场的发展趋于良性，对核电行业合理投资必将促进本行业的持续发展。

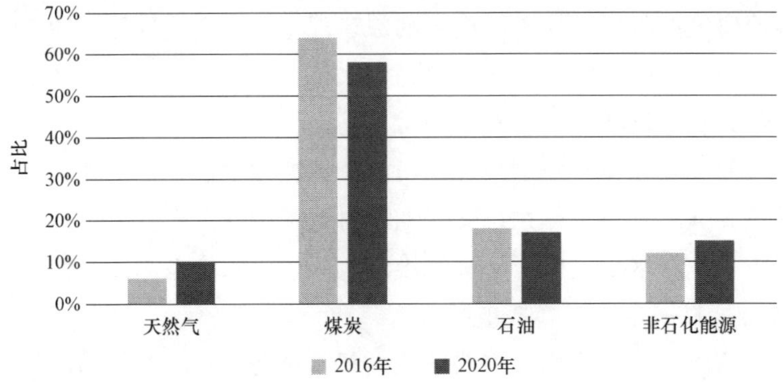

图 5.5　能源结构图

5.4.3　核电行业投资分析

5.4.3.1　核电行业投资现状

（1）核电企业大部分是国有企业，发展较早，相对民营企业的占比几乎为零。根据我国的国情，目前我国的核电市场一直被大型国企所垄断，考虑到核安全问题，不轻易对外开放。其中投资主体主要为国家政策性银行以及国内主要的国资金融机构，目前还没有民营企业的加入，这一现状会导致核电项目的发展会相对缓慢，一定程度了限制了核电项目的经济效益，民营资本注入到其他性质垄断行业中在一定程度上促进了该行业更快的发展。

（2）核电企业的规模庞大，且拥有大量资产，部分甚至达到了数千亿之多。外部投资者的资金储备远远小于核电企业，根据我国国情以及国家政策的大力扶持下，核电企业并不急需外部投资者的资金注入，庞大的资产储量反映了该行业资金垄断以及行业垄断的特性，但任何垄断性质的行业都会存在一定的风险隐患。

（3）目前国内主流的核电技术是 AP1000 三代，并且较多国内的制造商都已经掌握了 AP1000 三代的核心技术，有利于促进我国核电事业大步迈前的发展趋势。近期国内新型自主研发的 CAP1400 核电技术以及 ACPR1000 与 ACP1000 融合而成的最新型核电技术“华龙一号”上，我国核电自主化水平的不断提高展示了我国当前核电事业的发展进入高速时期，核电市场整体展现出欣欣向荣的态势，我国的核电事业整体发展前景非常好，核电强，则国家强的口号将更加响亮。

5.4.3.2　核电行业投资存在的问题

（1）核电行业投资存在技术性问题

我国核电产业技术比较混乱，有大亚湾核电的法国技术，田湾核电的俄罗斯技术，秦山三期的加拿大技术，现在加上美国西屋技术。技术积累上，至今未形成核电技术标准体系。引进国外技术存在的问题是没有把中国核动力技术和工业的发展纳入核电发展的考虑和规划中，30 年的三轮引进路线只依靠购买外国核电技术和关键设备，自身技术创新较少。我国核电项目的最终立项审批权在国家政府的最高决策机构，新建项目的最终审批受到阻碍，我国应当尽快健全相关法规，用法律形式明确核电项目相关问题。核安全问题影响核电市场投资安全对我国核电发展的影响，安全问题一直是影响核电投资的一个重要问题，尤其是 2011 年 3 月日本发生核泄漏事故后，我国核电类股票受到较大影响，2011 年 3 月 11 日至 15 日，沪、深两市与核电相关的东方锆业、中国一重、东方电气、中核科技跌幅最大，处于跌幅榜前 4 位，3 个交易日分别下跌 14.13%、12.39%、12.39%和 11.96%。

（2）核电行业投资存在高负债的状况

我国的核电项目资产负债率较高，有些达到 87.97%，平均资产负债率为 83.62%。据调查，中广核的相关核电企业的资产负债率特别高，个别负债率都在 85%以上。在合理投资视角下，资产负债率如果保持在 50%～60%对于一般的企业是较为合理的，很多非垄断行业企业平均负债率相对较低，只有 33%左右，但国企控股平均负债率为 58%，略显较高。根据国资委公告的数据显示，我国国有企业资产负债率普遍偏高，其中工业企业达到了 73%，非工业企业达到了 81%，该情况对于国企来说是一个正常现象，特别是核电项目的高资产负债率是一个特色，对属于垄断行业核电行业来说，只要核电项目建成并开始运行后，其现金的流入是非常稳定的，应收账款较少，偿债能力和经营能力可以得到保障。

（3）目前最常用的核电项目投资决策评估方法为 NPV 法

但净现值法并没有考虑到高负债所带来的税盾价值的提升，而税盾价值对于判断核电项目是否值得投资是不可或缺的一个指标。根据目前所采用的四种企业价值评估方法，净现值法，投资回收期法，内部收益率法以及加入实物期权的评估方法来看，针对核电厂具有资产负债率高的特性，这些方法存在同样的问题。

5.4.3.3 核电行业投资特性分析

核电厂项目的投资跟很多企业的投资其实属于同一性质，都是实业投资，都具有使用年限长久的特点，我国一般核电厂的使用年限是 60 年。但核电项目最根本的区别在于核电项目是国企垄断的，大部分的资金来源于国家资本，这是一般其他企业不具备的。核电厂项目的投资特性主要有以下几个特点。

（1）初始投资巨大

核电厂在没有建成之前是没有什么价值的，如果决定要建设核电厂的时候，对其进行投资，必须一次性投入巨大的资金，一旦核电厂建起来之后并且设备开始完全运行起来之后，就能源源不断地创造经济效益。

（2）投资回收期长

由于核电厂的前期投入成本太过庞大（一般需要 200 亿元人民币以上），而且核电厂的收入来源也非常单一，主要靠把发出来的电销售给国家电网来获得收益，初始投资所要回本的期限较长。

（3）投资风险大

核电厂的投资风险高是因为影响核电厂投资的内外部环境因素较多，面对的风险因素也多，比如存在国家政策调控，企业内部的管理风险，自然风险等因素，任何一个因素都不能出现差错，否则都会导致非常严重的后果。

（4）投资回报稳定

只要核电厂建成之后，并且投入到商业运营之后，每年产生的经济效益是非常可观的，而且当核电厂发展困难的时候，国家可以通过宏观调控出台保护价来控制电价，这就是作为一个垄断行业所带来的好处，核电行业目前也是受到国家的大力扶持。

（5）受国家政策影响

核电项目属于我国的能源战略行业，进入该行业的门槛很高，需要大量的资金和人才。核电厂发出来的电在卖给国家电网之后，它的上网电价由国家制定的。相比较而言，它的税收优惠政策也是受到国家政策规定的影响的，但核电项目也可以享受到地方政府提供的优惠，只要国家政策发生变化，那么对于核电厂的收入的影响也非常重大。

（6）投资长久性

核电厂在建成之后，它的实用性是非常强的，不会出现随意的损坏，日常的维护成本也不是很高，而且核电厂产生的经济效益是非常稳定的，并且具有一定的长久性。在生活中，很多物品的物价都是随着社会市场的波动而发生改变，但核电厂就不会，因为电价是国家规定的，所以核电厂的销售收入是非常稳定的。核电资源是有限的，只要把握住核电投资的机遇终将收益无穷。

（7）金融部门的资金支持

核电的投资一般都是上百亿元人民币，一般企业拿不出这么多的资金，大部分核电项目都是找银行贷款获得巨额的资金支持。首先国家政策性银行会支持贷款，然后是国家四大商业银行都看到了核电行业的未来前景，在核电项目投资都是稳赚不亏的，这些银行都十分愿意给核电厂提供巨大的资金支持，从而也导致了核电项目的资产负债率非常高。但投资核电行业会给这些金融部门带来巨大稳定的收益。银行业目前已经有大量的私有银行，但核电项目是国家垄断的，不存在巨大的投资风险，相对来说投资风险较小。二者相互依靠相互扶持，共同健康发展。

（8）核电经营进入门槛高

核电项目的投资开发需要来自各个领域的专业性人才，人才专业的佼佼者。核电经营属于专营性质，需要国务院专门批准资质，目前只有中国核电、中广核电力和国家电投三家公司具有核电投资运营商资格。

（9）投资主体来源广泛

核电厂的投资主体有很多，目前主要的就是中国核工业集团和中国广核集团，大型的核电厂都是他们控股的，其中也不乏像华能电力等其他企业的加入。他们都有一个共同的特点，就是都属于大型国企。

5.4.4　G 核电项目财务能力分析

对于核电项目的财务数据，必须通过现场调研才能保证数据的真实性和可靠性，作为本章数据分析的支撑，从而得出更具有研究价值的结论。

5.4.4.1　偿债能力分析

因为核电厂的运行寿命有 60 年，我们通过对 G 核电项目的长期偿债能力进行分析。从图 5.6 中我们可以发现 G 核电项目的资产负债率维持在 70%左右，是一个相对于非垄断性企业来说偏高的数值，一般情况下，资产负债率越小，说明企业长期偿债能力越强。保守的观点认为资产负债率不应高于 50%，而国际上通常认为资产负债率等于 60%时较为适当。从债权人来说，该指标越小越好，这样企业偿债越有保证。从企业所有者来说，该指标过小表明企业对财务杠杆利用不够。企业的经营决策者应当将偿债能力指标与获利能力指标结合起来分析。但对于一个垄断性国企来看，70%的负债率是一个相对可以接受的数值，部分国企尤其是建筑性企业的资产负债率都在85%左右，虽然高负债率会导致现金流不足的情况，但对于核电企业来说，只要项目建成开始发电，可以有效解决现金流不足的情况。

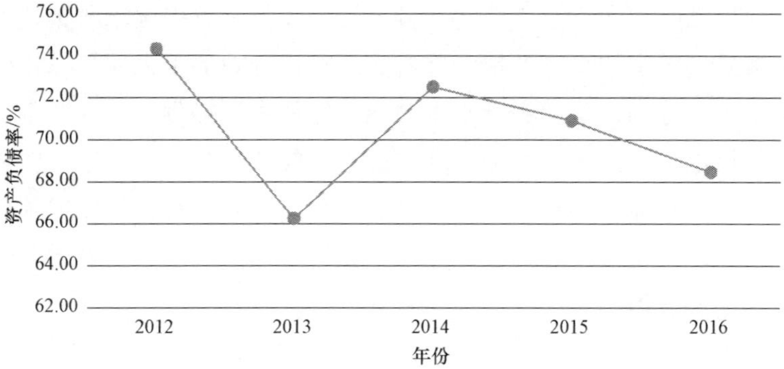

图 5.6　G 核电项目资产负债率

从表 5.3 中可以发现，近五年应收账款占销售收入的比重很低，且都维持在 10%左右，这个水平说明企业的抗风险能力是很强的。其次，现金流量的比例比较高，基本上维持在 50%的一个水平线上，说明企业的现金流呈现一个良好的局面，财务弹性很足，企业的经营能力，偿债能力都是非常强的。

表 5.3　偿债能力指标分析

指标	2012	2013	2014	2015	2016
现金流量比率/%	46.18	52.86	51.19	56.51	38.70
应收账款占销售收入的比重/%	7.44	5.88	10.86	11.30	10.58

针对 APV 法中最大的缺陷财务困境成本的问题，从 G 核电项目的财务数据分析可以发现，G 核电项目的经营能力和偿债能力是非常出色的，财务弹性很好，就避免了 APV 法在评估 G 核电项目价值的时候存在财务困境成本的问题，能够有效地吸收投资者的目光，解决了投资不足的问题。

5.4.4.2　成本费用分析

从表 5.4 中发现该项目的核发电工程基础价为 362 亿元人民币，项目的总投资为 450 亿元人民币，根据投资估算，本工程的固定价投资为 374 亿元人民币，其中人民币资金需求为 194 亿元人民币，外币资金需求为 24 亿美元。资金筹措主要通过项目注册资本金及融资贷款取得。

表 5.4　核电建设费用估算表　　百万元人民币

工程或费用名称	估算价值						
	建筑工程费	设备购置费	安装工程费	其他费用	合计	美元款/百万美元	总合计
工程费用	3 810	5 835	2 064	189	11 900	2 155	28 003
前期准备工程	429	30	0	0	459	0	459
工程其他费用	0	0	0	6 130	6 130	0	6 130
核发电工程基础价	3 810	5 835	2 064	7 762	19 473	2 241	36 220
核发电工程固定价	0	0	0	0	19 473	2 409	37 474
建设期财务费用	0	0	0	2 285	2 285	652	7 159
核发电工程建成价	0	0	0	0	21 759	3 062	44 634
铺底生产流动资金	0	0	0	367	367	0	367
项目总投资	0	0	0	0	22 126	3 062	45 001

通过分析发现，基础价中所占比重最大的是核电工程费，作为国内先进的压水堆电厂之一，主要设备的进口以及先进技术的引进消化吸收是导致工程造价比重较大的主要影响因素。随着我国核电发展总体规划的逐步实施，百万千瓦级的大型商用核电厂的设计自主化、设备国产化、工程建造自主化、营运自主化的全面实现，可以预见后续先进压堆电厂的造价将会逐步降低。

从表 5.5 中我们根据发电总成本以及发电量计算得到平均发电成本为 0.308 元/千瓦时，其中发电总成本主要包括基本折旧费、摊销费、核燃料费、运行维护费、乏燃料后处理费、退役基金、财务费用和管理费用等。

表 5.5　发电与成本费用汇总表　　万元人民币

	2012	2013	2014	2015	2016
发电总成本	40 175	464 660	767 036	761 353	746 678
折旧	8 980	134 695	213 802	213 802	213 802
摊销	1 124	16 863	26 767	26 767	26 767
管理费用	19 206	23 844	19 519	16 228	24 242
财务费用	74 908	69 508	44 688	47 568	43 294
发电单位成本/（元/兆瓦时）	744	564	512	470	461
发电经营成本	23 667	168 243	263 880	266 664	266 664
计算指标：平均发电成本（元/千瓦时）＝0.308					

从表 5.5 中分析发现，核电厂项目有一个非常显著的特性，就是核电厂项目的财务费用和管理费用较高，说明 G 核电项目主要通过贷款补助来补充现金流的不足，这也是核电厂项目此类垄断性行业的一大特色，与垄断行业的行业特性息息相关。

电力行业的平均电价水平维持为 0.4 元及以上，从中也可以发现在发电成本方面，G 核电项目付出的成本代价较小，更加有利于项目的盈利。为 G 核电项目后期发电后创造更大的经济效益，缩短投资回收期，实际价值广。

5.4.4.3 财务盈利能力分析

从图 5.7 中可见，G 核电项目近五年的资产净利润率逐年提升，说明该核电项目的盈利能力呈现逐年稳定上升的趋势。

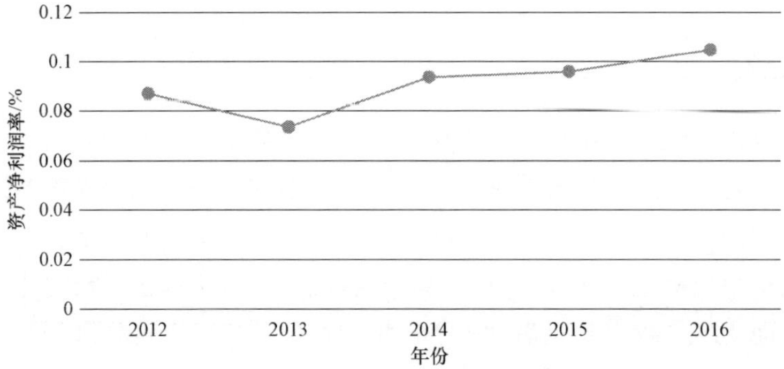

图 5.7　资产净利润率

由表 5.6 可见，G 核电项目的净资产收益率维持在 30%一个水平线，净资产收益率越高，说明企业所有者权益的盈利能力越强。说明 G 核电项目所有者权益的盈利能力很强，投资者投入资本盈利能力强。从表 5.6 中可以发现虽然 G 核电项目的销售净利率有减少的趋势，说明每年的销售收入在减少，但总资产报酬率每年呈现上升的趋势，说明 G 核电项目盈利能力总体而言还是呈上升趋势的。权益乘数有一个明显的上升趋势，正是反映了 G 核电项目的高负债，财务杠杆较大。从表 5.6 中也可以得出虽然 G 核电项目的毛利率一直都是处于较高的水平，说明核电厂的利润总额每年都是一个较高的数值，且每年基本上稳定在 40%左右，说明盈利能力十分稳定。

表 5.6　G 核电项目 2012—2016 净资产收益率及相关因素

年份	2012	2013	2014	2015	2016
净资产收益率/%	31.22	34.80	30.51	33.90	31.39
总资产报酬率/%	7.36	8.25	12.10	10.57	11.75
权益乘数	1.59	2.00	3.51	3.44	3.22
销售净利率/%	3.22	3.67	4.32	4.78	5.22
总资产周转率/次	0.28	0.27	0.30	0.31	0.29
毛利率/%	41.20	38.28	42.40	41.03	31.99
营业和管理费用率/%	16.92	17.99	11.39	11.75	14.22
销售净利率/%	31.03	27.29	30.80	31.12	22.45

从表 5.7 中可见，经测算 G 核电项目在预期资本金内部收益率为 9%的情况下，项目能按预期计划还清全部融资本息，投资利润率为 5.40%，投资利税率为 7.21%，全部投资内部收益率为 8.5%，投资回收期（含建设期）为 13.63 年。从中得出 G 核电项目的经营能力和盈利能力是十分稳定的，原因在于核电企业作为垄断企业，只要建成开始发电，其现金流是十分稳定的，13.63 年就可以收回所有初始投资开始净盈利，确保了投资方的预期利益。总体来看，G 核电项目的经营能力与盈利能力十分出众，且保持一个稳定增长的态势。

表 5.7　主要财务指标汇总表

指标名称	单位	数值
基础价	百万元人民币	36 220
固定价	百万元人民币	37 374
建成价	百万元人民币	44 634
注册资本金	百万元人民币	8 927
生产流动资金	百万元人民币	1 224
全部投资内部收益率	%	8.5
全部投资回收期	年	13.63
资本金回报率	%	9
投资利润率	%	5.4
投资利税率	%	7.21
平均单位发电成本	元/千瓦时	0.308
上网电价（含增值税）	元/千瓦时	0.547
上网电价（不含增值税）	元/千瓦时	0.468

以上数据资源均来自作者对于 G 核电项目的现场调研取得，根据 G 核电项目的资本结构和财务情况，引进 APV 法与 NPV 法进行投资决策的对比分析评价。

5.4.5 应用 APV 法计算评估 G 核电项目价值

5.4.5.1 预测无杠杆自由现金流

对于无杠杆自由现金流的计算在上述第 5.3 节中已经提及，在计算过程中只需要计算其中主要的 5 个指标即可。

预测企业未来五年的财务数据，必须要假设一些前提条件不变的情况，如我国目前的政策制度，法律条文以及政治环境等都是不变的，其次就是国家相关的利率和汇率不变。在这些条件不变的情况下，根据 G 核电项目的财务报表数据来对这些指标进行预测。

（1）无杠杆净利润的计算和预测

预测 G 核电项目的无杠杆净利润需要明确的指标有销售收入、成本，相关的财务费用以及一些税费。根据数据调查，G 核电项目近几年一直都趋于持续稳定的运行态势，2014 年以来发电量达到设计负荷的 70%以上，以后发电量总体变化不大，且近几年国家经济形式也趋于稳定，所以本章预测它的销售收入在未来五年也会继续保持 2016 年的水平。

假定在国家政策行业的利率不变的情况下，关于销售成本以及财务费用、管理费用和销售费用的占比从表 5.8 中可以发现，销售成本的占比有下降的趋势，而其他三种费用虽然数额大，但增长的比例趋于稳定，大致稳定在 13%～17%之间。对于垄断企业来说很难受到市场环境波动的影响，更多的是受到国家政策以及国家宏观调控的影响，假设 G 核电项目在未来的销售成本占销售收入的比重稳定在 68%，其他三种费用稳定在 15%。且表中明显可以看出息税前总资产收益率 9%明显大于利息率 4%，说明企业从债权人那获得的资金不但能够帮助股东达到盈利的目的，且也支付了债权人的利息，达到了双赢的目的。

（2）折旧、资本支出、递延所得税变化的计算与预测

递延所得税变化的关键影响因素在于折旧会计与税收时所采用的标准不同，而折旧和资本支出的值是由固定资产和无形资产变化决定的。可以通过研究固定资产和无形资产占销售收入的百分比来预测折旧和资本支出，然后

通过研究账面折旧、税收折旧占固定资产和无形资产的百分比来预测递延所得税。

表 5.8　2016 年后 5 年无杠杆净利润预测　　千万元人民币

参数	当年	预测				
	2016	2017	2018	2019	2020	2021
销售收入增长率/%	0	2	1	0	0	0
销售成本占销售收入比例/%	68.00	68	68	68	68	68
EBITDA 占销售收入比例/%	47.24	47.24	47.24	47.24	47.24	47.24
所得税率/%	15	15	15	15	15	15
销售收入	475.1	484.60	489.45	489.45	489.45	489.45
销售成本	323.07	329.53	332.82	332.82	332.82	332.82
EBITDA	224.44	228.93	231.22	231.22	231.22	231.22
所得税	20.34	20.74	20.95	20.95	20.95	20.95
息税前资产收益率/%	9.11	9	9	9	9	9
利息率/%	3.60	4	4	4	4	4
无杠杆净利润	204.10	208.18	210.27	210.27	210.27	210.27

从分析中不难看出，G 核电项目固定资产和无形资产占销售收入的百分比呈现逐年下降的趋势，但随着我国核电技术的不断发展，自主化创新的比例越来越高，可以预测它在接下来五年逐步将稳定在 8%。至于账面折旧和税收折旧，在近几年占固定资产和无形资产的百分比呈现逐年上升的趋势，对于一个垄断企业来讲，税收政策的影响是由国家政策决定的，总体而言变化不会太明显，预测未来五年账面折旧占固定资产和无形资产的百分比稳定在 12%，预测税收折旧占固定资产和无形资产的百分比稳定在 21%。具体预测分析如表 5.9 所示。

表 5.9　2016 年后 5 年递延所得税变化预测　　千万元人民币

参数	当年	预测				
	2016	2017	2018	2019	2020	2021
固定资产、无形资产净值在销售收入中的占比/%	13.22	14.00	14.00	14.00	14.00	14.00
账面折旧在固定资产、无形资产净值中的占比/%	18.21	20.00	20.00	20.00	20.00	20.00

续表

参数	当年	预测				
	2016	2017	2018	2019	2020	2021
税收折旧在固定资产、无形资产净值中的占比/%	17.85	18.00	18.00	18.00	18.00	18.00
固定资产、无形资产净值	1 519.23	1 142.43	1 631.13	1 322.34	1 722.18	2 028.73
折旧（账面）	1 479.51	1 513.42	1 434.13	1 245.76	1 325.87	1 232.37
资本支出	198.24	219.36	175.31	116.55	179.99	194.39
账面折旧的减税效应	146.34	132.35	132.22	192.30	204.23	231.22
税收折旧的减税效应	233.25	251.22	283.88	341.22	422.33	454.23
递延税款的变化	−86.91	−118.88	−137.17	−155.84	−221.30	−224.20

（3）运营过程的资本变化

在核电厂项目运营的过程中，由于核电项目普遍存在资产负债率过高的情况，运营资本的变化必然受到短期资产和负债的影响。通过计算分析存货占销售收入的百分比，其他短期资产占销售收入的百分比以及应收账款占销售收入的百分比，经过分析比对，最终预测这三项指标在未来五年分别稳定在 16%、9%和 20%。

G 核电项目的短期资产的变动主要由应收账款和存货引起。根据核电行业的特性，近几年 G 核电项目应收账款占销售收入的百分比逐步提高，从 2006 年的 16.47%上升至 2016 年的 21.38%，而且该趋势在短期内不会改变，因此本章预计 G 核电项目未来五年应收账款占销售收入的百分比将稳步增长至 22%。存货方面，G 核电项目存货占销售收入的百分比稳定在 11%～12%，本章预计随着核电制度的进一步完善，这一比率将有所下降，预计逐步下降至 10%。另外，其他短期资产也将有所增长。分析的预测值如表 5.10 所示。

表 5.10 2016 年后 5 年预测的运营过程资本变化 千万元人民币

参数	当年	预测值				
	2016	2017	2018	2019	2020	2021
应收账款在销售收入中的比例/%	21.38	22.00	22.00	22.00	22.00	22.00
存货占销售收入的百分比/%	11.10	10.00	10.00	10.00	10.00	10.00
其他短期资产在销售收入的比例/%	23.47	24.00	24.50	25.00	26.50	27.00
短期资产占销售收入的百分比/%	36.44	37.00	37.00	37.00	37.00	38.00

续表

参数	当年	预测值				
	2016	2017	2018	2019	2020	2021
应付账款占销售收入的比例/%	16.97	17.00	17.00	18.00	19.00	20.00
其他短期负债占销售收入的百分比/%	12.20	12.50	12.50	12.50	12.50	12.50
短期负债占销售收入的百分比/%	27.17	28.50	29.50	30.50	31.50	34.50
应收账款	61.08	62.22	67.23	72.34	73.12	75.42
存货	248.26	252.21	271.23	291.23	312.23	350.23
其他短期资产	434.26	529.23	602.21	698.29	709.27	710.28
短期负债合计	4 375.23	3 829.21	4 109.23	4 910.29	5 498.83	6 598.19
短期资产增加	712.33	316.21	296.23	421.82	517.23	459.28
短期负债增加	673.23	253.13	3 308.23	376.23	419.23	451.31
运营资本变化	38.16	48.62	52.23	52.23	56.23	63.43

（4）无杠杆自由现金流

根据前面三部分的分析，可以归纳总结预测无杠杆自由现金流，根据 G 核电项目的特性，预测的各项指标数值如表 5.11 所示。

表 5.11 无杠杆自由现金流预测表 千万元人民币

年末参数	当年	预测				
	2016	2017	2018	2019	2020	2021
无杠杆净利润	204.1	208.18	210.27	210.27	210.27	210.27
递延税款的变化	−112.22	−116.17	−137.29	−169.21	−191.76	−224.47
资本支出	198.21	219.12	175.12	116.23	179.93	194.23
运营资本变化	38.16	48.62	52.23	52.23	56.23	63.43
无杠杆自由现金流	156.27	153.85	224.67	315.48	278.33	303.94

5.4.5.2 计算并预测各年税盾

根据 2012—2016 年 G 核电项目每年的负债增长额都接近达到 10 亿元人民币，所以在表 5.5 中预测 G 核电项目也会在未来吸收大量投资，扩大自己的运营规模，增长处于稳定水平。以此本章预测将 EBITDA 占总负债的比率逐步稳定在 19%。由于 G 核电项目的负债主要长期借款和短期借款组成，其中短期负债占比较大，通过对前几年的分析，本章预测未来 5 年短期负债占总负债的百分比预测值也稳定在 70%左右。

计算税盾最主要的工作就是预测企业每年的负债基数，根据调整现值法（APV）的方法介绍中可以发现，因为企业的所得税是一个常数，计算的利率也可以利用企业每年的资本成本和融资成本，方法中所需要的数据指标就是利率，企业负债额度和企业所得税，每年的负债基数就可以进行预测。然后再根据不同的额度对所得税率和利率进行预测。根据国家政策相关规定，本章设置短期利率为 5.8%，长期利率为 6.1%。

表 5.12 2016 年税盾预测 千万元人民币

年末参数	当年	预测值				
	2016	2017	2018	2019	2020	2021
（EBITDA/总负债）/%	18.58	19.00	19.00	19.00	19.00	19.00
短期负债占总负债的百分比/%	67.77	68.00	69.00	70.00	71.00	72.00
总负债	1 288.45	1 423.42	1 513.88	1 612.35	1 718.78	1 819.9
短期负债	873.26	921.12	942.87	961.82	987.19	996.98
长期负债	412.19	450.93	469.18	480.83	490.92	512.31
短期利息	48.90	49.85	50.87	52.99	53.28	55.20
长期利息	25.14	26.73	27.77	29.03	31.65	35.38
利息费用	74.05	75.48	77.44	82.46	84.79	90.26
税盾	14.81	15.10	15.49	16.49	16.96	18.05

数据来源：根据实地调研所得数据计算所得，涉及保密协议，部分数据不便公开。

5.4.5.3 计算 G 核电项目整体价值

通过前面四组数据的计算与预测，已经得到了 G 核电项目未来五年的无杠杆自由现金流税盾以及无杠杆权益资本成本。但想要预测得到企业最终的评估价值，还需要知道企业未来五年的持续增长率。

核电行业经过了几十年的洗礼，已经慢慢蜕变为一个成熟的行业，但目前在国际上对于核电技术的竞争非常激烈，进入了白热化的阶段。我国目前核电事业的发展稳步向前，在吸收国外先进技术的情况下研究创造自主化的核电路线，给国家的经济带来了可观的效益。在大环境下，不难发现目前国内外的经济增长速率逐渐放缓，我国在之前几年以及未来几年还是会保持持续稳定的增长趋势，但在增速上没有前几年幅度那么大。核电行业在我国是一个垄断行业，它的发展跟国家的经济形势和宏观调控政策息息相关，核电产业的发展增长率也会相对放缓，预测他的增长率会略高于国家长期的经济增长率，且慢慢趋向于稳定，因此，假设它的持续增长率为 6.7%，根据 G 核电项目前面的预测数据，可以得到 2016 年 12 月 31 日 G 核电项目的整体评估价值为 508 亿元。具体分析如表 5.13 所示。

表 5.13　企业价值计算汇总　　　　千万元人民币

年末	2016	2017	2018	2019	2020	2021
无杠杆自由现金流	—	153.85	224.67	315.48	278.33	303.94
无杠杆权益资本成本/%	6.78	—	—	—	—	—
折现因子	—	0.94	0.88	0.82	0.77	0.72
无杠杆自由现金流现值	—	144.08	197.04	259.12	214.09	218.94
持续增长率/%	0	—	—	—	—	—
无杠杆自由现金流现值连续价值	3 856.42	—	—	—	—	—
无杠杆自由现金流现值合计	4 889.69	—	—	—	—	—
税盾	—	15.1	15.49	16.49	16.96	18.05
税盾折现率/%	8.45					
折现因子	—	0.92	0.85	0.78	0.72	0.67
税盾现值	—	14.67	13.98	13.75	13.13	13.59
持续增长率/%	0	—	—	—	—	—
税盾连续价值	129.90	—	—	—	—	—
税盾现值合计	194.21	—	—	—	—	—
项目预测价值	5083.90	—	—	—	—	—
APV 预测价值	583.90	—	—	—	—	—

5.4.6　应用 NPV 法计算评估 G 核电项目价值

根据表 5.4 我们得到 G 核电项目的初始投资总额为 450 亿元人民币，其中 G 核电项目的建设期为 8 年，使用年限资金流分布为：第一年 8.4%。第二年 13.43%，第三年 14.41%，第四年 15.47%，第五年 15.63%，第六年 14.10%，第七年 12.92%，第八年 5.64%。根据资金流比例计算得到这 8 年建设期的现金流出如表 5.14 所示。

表 5.14　建设期资金流分布表　　千万元人民币

年份	2004	2005	2006	2008	2009	2010	2011	2012
建设期资金流	378	604	648	696	703	634	581	253

根据本章已有的财务数据以及表 5.14 和表 5.15 的数据计算，设定项目的折现率为 7%，表 5.15 列出了截至 2016 年 12 月 31 日的各年净现金流数值，假设 G 核电项目净现金流量趋于稳定，G 核电项目的使用年限为 60 年，接下去 45 年的现金流都按照 2016 年的数据为标准进行预测赋值，代入下列公式计算得到 NPV＝30.47 亿元人民币。

表 5.15　净现金流量表　　千万元人民币

项目	2012	2013	2014	2015	2016
现金流量净额	441	495	487	484	480

$$k_e = k_u + \frac{D}{E}(k_u - k_d)$$

计算得到的 NPV 值大于 0，说明 G 核电项目是值得投资的，对于净现值法而言，净现值的数值越大，说明该投资方法更优，我们可以通过对比 APV 法计算得到的数值进行对比分析，得出哪一种方案更加适用于 G 核电项目的投资评估研究。

5.5　结论与展望

5.5.1　结论

通过本章的分析研究得到以下几点结论。

（1）通过计算用 APV 法得到的 G 核电项目整体价值为 508 亿元，其中 APV 价值 58 亿元，税盾价值为 194 亿元；NPV 法计算得到的值为 30 亿元人民币，通过分析对比发现，APV 的值远远大于 NPV 值，其中，税盾价值占据较大比重，从中可以得出对于一个核电项目而言，税盾价值的作用对于提升项目整体价值起着至关重要的作用。

（2）上述计算分析结果也证明了运用传统的净现值法方法即使可以判断

该项目值得投资，却远远低估了该项目的价值；假设用净现值法计算得到的 NPV 值为负数时，理性的投资者就会放弃对该项目进行投资，但 NPV 法忽略了税盾价值，运用调整现值法计算得到的 APV 值很有可能是正数，这时就会导致很多明明可以进行投资的项目被扼杀在摇篮里。基于 NPV 法的局限性，用 APV 法对项目进行投资评估分析为投资者提供了更准确的决策判断依据。

（3）APV 法在实际运用过程中会存在财务困境成本这一影响因素，但通过对 G 核电项目的偿债能力分析，排除了 APV 法在具体实施应用过程中带来的财务困境成本的问题，解决这一问题的关键因素正在于研究对象是核电项目，一旦核电项目开始发电运作，其现金回流是十分稳定的，即使存在一定的困难也会由国家政策性银行以及国家对于电价的调控解决这一问题，这是其他非垄断性企业无法企及的，将 APV 法运用于核电项目的研究非常贴切，能将项目的价值最大化，计算分析得到的数据也证明了本章的观点。

（4）本章的主要观点为运用 APV 法对企业进行投资决策，关键在于很好抓住了核电项目高资产负债率这一特色，然后加上核电项目稳定的现金流，避免了财务困境成本，增加了税盾价值，以此实现了企业价值最大化的目标，为投资者在投资核电项目时提供了更为科学合理的投资决策判断依据，让更多的核电项目得到投资，同时也有利于我国参加竞争国际上的核电厂投资项目，为今后核电项目的投资决策以及核电事业的发展提供了坚实的数据支撑。

5.5.2　电力市场化背景下我国核电企业投资决策展望

5.5.2.1　核电市场化程度越来越高

2018 年 7 月 16 日国家发展改革委、国家能源局发布了关于积极推进电力市场化交易，进一步完善交易机制的通知（发改运行〔2018〕1027 号），在实施方案中指出“2017 年我国市场化交易电量达到全社会用电量的 26%，改革成效已经显现。通知指明“为促进清洁能源消纳，支持电力用户与水电、风电、太阳能发电、核电等清洁能源发电企业开展市场化交易”。这一通知标志着我国电力市场化交易比例扩大，也意味着核电进入市场化交易电量需要增加，核电的交易价格由目前的官方计划价（成本加利润方式）将逐步走向市场定价。2019 年 1 月 7 日国家发改委和能源局发文（发改能源〔2019〕19 号）通知，对风电、光伏发电平价和低价上网项目，电网企业应确保项目所发电量全额上网，这又进一步挤压了核电的计划配额。也就是越来越多的核电电量要进行市场化交易，市场化交易也就意味着由市场决定交易价格和电量，如果没有达成足够多的交易量则很有可能发生弃电现象。

随着核电市场化程度加深，核电企业的售电交易额则变得没有目前计划电这么稳定，由于单位电价除了配额电量由官方定价外（2013 年开始标杆电价是 0.43 元/度），市场化交易部分则是由供需方协商而定，在水电、煤电等竞争下，专家普遍估计市场电价低于目前的核电计划价。这将导致由市场交易这一部分电量的售电金额比原来计划售电金额大幅下降，直接减少核电企业的经营现金流入量。根据中电联电力交易信息共享平台数据显示，2018 年 1-9 月，大型发电集团（目前只有中国核能电力股份公司、中国广核电力股份公司和中国电力投资集团公司三家公司，以下简称三家核电公司）核电发电累计上网电量 1 941 亿千瓦时，市场交易电量 515 亿千瓦时，平均交易电价 0.357 元/千瓦时，市场化率为 26.5%。粗略估计因电力市场化电价下降导致三家核电公司 2018 年减少售电收入 50 亿元人民币，高于中国核电公司 2017 年全年净利润。

在西方有些国家核电的绝大部分电量进行了市场化交易，由于有些地方和时段核电电价竞争力稍弱的原因，发生了有些核电机组关停，核电公司破产或被迫重组的现象。由于三哩岛核事故的爆发，美国提高了核电安全标准，造成了核电厂建设成本骤增，直接影响了核电的经济性，不少正在建设或准备开工建设的核电项目不得不停建或推迟开工，其中 1979 年到 1984 年就有 50 台核电机组的建设计划被取消，许多已建成的核电厂不得不被封闭、停运。2017 年 3 月 29 日，美国西屋电气公司正式提交了破产保护申请，而早在 1 月 10 日，欧盟正式批准了阿海珐公司重组计划。21 世纪初页岩油气、新能源领域的技术革命导致能源成本大幅下跌远超预期，西屋、阿海珐未能充分考虑提高核电技术经济性，首堆工程严重超概算，后续项目报价居高不下，经济性难以保证。

5.5.2.2 我国核电资产负债率极高

（1）国内建设核电资金需求大

根据国家能源局官网 2019 年 1 月 18 日公布的信息：2018 年年底我国建成核电发电装机容量为 4 466 万千瓦，在建机组装机容量为 1 218 万千瓦。我国《电力发展“十三五”规划》（2016—2020 年）和《核电中长期发展规划》（2005—2020 年）目标，到 2020 年，运行核电装机容量将达到 5 800 万千瓦，在建 3 000 万千瓦左右，如果按期完成上述目标，按照我国正在建设中的三代技术核电机组，目前造价超过 2 万元/千瓦计算，则近两年内需要筹集资金 6 000 亿元人民币。另外为了推进国家核电向海外进军的战略目标，海外核电项目也急需大量资金支持。

（2）核电融资模式

目前国际上的核电融资模式共有四种：政府拨款模式、企业融资、公私合营和项目融资。中国核电项目投资的资金来源包括自筹资金、国内贷款、国家预算资金及其他资金等，其中主要是银行贷款。无论是核电项目 80%贷款部分，还是 20%的业主配套资金，核电生产企业需要面对巨额的资金需求。因此拓宽融资渠道，实施财政融资、银行融资、商业融资、证券融资和国际融资，多种融资方式相结合，将是未来核电项目融资的必然趋势。

（3）我国核电企业资产负债率极高

目前我国核电企业的资产负债率极高，例如中国核电公司 2014—2017 年的资产负债率的平均值为 76%，这么高的负债率没有出现财务危机，是基于核电的垄断地位及其售电产生的稳定现金流量，支撑其快速发展。目前电力市场化改革，将使这种垄断优势慢慢丧失，售电量和单价变动将导致核电企业的抗风险能力减弱，从而凸显企业的财务风险。雷振华（2017）论证核电行业公司的短期偿债能力现状不容乐观，需要进一步改进。

5.3.2.3　电力市场化给核电投资带来的问题

国家进行电力市场化改革引起的核电部分电量进入自由交易市场进行交易，必然使得售电数量和单价不稳定，很可能长期低于现在的计划价 0.43 元/度，从而导致售电收入减少，而为了解决电力调峰问题，避免机组停堆，很可能需要增加蓄能电厂的投资，那么就会带来以下的问题。

（1）核电项目现金流量不稳定

由于电力市场化改革，国家电网公司不能 100%消纳核电电量，所以需要核电公司自己找市场，面对水电的低成本优势（计划售价 0.25 元/度），核电有些季节则需要降价销售，甚至有可能发出的电卖不出去，发生弃电现象。售电收入的减少则会引起核电项目现金流量减少。

（2）可能引起现有核电企业长期亏损

随着电力市场化程度越来越高，核电售电收入就会越来越少，就有可能导致核电企业亏损严重，给核电事业带来危害。国家当然不愿意看到核电企业因亏损而破产，所以需要测算核电市场化程度多少时可以保本。

（3）还没有开工建设的核电厂重新进行投资决策

还没有开工建设的核电厂需要重新评估当地核电电量的消纳情况，如果可以100%消纳则不需要重新进行投资决策，否则需要重新计算增加的蓄能投资、整个项目现金流量等投资指标，重新审查该项目的可行性。

（4）还没有开工建设的核电厂重新进行融资决策

由于电力市场化程度越来越高，核电售电收入的减少，很可能导致以前可以接受的融资方案变成无法承担其资金成本而导致项目亏损，这样就需要重新进行融资方案的设计。

5.5.2.4 核电投资决策研究基本思路

在一个经典的MM理论世界里，企业价值表现为未来预期自由现金流量的现值，即企业自由现金流量基础的评估模式。一个项目投资的关键决策就是根据项目现金流量计算的净现值，然而预测核电项目的现金流量是个比较复杂的过程。大的方面来说包括售电带来的现金流入量、经营发生的现金流出量（包括企业所得税）、项目投资。

在我国没有电力市场化之前售电带来的现金流入量＝实际供应电量EG×单位电价

＝额定电量REG×(1−电量损失率)×单位电价

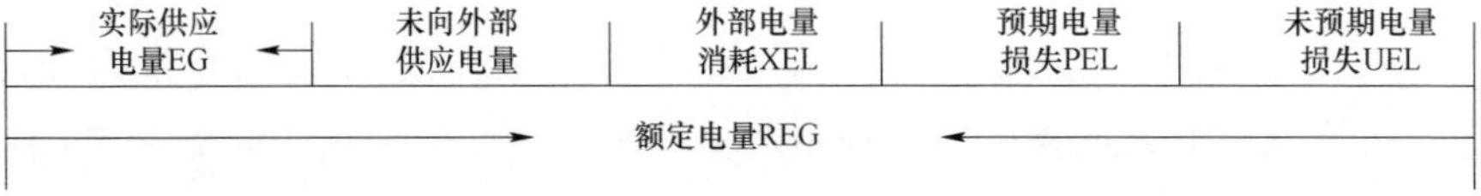

图5.8 核电电量损失图

邹树梁、邓亚玲、刘文君（2015）基于Super-DEA方法建立了核电行业投入产出效率评价模型，验证了该方法不仅能够区分相对有效决策单元的规模效率和技术效率，得出最优决策方案，还能够在分析相对无效决策方案的规模效率和技术效率的基础上进一步提出目标改进措施。

通过调查访谈、阅读文献等方法，测算我国未来若干年电力供需变化趋势，估计我国核电供需矛盾及市场化率；根据核电公司的经营数据计算保本下的核电市场化率；根据市场和核电公司的实际成本得出我国核电市场化率的空间，以此作为政策的依据。再根据建议的核电市场化率建立核电机组投资和融资的决策模型。该模型创建思路如下所示。

（1）计算保本市场化率

利用当前经营数据测算不同市场化率下的经营利润（计算思路见表5.16）。

令经营利润 P 等于零，利用计算模型反求市场化率 M_5，得出保本市场化率；又令经营利润 P 等于考核利润，则再利用计算模型反求市场化率 M_6，得出保障考核利润的市场化率。

表 5.16 利用当前经营数据测算不同市场化率下的经营利润

序号	项目名称	不同市场化率下的各个计算值			
1	市场化率	M_1	M_2	M_3	M_4
2	市场交易电量	$EG \times M_1$	$EG \times M_2$	$EG \times M_3$	$EG \times M_4$
3	配额电量	$EG \times (1-M_1)$	$EG \times (1-M_2)$	$EG \times (1-M_3)$	$EG \times (1-M_4)$
4	售电收入	公式：$S = EG \times M \times 0.357 + EG \times (1-M) \times 0.43$			
		S_1	S_2	S_3	S_4
5	核电成本（相等）	C	C	C	C
6	经营利润	公式：$P = S-C$			
7		P_1	P_2	P_3	P_4
8	反求市场化率	公式：$P = S-C = EG \times M \times 0.357 + EG \times (1-M) \times 0.43-C$			
		令 $P=0$，求得 M_5			
		令 $P=$考核利润，求 M_6			

（2）第三代技术的核电机组投资决策模型

以第三代技术的核电机组为例，根据额定发电量 REG 和负荷因子 LF 测算实际发电量 EG。如果需要核电公司建造蓄能发电厂来调峰则此投资决策模型就需要再增加这一因素的影响。根据表 5.16 计算的保障考核利润的市场化率 M_6 计算市场交易电量和配额电量，则可计算售电现金流入量 CF 和 NPV，具体思路如表 5.17 所示。

表 5.17 第三代技术的核电机组投资决策模型

序号	项目名称	计算逻辑
1	实际发电量	$EG = LF \times REG$
2	售电现金流入量	$CF = EG \times M_6 \times 0.357 + EG \times (1-M_6) \times 0.43$
3	建造成本	C_0 通过调研测算
4	分解经营成本	根据当前三家核电公司历史成本，利用直线回归法分解出固定成本 F 和单位变成本 b
5	机组的变动成本总额	$H = EG \times b$

续表

序号	项目名称	计算逻辑
6	每年的经营净现金流量	NCF = CF–H–所得税 T
7	贴现率	根据核电资本金回报率最低 5%的要求和当前核电公司负债成本率计算加权资金成本率作为贴现率 K
8	净现值	$\text{NPV}=\sum_{t=1}^{n}\frac{\text{NCF}_t}{(1+K)^t}-C_0$
9	反求可行最高造价	令上式 NPV = 0，反求 C_0

参考文献

[1] Tae Ho Woo. Nuclear safeguard assessment in nuclear power plants（NPPs）using loss funLtion with modified random numbers [J]. Annals of Nuclear Energy. 2011.

[2] Christopher R. Jones, J. Richard Eiser, Tim R. Gamble. Assessing the impact of framing on the comparative favourability of nuclear power as an electrcity generating option in the UK [J]. Energy Policy. 2011.

[3] Hung-chih Hung, Tzu-Wen Wang. Determinants and Mapping of LocleLtive Perceptions ofTechnological Risk: The Lase of the SeLond Nuclear Power Plant in Taiwan. Risk Analysis. 2011.

[4] Adam corner, Dan Venables, Alexa Spence, Wouter Poortinga, Christina Demski, NiLkPidgeon. Nuclear power, climate change and energy security: Exploring British publiL attitudes [J]. Energy PoliLy. 2011（9）.

[5] G. I. Toshinsky, O. G. Komlev, K. G. Mel'nikov. Nuclear power technologies at the stage of sustainable nuclear power development [J]. Progress in Nuclear Energy. 2011（7）.

[6] Lei Zhu. A simulation based real options approach for the investment evaluation of nuclear power[J]. computers&Industrial Engineering. 2012（3）.

[7] Ping Hu, Fuyu Zhao, Yun Tai. coordination control and simulation for small nuclear powerplant [J]. Progress in Nuclear Energy. 2012.

[8] Qiang Yan, Anjian Wang, Gaoshang Wang, Wenjia Yu, Qishen chen. Nuclear

power development in china and uranium demand foreLast：Based on analysis of global Lurrent situation ［J］. Progress in Nuclear Energy. 2012（6）.
［9］Natalie Kopytko，John Perkins. CCimate Lhange，nuclear power，and the adaptation–mitigation dilemma ［J］. Energy Policy. 2012.
［10］M. Abbaspour，M. Monavari，A. R. Karbassi et al. Nuclear Power and Its Role in L、LO2 Emissions from the Electricity Generation Sector in Iran. Energy sourLes. Part A，Recovery，Utilization，and Environmental Effects. 2012.
［11］Oh，Y. G，Galin，S. R，Lee，S. J. An Advanced NSSS Integrity Monitoring System for Shin-Kori Nuclear Units 3 and 4. IEEE Transactions on Nuclear Science. 2012.
［12］Ammar A Alsairafi. Energetic and exergetic analysis of a hybrid combined-nuclear power plant. International journal of energy research. 2012.
［13］Inkeri Ruuska，Tuomas Ahola，Karlos Artto，Giorgio LoLateCCi，Mauro Mancini. A new governance approach for multi-firm projects：cessons from Olkiluoto 3 and Flamanvicle 3 nuclear power plant projects［J］. International Journal of Project Management. 2012（6）.
［14］Project Management in NuCCear Power Plant Lonstruction：Guidelines and Experience. IAEA NP-T-2. 7. 2012.
［15］Takeyasu，M，Nakano，M，Fujita，H. et al. Results of environmental radiation monitoring at the Nuclear Fuel cycle Engineering caboratories，JAEA，foCCowing the Fukushima Daiichi Nuclear Power Plant accident. Journal of NuCCear SLienLe and TeLhnology. 2012.
［16］Lhanglai，S，Tsai，H，Tsai，S. et al. Environmental radiation deteLted at Lin Shin hospital in Taichung during the Fukushima nuclear power plant aCCident. Journal of Radiosurgery. 2012.
［17］Carmen Kecler，Vivianne Visschers，Michael Siegrist et al. Affective Imagery and Acceptance of Replacing Nuclear Power Plants. Risk Analysis. 2012.
［18］Magnus Heclstr？m，Inkeri Ruuska，Kim Wikstr？m，Daniel J？fs. ProjeLt governance and path creation in the early stages of Finnish nuclear power projects ［J］. International Journal of Project Management. 2013（5）.
［19］王本富. 浅论核电厂项目投资决策机制在运营公司的应用实践——以中

广核集团公司为例［J］. 中国总会计师，2012，11：143-144.
［20］李发报. 调整现值法（APV）在企业价值评估中的运用［J］. 东方企业文化，2012（8）：274-275.
［21］石琳. 控制核电厂项目采购成本的建议［J］. 中国核工业，2012，06：209-213.
［22］邹树梁，邱文林，刘文君. 核电厂项目投资风险评价指标体系构建［J］. 中外能源，2013，12：25-29.
［23］王镭. 探讨核电厂项目 EPL 总承包方式下的风险管理［J］. 管理观察，2015，13：
［24］伍超，戴剑勇. 投资成本不对称的核电投资期权博弈分析［J］. 中国集体经济，2016，03：50-51.
［25］王健冬. 核电厂项目工程项目成本管理探究［J］. 低碳世界，2016，01：151-153.
［26］于潇，盖兆军. 基于 DEA 模型的核电行业投资效率分析［J］. 商业研究，2016，06：74-80.
［27］顾永哲. 核电厂项目物资采购管理优化探究［J］. 企业技术开发，2016，17：34-36.
［28］刘翔. 浅议核电厂项目固定资产管理体系应用［J］. 现代国企研究，2016，04：104+106.
［29］蒋佳妮，王灿，翟欢欢. 中国核电技术专利国际竞争力研究［J］. 中国科技论坛，2017，5（6）：92-100.
［30］黄德忠，郭珈臣. 基于 APV 方法的核电厂企业投资决策研究［J］. 现代商贸工业，2018（14），116-118.
［31］闫丽蓉，白云生. 新电改对我国核电发展的影响分析［J］. 中国核工业，2015（08）：35-38.
［32］闫修. 新电改政策下核电企业市场营销的挑战与思考［J］. 中国核工业，2015（08）：30-34.
［33］伍浩松，戴定. 2017 年世界核电工业发展回顾［J］. 国外核新闻，2018（02）：20-26.
［34］孙杉. 核电巨头重组对中国核电发展的启示［J］. 中国核工业，2017（11）：10-12.
［35］刘泽栋. 未来核电项目融资管理初探［J］. 中国总会计师，2016（11）：

62-64.

［36］张春杨．多渠道保障我国核电发展资金需求［N］．中国经济导报，2014-10-11（B02）.

［37］冯哲．海外核电市场开发问题探索［J］．产业与科技论坛，2018，17（14）：21-22.

［38］邓琨，于雪峰．全球核电项目融资模式分析［J］．产业与科技论坛，2018，17（21）：268-270.

［39］开发性金融支持核电发展研究课题组，钟小龙．全球核电发展状况及投融资研究［J］．开发性金融研究，2016，6（02）：39-50.

［40］田庆锋，杨清，张银银．核电资产证券化：运营模式、成本以及价值评估［J］．企业经济，2018，37（02）：139-147.

［41］雷振华，雷铭，万娜．核电行业上市公司财务竞争力影响因素实证研究［J］．南华大学学报（社会科学版），2017（1）：5-11.

［42］刘淑莲．企业价值评估与价值创造战略研究——两种价值模式与六大驱动因素［J］．会计研究，2004（09）：67-71.

［43］邹树梁，邓亚玲，刘文君．基于超效率 DEA 的我国核电行业投入产出效率评价［J］．财会月刊，2015（24）：80-84.

第6章

W 核电建设公司财务风险预警管理研究

6.1 绪 论

6.1.1 选题背景与研究意义

6.1.1.1 选题背景

国际上对清洁能源的利用越来越重视，核能作为清洁、高效、低成本的新型能源也逐步成为电力行业的主要生产部门，同时我国也在大力发展核能资源，我国已拥有的核电厂、即将建成的核电厂之和位列世界领先水平。

不可否认的是：核建行业在增长发展的同时，面临的外部风险和内部财务风险也在日益增大。外部风险包括自然因素和政策等。例如：因日本地震引发的福岛第一核电厂事故，我国自 2011 年 11 月便暂停审批所有核电项目，直到 2012 年年底才逐步开放审批。而内部财务风险则来于行业特点和企业自身经营状况。对于核电建筑企业来说，建设核电厂前期需要投入大规模资金，在正常的生产情况下建成一个核电项目也需要很长的生产周期。影响核建企业生产的因素特别广，如遇到自然灾害、社会舆论、政策变化等因素。如：自然环境的影响不仅将延迟生产周期、增加成本费用、降低工程质量，还会影响企业资本回笼，给企业带来财务风险，影响企业发展战略规划；社会舆论的影响来于建设核电厂地区居民对核电厂安全的不信任，2016 年我国某核电厂也因为社会舆论压力搁浅；政策因素影响则如上文所述，暂停审批期间也有一所待建核电项目受到影响暂停；核建工程存在着工期长，不确定性大的问题还会受到很多因素的影响，而这些不确定因素最终都将给企业带来财务风险，所以在项目工程内外都存在财务风险的情况下，更需要全面认识发生各种风险的可能性。

本章选取 W 核电建设公司（以下简称 W 核建公司）作为案例进行分析，通过 W 核建公司的经营状况结合该公司所处的行业特征，反映该公司的财务风险，建立适用于该公司及所属行业的财务风险预警模型，判断 W 核建公司风险大小，找出风险产生的原因并有针对性地提出可供参考的风险防范和应对措施。

6.1.1.2　研究意义

对于风险而言，事前防范相比事后控制更加行之有效。所以，企业在经营管理中，若能尽早发现财务风险，可使风险得到有效的控制。未雨绸缪的前提是我们必须发现最可能不利于研究对象的风险，然后进行监测和控制，进而达到规避风险的目的。

（1）理论意义

本章利用了 AHP 法来保证权重指标的可靠性，结合模糊综合评价法保证构建目标财务风险预警模型的科学性，这样可以简化较为复杂的问题，凸显出不同问题之间的内在关联。相较于单独采用单变量、多变量或 Logistic 预警模型等线性方法更加科学、全面。

（2）现实意义

本章对 W 核建公司建立财务风险预警系统，有利于该公司在风险未爆发前规避风险，找到分析的产生原因，并提供有效的措施来防范风险或在风险发生时做出合理应对，来减小风险给企业带来的损失。本章以 W 核建公司历年财务数据作为纵向比对，以历年国务院国资委财务监督与考核评价局制定企业绩效评价标准值作为横向比对，最终得出 W 核建公司财务风险预警模型。因为 W 核建公司是隶属于土木工程建筑业的大型核电建筑企业，所以本章研究成果对于土木工程建筑业中其他的同类企业有现实参考价值，也可给其他相关行业财务风险预警采用的模型和发放提供参考。

6.1.2 国内外研究现状

6.1.2.1 单变量风险预警模型

20 世纪 30 年代是风险预警启蒙的时间。Fitzpatrick（1932）是最早提出财务风险预警体系思想的专家。他首次利用财务指标评测企业破产，虽然缺少统计学理论基础预测的风险结果也不准确，但是他提出的理论为后来的专家学者提供了非常有研究意义的思路和方向。利用有明显含义的财务指标对财务状况的风险进行研究，虽然仅使用某一个财务指标不能准确的判断财务风险的大小，但是利用财务数据分析财务风险为企业财务管理提供了新思路。Fitzpartric 研究过程中选择了 19 样本数据，并对 19 家企业采用财务比率作为评判因素进行分析预警，结果表明，较适用于单因素风险预警的指标是股东权益、净利润、负债。美国的 William Beaver（1966）在已有研究理论的基础上选取了 158 家企业（其中经营良好企业 79 家，破产企业 79 家）通过增加研究样本的数量保证研究结果的可靠性，经过研究后 Beaver 得出最适用于 158 家样本企业的 5 个指标。并得出结论：资产负债率、资产收益率和债务保障率是单变量分析法中最为准确的三个指标。单变量分析债务法开启了将财务指标与财务风险关联的思路，其优点是操作简便，缺点是分析不全面导致对未来发生财务风险可能的预测不准确。

我国吴世农、黄世忠（1987）从评价的角度对平均数估测法和多变量分析预警模型展开了讨论，并对企业破产的财务风险模型提出了自己的分析看法。陈静（1999）利用 Odom 和 Sharda 的人工神经网络风险预警模型选择了共计 54 家处于同一行业的上市公司（其中 ST 公司 27 家，非 ST 公司 27 家）近三年财务数据进行了财务风险预警分析，并对样本公司重要财务指标进行单变量风险预警分析，同时对逻辑关系意义重大的多个指标综合采用多变量风险预警方法分析。

6.1.2.2 多变量风险预警模型

美国的 Edward Altman（1968）最早提出选择多个变量进行风险预警的方法[3]。并提出 Z 分数模型（适用于上市公司）：

$$Z = 0.012X_1 + 0.014X_2 + 0.033X_3 + 0.006X_4 + 0.999X_5$$

式中：$X_1 =$（流动资产 − 流动负债）÷ 总资产，该值可以反映企业短期偿债能力，数值越大企业财务流动性越强；

X_2 = 留存资产 ÷ 总资产，该指标可以反映企业长期获利情况，该值越大说明企业盈利能力越强；

X_3 = （利润总额 + 财务费用） ÷ 总资产，该指标越大企业财务管理能力越强，财务风险越小；

X_4 = （股票市值 × 股票综述） ÷ 总负责，该比率越高股东资本越安全，企业风险越小；

X_5 = 销售额 ÷ 总资产，该指标反映的是总资产收益率，数值越大说明企业对资本的利用效率越高，风险越小。

计算得出的 Z 值比照表 6.1 Z 分数模型。

表 6.1　Edward Altman Z 分数模型

Z	风险情况
$Z>2.675$	企业经营状况良好
$1.81<Z<2.675$	企业经营状况不稳定
$Z<1.81$	企业处于破产边缘

在该方程中融入了多个变量，综合考虑了多方面因素。通过建立的 Z 分数模型对美国的 33 家企业进行风险预警评价。后来又在实践过程中对公式进行改进，得到了现在被我们熟知的著名 Z 模型，计算得出的 Z 值比照表 6.2 Z 分数模型。

$$Z = 0.017X_1 + 0.847X_2 + 3.11X_3 + 0.420X_4 + 0.998X_5$$

表 6.2　Edward Altman Z 分数模型

Z	风险情况
$Z>2.90$	企业经营状况良好
$1.23<Z<2.90$	企业经营状况不稳定
$Z<1.23$	企业处于破产边缘

Altman、Haldeman、Narayanan（1977）认为 Altman Z 分数模型所选取的 5 个参数数量不能完全准确的预测企业财务风险，所以在此基础上进行改良和优化得到 ZETA 模型：

$$Z = aX_1 + bX_2 + cX_3 + dX_4 + eX_5 + fX_6 + gX_7$$

模型中的 a 等系数不受 X 变量的影响。X_1～X_7 分别表示资产报酬率（当年业绩评价高效指标）；收入稳定性（由人工赋值得来，主观性大）；债务偿还（即利息保障倍数）；累积盈利；流动比率（根据股票最近五年取平均值）；规模。资本化率 ZETA 模型采用了多个变量，引入看全面分析的视角，但是从一定程度上忽略了所选取指标的内部逻辑关系，导致指标相互制约产生冲突，最终可能使得计算得出结果不准确。

周首华（1996）在文章中改进了 Edward Altman 提出的 Z 分数模型并在此基础上提出了新的 F 分数模型：

$$F=-0.177\,4+1.109\,1X_1+0.170\,4X_2+1.927\,1X_3+0.030\,2X_4+0.496\,1X_5$$

周首华改良了原 Z 分数模型中 X_3 和 X_5 参数指标，希望能使财务风险预测结果更加准确。

近年，孙坤等（2014）选取了新三板公司作为样本，以 2010—2012 年作为研究区间展开了财务风险预警研究。研究时将多元回归模型与 Z-Score 计分法相结合，综合分析得出了新三板企业存在财务柔性的特点。并针对该特点提出注意事项、防范以及风险应对措施。王君萍（2016）等根据我国能源行业的现状展开研究，约谈专家学者、实地走访企业，整理、总结、研究最终确定了我国能源行业财务风险模型的 13 个指标。

6.1.2.3　条件概率模型

随时 20 世纪 80 年代数学学科的发展，开始出现了把财务数据用数学方法处理，如 Ohlson（1980）使用对数函数回归的方法研究企业财务风险预警，Zavgren（1985）通过利用概率单位回归的方法来研究财务风险预警。

我国吴世农等（2001）评价了风险预警方法的准确度，包括 Logistic 回归分析法、多元判定法/Fisher 判定法的三种线性方法中哪种方法更能准确的预测财务风险；和评价所选取的净资产报酬率等 6 个财务风险预警指标中哪个指标最能真实反应未来风险状况。根据对所选取的 140 家企业（其中 70 家企业财务状况较差，70 家企业财务状况良好）历史财务数据分析预测出的财务风险来看，作者得出 Logistic 回归分析法是财务风险预警线性方法中最准确的方法，所选取的 6 个财务风险预警指标中净资产报酬率最有参考价值。

6.1.2.4　人工神经网络风险预警模型

Odom 和 Sharda（1990）随着 20 世纪 80 年代人工智能领域成为研究热

点，作者将以人脑网络神经元网络为思路，根据指标内在关系产生的不同连接方式建立起了最初的模型，并根据该模型研究出了财务风险预警模型。研究采用了纵横向结合完整的网络分析了 130 家公司（其中良好经营企业 65 家，破产企业 65 家）近 20 年的财务风险提出人工神经网络方法对财务状况进行预警，经过一定时候后结果得意验证，结论是用该方法得出的预警结果准精确率高。

20 世纪 90 年代开始人工神经网络成为国际研究的热点，我国专家学者对人工神经网络风险预警模型的研究也越来越深入。王春峰等（1999）深入研究了神经网络的特点，提出神经网络有很强的自学性和非线性影射能力，应用于财务风险预警之中准确性更优。耿东等（2014）选取深沪 A 股历史数据，将人工神经网络、BP 神经网络预警模型、Logistic 回归分析法、条件概率模型相结合展开研究。提出了基于 Logistic 的 BP 神经网络动态财务风险预警模型。黄晓波等（2015）选取 98 家制造业上市公司（其中 49 家 ST 公司，49 家非 ST 公司），并利用 BP 神经网络、因子分析，构造了财务风险预警模型。

6.1.2.5 文献评述

风险预警概念的提出和研究最早起源于 20 世纪 30 年代。Fitzpatrick（1932）是最早提出财务风险预警体系思想的专家。他首次利用财务指标评测企业破产，虽然缺少统计学理论基础预测的风险结果也不准确，但是他提出的理论为后来的专家学者提供了非常有研究意义的思路和方向。随着数学和统计学等学科的发展为财务风险预警提供了科学的理论基础，关于财务风险预警的研究也越来越深入，出现了“百花齐放百家争鸣”的研究状况，并呈现不同方法的研究学派。得到学术界广泛认可的是 *Z* 分数模型多变量风险预警模型，以 Edward •Altman（1968）为代表的。随后 Altman，Haldeman，Narayanan（1977）在 Edward • Altman 的 *Z* 分数模型基础上研究和完善提出了 ZETA 模型。20 世纪 80 年代条件概率模型随着对数概率和概率单位等数学理论方法产生，Ohlson（1980）和 Zavgren（1985）最早将数学回归方法引入财务风险预警体系。随着 20 世纪 80 年代人工智能领域成为研究热点，将神经网络与财务风险预警结合的思路被 Odom 和 Sharda（1990）提出，作者研究采用纵横向结合完整的网络分析了 130 家公司（其中良好经营企业 65 家，破产企业 65 家）近 20 年的财务状况提出人工神经网络方法对财务风险进行预警，最终确认该方法准确率高。我国财务风险预警起步于 20 世纪 80 年代，虽然起步较晚但是因为有国外专家学者提出有价值的研究理论和研究方法，所以我国财务风险预警研究自起步开始还是发展较快。最初是吴世农、黄世忠（1987）从评价的角度对平均数估测法和多变量分析预警模型展开了讨论，并对企业破产的财务风险模型提出了自己的分析看法。之后多位专家学者不断研究发展了财务风险预警在我国企业的实用性，对不同时期不同行业都给出了可供参考的可靠文献。

综上所述，虽然关于企业财务风险预警已有大量有价值的研究，但是还是有不足之处。第一，通用的财务风险预警模型缺乏现实意义，不是所有行业都适用，因为不同行业的财务状况特点不尽相同，即使是同一行业不同规模的企业之间也会存在差异，所以财务风险预警体系要有针对性，这样才能更加准确的预测企业未来的风险状况。第二，模糊评价法能提高权重比率的准确性，但是仍需要专家赋值，若有任何主观因素带入其中，研究的客观性将受到极大的影响。总而言之，我们仍要对财务风险预警的体系和方法继续探而求索，最终提高风险预警的准确性，降低企业风险，促进企业发展。

6.1.3 研究方法和研究内容

6.1.3.1 研究方法

本章从财务风险预警的角度对 W 核建公司运营中存在威胁企业生存发展的不确定性因素进行了分析。使用模糊综合评价法对相关财务数据进行计算，利用得出结果预测 W 核建公司可能发生的财务风险，并有针对性地提出解决方案。本章研究方法如下所示。

（1）案例研究

本章在整理了国内外与财务风险预警相关理论的基础上，对模糊数学隶属理论进行一定的探究后，将其整合入本章中，运用改进后的模糊评价法使财务风险预警适应性与准确性更强。同时也结合 W 核建公司 2014—2016 年的财务情况进行案例研究与风险预测。结合该公司的实际经营状况，将财务数据运用模糊综合评价法计算，求出具体财务风险的风险值后与风险评级标准值进行比对，得出结果后结合企业行业背景与自身实际情况研究不符合标准值的指标带来风险可能的大小。最后综合考虑各指标增减幅度对企业财务状况的影响，得出 W 核建公司总体风险的大小，发挥自身的优势，重点加强企业自身短板的管理和控制降低财务风险的可能。

（2）定性与定量相结合的方法

要获得较为准确的 W 核建公司财务风险预警预测，研究必须在足够多的可靠样本条件上。本章以 W 核建公司近三年财务指标与行业标准值进行比对，确保的本章研究的原则和方法科学有效。在得到准确可靠的计算结果后结合上文参考的国内外文献理论对 W 核建公司的财务风险状况进行分析和预警。

6.1.3.2　研究内容

本章利用模糊综合评价法和隶属矩阵算法相结合的方法，依据 W 核建公司历史财务数据和土木工程建筑业行业标准值作为可靠数据来源建立该公司财务风险预警体系。具体内容如下所示。

第一部分绪论。本部分主要首先介绍了我国核能企业的发展环境。然后表述了研究 W 核建公司财务风险预警可为该公司和同行业及相关行业提供预警研究方法和预警系统的参考，最后介绍文本主要采用的研究方法和研究内容。

第二部分为相关理论介绍。阐述了风险发生具有不确定性且会带来损失的概念，和盈利风险、营运风险、偿债风险、发展风险这四类财务风险，以及风险存在复杂性、不确定性、收益性和损失性和客观性的四个特征。最后介绍建筑行业含义、特征和财务风险。

第三部分为 W 核建公司财务风险预警模型的建立。从盈利风险状况、营运风险状况、偿债风险状况、发展风险状况综合分析 W 核建公司经营管理状况，根据该公司实际财务管理状况确定财务风险预警指标值的选取，最后运用模糊综合评价法建立递阶层次结构。

第四部分 W 核建公司财务风险预警分析。利用 W 核建公司 2015 年财务数据报表和国务院国资委财务监督与考核评价局制定 2015 企业绩效评价标准值，利用已经建立的 W 核建公司财务风险预警模型计算该公司 2015 年风险评价 Z 值，并通过 2016 年该公司状况验证模型准确性。最后使用该公司 2016 年财务数据对公司下一年度的财务风险进行风险预警分析。

第五部分为 W 核建公司财务风险形成的原因及防范措施。分析 W 核建公司偿债能力风险、盈利能力风险和发展风险产生的原因，并有针对性地提出风险未发生时的防范措施和风险发生时的应对策略。

6.2 相关理论

6.2.1 财务风险相关理论

6.2.1.1 风险与财务风险的概念

（1）风险

风险主要描述的是一种不确定性，具体是指存在特定环境和一段时期内，由各种因素综合影响而发生的不确定性从而使分析主体遭受损失以及遭受损失的可能性。使分析主体遭受损失的严重程度以及发生损失的可能性决定了风险的大小程度。风险由不确定性、可度量性以及损失性这三个基本要素构成。首先，风险是否会发生是不可预知的，但发生风险的可能性大小是可以度量的；其次，由于风险一旦发生，或多或少都会给经营主体带来损失，所以近年来人们越来越重视风险并开始广泛应用风险预警系统。

（2）财务风险

财务风险是企业最为常见的一种风险，是关于企业生产经营过程中与财务状况有关的风险。财务风险的定义分别从广义和狭义角度介绍。

狭义财务风险。早起财务风险的概念是由经营过程中的负债过大无法同时偿还所有债权人的款项引起的。狭义风险指的是企业因无法偿还债务导致企业破产的不确定性。

广义财务风险。广义的财务风险考虑的是企业经营过程中各种财务指标可能带来的无法估计和控制的不确定因素。并且这些因素会对企业的持续经营和发展前景造成不少影响。相比狭义财务风险而言，广义财务风险理论更符合当前财务管理要求，对当前财务管理的理论参考价值更大。

6.2.1.2 财务风险的种类

W 核建公司于近年国内 A 股上市，根据 W 核建公司财务报表公开的数据，可以从偿债风险、营运风险、盈利风险和发展风险这四个指标来评估企业面临的财务风险，所以本章从这四个方面进行财务风险分析和预警。

（1）偿债风险

偿债风险是指企业在经营过程中负债较多，而企业自身缺少现金或较难获得短期融资，导致企业偿债困难的可能性。企业负债可以在税前扣除，起到税盾的作用，从而提高资本利用率，提升股票价值。但负债过高会损害相关利益者中投资者的利益，也容易资金断裂，所以要根据企业实际情况保持合适的资产负债率，建立完善的偿债保障机制。

（2）营运风险

营运风险是指企业在经营过程中遇到的各种不确定因素，比如，销售规模短期内有较大幅度的扩大，赊销过多资金回笼时间长，营运资金被大量占用等，造成企业在经营中资金周转困难，从而导致企业产生经济损失的可能性。

（3）盈利风险

盈利风险直接影响到企业的偿债能力、营运能力和发展能力。盈利风险是指由于各种因素影响导致企业无法达到预期收益，甚至亏损的风险。

（4）发展风险

企业发展风险，是指企业在生产经营中由于内外部原因，如国家政策变动、企业内部资金不足、技术条件限制等，造成企业无法扩大生产规模或者无法打开市场，从而导致发展潜力很小的风险。

6.2.1.3　财务风险的基本特征

财务风险是企业各方面风险在财务上的集中体现，主要有四个特征：第一，复杂性。财务风险的产生原因，影响它的各种因素，其给企业产生的影响都是错综复杂的。第二，不确定性。企业的财务活动本身就是复杂的，即使我们以现成的企业经营资料以及丰富的财务经验为依据对企业未来的财务风险状况进行预测，所得出的关于财务风险情况的结论，在实际情况中也不一定会发生。比如：对一个企业财务活动进行预测得出的结论是将来发生财务风险的可能性较小，但实际上却产生了较大的损失。第三，收益性和损失性。企业的目的就是盈利，而财务风险的发生必然会给企业带来损失，另外，如果可以提前预测企业活动可能会产生的财务风险并采取有效的措施进行防范，将风险和损失降到最低，那么企业仍然可以获利，这就是财务风险的收益性和损失性。第四，客观性。一个企业的运营不是自己可以决定的，它受企业所处行业在特定时期内的发展状况、同行业竞争对手的发展策略、客户需求变化等因素影响，因此，企业财务风险是客观的、不可避免的。

6.2.2 财务风险预警的相关理论

6.2.2.1 财务风险预警的概念

预警的概念最早来于美国军队，单雷达探测到敌军战机入侵国土时马上发出危险警报声。类比而言，财务风险的预警可以理解为：企业经营中各种不确定的财务指标因素带来的不确定性风险就是敌军战机，而财务人员就是侦查敌军入侵的雷达，一旦雷达发现敌军战机入侵马上拉响危险警告。简而言之，财务人员发现财务指标因素带来的不确定性风险的可能进行预测，当预测结果对企业正常经营产生不利影响时，向企业管理者发出警报。要做到敏锐发现“敌情”，需要风险预警管理人员充分掌握企业经营活动中的所有信息，在自身足够了解行业运营流程和自身企业经营方式的基础上，选择适当的财务风险预警方法来预测企业未来发生风险可能性的大小，以达到在风险未发生时规避风险或面对不可避免的风险时将损失降到最低有效地应对风险的目的。

6.2.2.2 财务风险预警的功能

在定义中文中用战机表达了雷达风险预警的含义，其实雷达和财务风险预警的功能也十分相似。雷达不断向大气发射电磁波监测领空情况发出警报，是财务风险预警的信息收集功能；雷达通过敌军飞机位置和飞行速度预测险情等级，是财务风险预警的预测功能；雷达预测出险情后采取应对措施，是财务风险预警的治疗功能；雷达根据敌军入侵最危险的路径指导战略部署，是财务风险预警的防御功能。

（1）信息收集功能

不断收集企业所有经营产生的信息对其进行处理，筛选掉无关信息保存有效的信息，掌握最新企业实时的信息。充分掌握正常营业条件下企业和整个行业财务指标的正常值和波动周期，一旦企业财务数据偏离标准值时，立刻向企业管理者发出危险警报。

（2）预测功能

雷达通过敌军飞机位置和飞行速度预测险情等级，风险预警则是通过将异常值同企业历年财务数据和行业数据进行比对判断风险的大小。风险预警判断风险大小评价风险风机需要考虑诸多方面：包括企业自身营运状况、行业发展环境、相关政策影响、自然环境、社会舆论等。企业只有在信息收集功能良好的情况下，综合分析仔细研究才能得出更准确地风险评价结果。

（3）治疗功能

在战争中雷达虽然没有攻击性，但对敌军战机却有着强大的威慑力，当战机暴露在敌军的视野中时，战机只能落荒而逃寻找下一次进攻机会。类比财务风险预警也有类似的功能，当企业监测到财务风险发生的可能时，及时采取措施应对可以有效地化解财务风险，使企业财务恢复健康状况。

（4）防御功能

财务风险的发生是随机的，我们可以汇总企业经历的所有财务风险分析风险来源、研究处理方法、评价解决效果为以后财务风险提供参考，通过财务风险预警系统，可以不断发现企业在各个阶段以及各个项目中的财务风险，找出原因以及解决方案，从而保障企业健康长远发展。

6.2.3　模糊数学的隶属度理论

美国自动控制专家扎德（L.A.Zadeh）首创了模糊数学的隶属度理论，首次提出“隶属函数”，将客观世界不易定量的因素用模糊这个概念与精确的数学方法联系起来。模糊评价法在隶属度理论的基础上，将客观世界不易定量的因素定量化，进而给分析对象做出一个总体评价的方法。模糊综合评价法是将模糊评价法与 AHP 法相结合进行综合评价的一种方法。

首先，利用 AHP 法对企业的财务活动进行分析，可以更加系统的分析企业的总目标、子目标、多准则等各个方面，分析条理更加清晰，层次分明。此外，AHP 法可利用权重量化计算每个层次中的因素对结果的影响程度，明确总目标中各子目标的重要程度。其次，在实际分析过程中，如果企业经营活动全都采取定性分析的话，很难得出准确结论；如果全都采取定量分析，很多指标又很难量化。因此，本章运用模糊综合评价法来进行企业财务风险预警，不仅可以层次分明，重点突出，还可以适当的定量分析模糊现象，从而得出精准的财务风险等级标准。最后，为避免风险评价过程中专家赋值的主观性特点，本章还会利用升半阶梯型隶属度函数对财务报表数据进行分析。

6.2.4　土木工程建造业特征和风险

6.2.4.1　土木工程建造业特征

建筑企业即是依法成立，拥有法人代表，以盈利为目的从事工程与建筑类施工的经济组织，建筑企业的施工范围包括了公路、铁路等道路的施工，以及楼房建造、桥梁的施工等。建筑企业在经营中被称作承包商，包括具有全过程工程承包特点的总承包，对专门工程项目承包方式的专项承包以及施工承包等三种形式 W 核建公司在施工承包特点上即归类于总承包方式。

建筑企业工程建造管理具有十分明显的特征，第一，对管理要求高，这主要是由于建筑企业工程建造中面临的施工复杂，工程时间很长，而且施工人员庞大，这就是使其管理存在困难的原因。第二，由于施工企业特有的性质，导致工程施工中受自然与国家政策变化影响较大，因此工程在管理过程中面临巨大的不确定性，这要求管理要精细化。第三，建筑企业的发展是一种积淀的过程，相较于国外建筑企业在项目管理上成熟高效、承包业务完善的情况，我国建筑企业还需要有很大的提升前景，这就要求建筑企业的管理形成项目式的管理方式。

6.2.4.2　土木工程建造业风险

企业财务风险贯穿企业生产流程的多个环节，财务风险的产生来源于企业财务流程控制中存在的缺陷，包括以下几点：第一，筹资风险，即企业在生产经营过程中，由于企业无法偿还债权人对企业贷款筹集相应资金应负有偿还借款与利息的偿还权的风险。第二，投资风险即是企业在资本扩张，扩大生产规模的投资过程中导致损失的风险。第三，收益分配风险，这种风险是由于企业对其收益分配给股东及债权人之后，可能导致企业在持续经营过程中带来的不确定因素。

建筑企业的财务风险由于工程施工的特点，导致相区别于一般企业，一般而言，建筑企业财务风险根据工程施工流程可以分为：工程投标期间的投标财务风险，在工程合同签订阶段的签订合同风险，在具体施工阶段产生的资金短缺、筹集、回收等风险以及在工程项目完工阶段的收入确认以及收益分配风险等。

（1）投标阶段的财务风险——投标风险

核电建设企业的投标过程是价格竞争的过程，各单位通过报出各种低廉的价格目的在于能获得工程施工承包的权力，正是由于竞争对手在竞标过程中不惜代价的压低价格，导致企业也不得不与竞争对手一样尽量降低价格，否则建筑企业赖以生存的市场将被挤压，这也就使得企业由于投标的成本过高，而受益却存在巨大的变动而使得企业存在亏损的风险，这也就是核电建设企业在投标过程中面临的财务风险。

（2）合同签订阶段的财务风险——合同签订风险

建筑企业在工程前的环节即是与发包商的合同签订过程，在这个过程中，由于建筑企业急于揽到工程任务的迫切心理被某些业主加以利用，在签订合同过程中不平等条款被强迫的加到合同中，以至于建筑企业在一开始就处于非常不利的地位，甚至陷入合同陷阱。有的业主招标发包时要求承包商签定固定造价合同，或预付投标保证金，来达到将将物价变动风险转嫁给承包商的目的。

（3）项目施工和资金结算阶段的财务风险

资金短缺风险：项目在施工过程中资金的需求巨大，若资金不足会导致原材料供应紧张，应付职工薪酬不能按时支付，项目工程无法持续进行，这也就影响了工程施工进度从而导致无法履行项目合同，这一系列的“蝴蝶效应”给企业带来的损失将无法估量。

（4）资金筹集的风险

建筑施工企业在保证运营过程中，对资金的需求是十分巨大的，尤其对于W核建公司，为使得资金能充足流动，该公司需要通过抵押相应的不动产等向银行贷取所需款项，以维系正常资金运行，这种筹资过程事实上将给企业带来财务风险，如果工程收益不足，企业将难以按期偿还相应欠款。

（5）成本亏损风险

一般将直接材料、直接人工、施工机械使用费、施工间接费等几项内容统称为工程成本这一综合指标。通常在工程投标时通过投标报价确定工程造价，如果是固定造价合同，在后续的施工过程中，受到例如劳动力市场、材料市场、设备市场等外部市场经济因素以及企业内部经营管理因素影响，使得市场价格的上涨，或者是由于企业在经营管理方面存在问题，这也导致了企业的成本提高，使得收益无法补偿相应的成本支出。

（6）利润形成与分配阶段的财务风险

利润分配的风险主要是由于企业在利润分配过程中，并未综合考虑企业在生产过程中的需求，导致将过多的收益向企业利益相关者分配，给企业今后的生产经营活动带来不利影响的可能性，主要表现在企业偿债能力的改变和对企业再生产规模的影响等。利润分配的时间、形式和可供分配的利润金额等因素都在核电建筑企业利润分配时需要考虑的，这是因为，其一，许多企业在生产过程中好高骛远，片面追求收益而导致无法紧密联系实际，片面追求股东权益，可能导致债权人的利益也将会受到影响；其二，对投资者的利润分配如果减少了，这虽然会是企业保留的盈余增加从而减少对外部融资的需求，但是这会挫伤投资者的积极性，企业的声誉和价值会受到严重影响。

综上所述，在投标阶段、签订合同阶段、项目施工和资金结算阶段、利润形成与分配阶段核电建筑企业都有可能面临种种财务风险，核电建筑企业的财务状况和经营成果会受到上述任何一种财务风险的影响，核电建筑企业的财务风险之间存在着相互依存、相互制约的关系，一旦某种财务风险控制不当就会引起与之相关的一系列财务风险，由于这种财务风险具有动态性特点，核电建筑企业的财务风险在项目建设进程各个过程中都有可能出现，造成企业的财务损失。

6.3 W 核建公司财务风险预警模型

6.3.1 W 核建公司简介

W 核建公司于 2010 年改组成立，经过国务院批准进军核能工程、军工领域，几年后批准在国内 A 股上市，企业分类为土木工程建造业。

6.3.2 W 核建公司财务管理现状分析

根据 W 核建公司近三年公布的财务数据对该公司的生产经营情况做出分析。分析包括：盈利能力状况、资产质量状况、债务风险状况、经营增长状况四个方面。

6.3.2.1 盈利能力状况

盈利能力是指企业运用投入资产获取利润的能力，也可以理解为企业资本增值的能力，一般通过投入与产出比和资本增值两个角度进行分析。本章参照国务院国资委财务监督与考核评价局制定 2016 企业绩效评价标准值有关于盈利能力状况的指标结合行业标准来分析 W 核建公司盈利能力状况，主要选取：净资产收益率、总资产报酬率、销售利润率、成本费用利润率四个指标如表 6.3 所示。

表 6.3 W 核建公司盈利能力状况指标

指标	营业利润率/%	总资产报酬率/%	净资产收益率/%	成本费用利润率/%
2014 年	2.53	2.82	16.73	2.80
2015 年	3.10	2.22	13.52	3.50

续表

指标	营业利润率/%	总资产报酬率/%	净资产收益率/%	成本费用利润率/%
2016年	3.07	1.91	9.85	3.43
平均值	5.5	2.3	4.5	3.2
优秀值	11.1	6	12.1	9.2

营业利润率是评判企业盈利能力好坏的重要的指标之一。W核建公司近三年营业利润率在2.5%～3.1%之间波动，2016年营业利润率低于行业平均水平44.2%。这表明W核建公司营业利润率在同行业处于较低水平，若企业不提高营业利润率可能会使企业出现销售渠道不畅、技术开发落后、人才流失等现状逐渐失去竞争优势。

总资产报酬率体现的是净利润与总资产的比值，体现的是投入与产出比，该指标数值越大表示资本利用效率越高。W核建公司总资产报酬率2015年较上年下降21.32%，2016较上年下降14.16%呈现减速下降的趋势。2016年W核建公司总资产利用率低于全行业平均值处于较低值水平，结合减速下降的趋势综合分析，该公司总资产报酬率指标存在一定风险，可能对公司盈利能力产生不利影响。

净资产收益率体现的是净利润与净资产的比值，从该比值来看数值越大越能给企业带来收益。W核建公司净资产收益率2015年较上年下降19.18%，2016年较上年下降27.15%总体呈现加速下降的趋势。但综合考虑该公司2015年发行股票增加了较多净资产，但这些净资产还没有这么快产生收益所以2016年W核建公司净资产收益率9.85%总体而言较好，但仍需要企业对净资产收益率情况加强重视。

成本费用利润率，就是在某个特定时间内，企业的利润总额与成本费用总额的比值。一般而言成本费用利润率越高，利润越大，说明企业盈利能力越好。相反而言，则利润越小，说明企业盈利越差。W核建公司成本费用利润率2015年较上年增长25%，2016年较上年降低2%，趋于稳定。W核建公司2016年成本费用利润率为3.43%，高于行业平均值7.2%，并且数值趋于相对稳定，所以成本利润率会给W核建公司带来有利影响。

上文四个指标对盈利能力影响的大小为：营业利润率＞总资产报酬率＞净资产收益率＞成本费用利润率。由上文可知，W核建公司销售利润率较低，总资产报酬率较低，净资产收益率良好，成本费用利润率一般。对W核建公司盈利能力影响较大的两个指标营业利润率和总资产报酬率较低，净资产收益率和成本利润率虽然情况良好但不会对W核建公司盈利能力造成决定性的影响。综上所述，W核建公司盈利能力状况较差。

6.3.2.2 资产质量状况

资产质量是指企业在经营管理过程中发挥作用的质量，如：变现质量、被利用质量等。总资产周转率是体现资本被利用质量的关键指标，一般地，企业资产总资产周转率越高，资金被利用质量越高，那么资产质量状况也就越好。相反，则资金被利用质量越低，资产质量状况越差。

由表6.4（W核建公司资产质量状况指标）可知，W核建公司近三年总资产周转率分别是：2014年1.15（次）、2015年0.75（次）、2016年0.67（次），2015年较上年降低34.78%，2016年较上年降低10.67%，W核建公司总资产周转率在减速下降，该公司2016年总资产周转率高于行业平均值，若以减速下降数学模型推算该公司总资产周转率未来两年将处于安全水平，所以总资产周转质量状况较好。

表6.4 W核建公司资产质量状况指标

指标	总资产周转率/次	应收账款周转率/次	存货周转率/次
2014年	1.15	4.11	3.29
2015年	0.75	3.19	2.01
2016年	0.67	2.99	1.71
平均值	0.5	3.5	3.4
优秀值	1.1	10.9	5.7

应收账款周转率体现的是应收账款的变现质量，应收账款周转率数值越高它的流动性越强，变现质量越高。相反应收账款周转率越低，流动性越弱，变现质量越差。由表6.4（W核建公司资产质量状况指标）可知，W核建公司近三年应收账款的周转率分别是：2014年4.11（次）、2015年3.19（次）、2016年2.99（次），2015年较上年降低22.28%，2016年较上年降低6.27%呈减速下降趋势。2016年W核建公司较我国建筑行业应收账款周转次数标准值3.5低15%且未来可能继续下降，所以W核建公司应收账款周转质量状况较差，未来可能给W核建公司生产经营带来风险。

企业存货周转率体现的是存货的变现质量，存货周转率数值越高它的流动性越强，变现质量越高。相反存货周转率越低，流动性越弱，变现质量越差。由表 6.4（W 核建公司资产质量状况指标）可知，W 核建公司近三年存货周转率分别是：2014 年 3.29（次）、2015 年 2.01（次）、2016 年 1.71（次），2015 年较上年降低 38.91%，2016 年较上年降低 14.93%，呈减速下降趋势。2016 年 W 核建公司较我国建筑行业应收账款周转次数标准值 3.4 低 49.7%且未来可能继续下降，所以 W 核建公司存货周转质量状况较差，未来可能给该公司生产经营带来风险。

上文三个指标对资产质量影响的大小为：总资产周转率＞应收账款周转率＞存货周转率。由上文可知，W 核建公司总资产周转质量较好，应收账款周转质量较低，存货周转质量较低。总资产周转率对企业资产质量影响最大，W 核建公司总资产周转率良好，且应收账款周转率和存货周转率虽然指标值较低但包含与总资产周转率之中。综上所述，总体而言 W 核建公司资产质量较好，处于安全水平，但需要加强对应收账款和存货流动效率的管理。

6.3.2.3　债务风险状况

负债风险是指企业经营过程中获取的收益无法负担负债产生的资本成本或是经营过程中出现资金链短缺导致的资金链断裂致使无法偿还负债的财务风险。针对负债风险的含义以及参照国资委发布的企业绩效评价标准值，本章选取资产负债率和速动比率作为负债风险指标值展开研究。

资产负债率是总负债与总资产的比值，反应的是企业长期偿债能力。一般地，总资产负债率越高，企业偿还负债能力越低，企业经营中潜在财务风险发生可能性越大。相反，总资产负债率越低，企业偿还负债能力越强，企业经营中潜在财务风险发生可能性越小。由表 6.5（W 核建公司负债风险指标）可知，

表 6.5　W 核建公司负债风险指标

指标	资产负债率/%	速动比率/%
2014 年	89.6	55
2015 年	86.7	60
2016 年	85.8	56
平均值	70	91.2
优秀值	59	142.4

W 核建公司近三年资产负债率分别是：89.6%、86.7%、85.8%，2015 年较上年降低 3.24%，2016 年较上年降低 1.04%，缓慢转好并趋于稳定。2016 年 W 核建公司较我国建筑行业资产负债率标准值 70 高 22.6%且未来一段时间可能维持现状，所以 W 核建公司资产负债率过高，长期偿债能力方面可能给该公司带来财务风险。

速动比率是速动资产与流动负债的比值，反应的是企业短期偿债能力。一般地，速动比率越高，企业短期偿债能力越强，因资金短缺导致企业潜在财务风险发生可能性越小。相反，速动比率越低，企业短期偿债能力越低，因资金短缺导致企业潜在财务风险发生可能性越大。由表 6.5 可知，W 核建公司近三年速动比率分别是：55%、60%、56%，2015 年较上年增长 9.09%，2016 年较上年降低 6.67%，速动比率数值范围处于 55%～60%之间。2016 年 W 核建公司较我国建筑行业速动比率标准值 91.2%低 38.6%且未来一段时间无法达到行业平均值，所以 W 核建公司速动比率过低，短期偿债能力方面可能给该公司带来财务风险。

W 核建公司资产负债率和速动比率分别反映了该公司长期与短期偿债能力。通过上述分析可知 W 核建公司长期与短期偿债能力较低，潜在财务风险发生可能性较大，综上所述该公司财务风险状况较差。

6.3.2.4 经营增长状况

销售增长率是企业销售增长额与上年销售收入的比值，反映的是企业成长状况和发展能力的重要指标。销售增长率数值越大，表明该企业的增长速度越快，企业市场前景越好。相反，销售增长率数值越小，表明该企业的增长速度越慢，企业市场前景越不被看好。

由表 6.6（W 核建公司经营增长状况指标）可知，W 核建公司近三年资产负债率分别是：19.67%、−8.55%、1.06%，2015 年较上年降低 143.46%，2016 年较上年增长 112.42%，指标波动大。2016 年 W 核建公司较我国建筑行业销售增长率标准值 1.8 低 41.1%，且从 2014 年销售收入波动明显增长后，销售增长率均低于行业标准值。这说明 W 核建公司销售收入存在较大的不确定性，企业销售收入无法稳定增长，所以该公司销售增长率的不确定性可能阻碍企业未来发展前景。

表 6.6 W 核建公司经营增长状况指标

指标	销售增长率/%	销售利润增长率/%	总资产增长率/%
2014 年	19.67	30.42	33.96
2015 年	−8.55	0.97	27.59
2016 年	1.06	14.12	16.63
平均值	1.8	4.9	13.2
优秀值	16.9	21.7	34

销售利润增长率是企业销售利润增长额与上年销售利润的比值，反映的是企业利润增长的情况。销售利润增长率数值越大，表明该企业的获利能力越好。相反，销售利润增长率数值越小，表明该企业的获利能力越差。由表 6.6（W 核建公司经营增长状况指标）可知，W 核建公司近三年销售利润增长率分别是：30.42%、0.97%、14.12%，2015 年较上年降低 96.81%，2016 年较上年增长 1 354.50%，指标波动大。2016 年 W 核建公司较我国建筑行业销售利润增长率平均值 4.9 高 188.16%，且近三年销售利润总体处于上升态势所以销售利润增长率较好。这说明该公司销售利润增长率状况较好。

总资产增长率反映的是企业资产增长的情况。总资产增长率数值越大，表明该企业的资产增长速度越快，企业市场扩张越快。相反，销售增长率数值越小，表明该企业的资产增长速度越慢，企业市场发展缓慢。由表 6.6（W 核建公司经营增长状况指标）可知，W 核建公司近三年总资产增长率分别是：33.98%、27.59%、16.63%，2015 年较上年降低 18.74%，2016 年较上年降低 39.74%，呈减速下降趋势。2016 年 W 核建公司较我国建筑行业总资产增长率标准值 13.2%高 20.63%，且近三年销售收入波动明显增长后销售增长率均高于行业平均值。这说明 W 核建公司资产增长态势良好，所以该公司有一定的资产作为企业发展扩张的基础。

结合上文分析，W 核建公司销售增长率波动较大且低于行业平均水平，而总资产增长迅速好于行业平均水平。这说明 W 核建公司存在资本投入与销售收入不平衡的状况，若这种总资产增长与销售收入不协调发展的情况继续下去，可能导致资产投入越大企业利润率越低的情况，进而使得盈利能力状况产生较大的财务风险。综上所述，W 核建公司经营增长状况存在发生财务风险的可能。

6.3.3 财务风险预警指标体系的构建

6.3.3.1 财务风险预警指标体系选取原则

构建财务风险预警指标体系的第一步就是合理地选择预警参考的指标。合理准确的选择风险预警指标，能有效的在发生财务风险可能之前，来规避财务风险的发生。所以选取正确有效地财务风险预警参考指标，是整个风险预警指标体系基础而又重要的准备工作。而选择风险预警指标要遵从如下六个原则：全面性、重要性、科学性、客观量化性、可比性和可操作性原则。

全面性是指分析企业财务方面某项能力时要全面地分析问题，如考虑经营增长率时需要考虑销售增长率和总资产增长率的内在联系，并非总资产越多越好，而需要总资产与业务销售收入协调发展。

重要性是指不同指标可能共同反映企业财务方面的某项能力但影响的大小是不同的，如分析盈利能力状况时营业利润率指标是最为关键的，从很大程度上体现了企业的盈利能力和在行业中所处的水平，所以一定要选择评价某项指标时最为重要的指标。

科学性是指要使用与时俱进的方法来选取财务数据，如上文研究财务风险状况时短期偿债能力，参照国务院国资委财务监督与考核评价局制定 2016 企业绩效评价标准值，采用的是速动比率指标，这表明经权威机构研究对于土木工程建筑行业特性选取速动比率是科学准确的。

客观量化性是指企业财务数据和参考数据真实可靠，处理方法简单明了，将财务数据转化成量化的分数时正确得当，最终得到真实有效的结果。

可比性是指企业财务指标要能从企业自身过往数据比较，以及能和同期同行业的企业进行横向比较，进而分析企业财务状况优劣，判断企业财务风险发生可能性的大小。

可操作性是指，可从正常途径获取真实有效反映企业生产经营的财务数据，这些数据的获取方法可行，获取的成本合理。

6.3.3.2 财务指标的选取

财务风险对企业的持续经营和发展前景有很大的影响，风险发生可能性小的企业发展前景好，风险较大的企业可能因为资金短缺的问题影响企业的生存。本章参照国务院国资委财务监督与考核评价局制定的企业绩效评价标准值，分析财务风险要素后定义了财务风险要素第一级指标，分别是：盈利能力、偿债能力、营运能力和发展能力。本着全面性、重要性、科学性、客观量化性、可比性和可操作性原则，根据 20 篇相关文献进行统计，过程见附录表 D、附表 E，最终二级指标选取结果如图 6.1 所示。

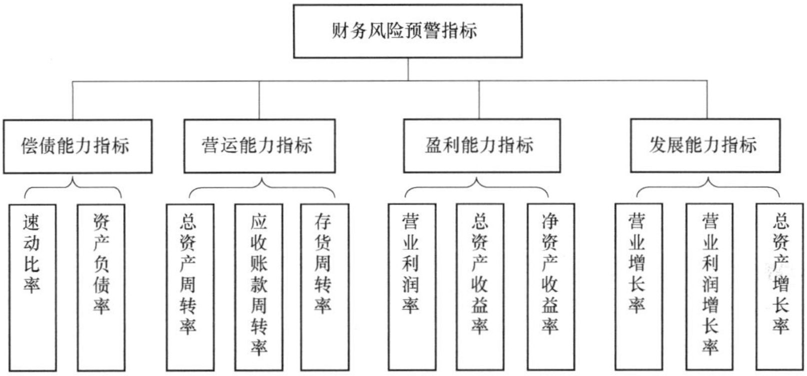

图 6.1　财务风险预警指标

6.3.4　W 核建公司财务风险预警模型建立

本章参照国务院国资委财务监督与考核评价局制定的土木工程建筑企业绩效评价标准值，分析财务风险要素后定义了财务风险要素第一级指标，分别是：盈利能力、偿债能力、营运能力和发展能力。各第一级指标隶属第二级指标分别如下盈利能力指标：营业利润率、总资产收益率、净资产收益率；偿债能力指标：速动比率、资产负债率；营运能力指标：总资产周转率、应收账款周转率、存货周转率；发展能力指标：营业增长率、营业利润增长率、总资产增长率。

6.3.4.1　基于 AHP 的指标权重的确定

AHP 概述：AHP 分析法是由美国 Satty TL 提出用于解决复杂问题的研究方法，研究思路主要是将整体分离，然后根据重要性、科学性和逻辑性等研究原则将问题逐层分解，最终分解到可以有效提取到可靠数据作为研究样本为最终层。其中的关键步骤是构建整体层次结构图，确定清晰的层次关系；然后研究利用何种数学模型、数学方法最能符合研究目标的需求，选取后用客观的计算方法计算隔层比例，最后获得客观的组合权重数据。

（1）构造递阶层次结构

较复杂的事物一般也可以通过三层逻辑关系找到现象对结果的关系。递阶层次结构的构建是依据这种内在的逻辑关系进行构建的，所以递阶层次也分为三层分别是：目标层、准则层和元素层。目标层顾名思义就是指研究期待得到的结果，准则层是判断影响目标层主要方面的各种可能因素，元素层是保障研究客观性的基础，即元素层指标是可量化有操作价值的数据。

（2）构造比较判断矩阵

判断矩阵如下：

$$\boldsymbol{B}=\begin{bmatrix} b_{11} & b_{12} & \dots & b_{1n} \\ b_{21} & b_{21} & \dots & b_{2n} \\ \cdots & \cdots & \cdots & \cdots \\ b_{n1} & b_{n2} & \dots & b_{nn} \end{bmatrix}$$

本章 b_{ij} 由参考 20 篇相关文献获得，分析数据及过程见附表 D。

判断矩阵 $\boldsymbol{B}$ 应具有以下特性：

$$b_{ii}=1; b_{ij}=\frac{1}{b_{ji}}(i, j=1, 2, \cdots, n); b_{ij}=\frac{b_{ik}}{b_{jk}}(i, j=1, 2, \cdots, n)$$

（3）下面两个步骤检验矩阵的合理性：

计算一致性指标： $\mathrm{CI}=\dfrac{\lambda_{\max}-n}{n-1}$

计算一致性比率： $\mathrm{CR}=\dfrac{C_i}{R_i}$

其中 $\lambda_{\max}$ 为矩阵 $\boldsymbol{B}$ 的最大特征值；一致性比率小于 0.1 时矩阵 $\boldsymbol{B}$ 通过检验。

（4）计算方案层组合权重

（5）计算方案层 P_i 相对应上层的准则 C_k 的权重

$$Q=(m_1, m_2, \cdots, m_n)^{\mathrm{T}}$$

$$q_i=\sqrt[n]{(\pi_{j=1}^{n} b_{ij})}\text{，}\ i=1, 2, \cdots, n$$

归一化处理

$$W_i=m_i / \sum_{i=1}^{n} m_i$$

计算得出组合权重

利用上一步计算得到的 P_i 相对于 C_k 的权重以及 C_k 相对于总目标的权重，进一步计算 P_i 相对于总目标的权重，也就是组合权重。

$$V=(v_1、v_2、v_3、v_4、v_5、v_6、v_7、v_8、v_9、v_{10}、v_{11})$$

6.3.4.2　W 核建公司财务风险指标体系权重计算

（1）利用 AHP 构建方法，构造财务风险预警指标体系递阶层次结构。如图 6.2 所示。

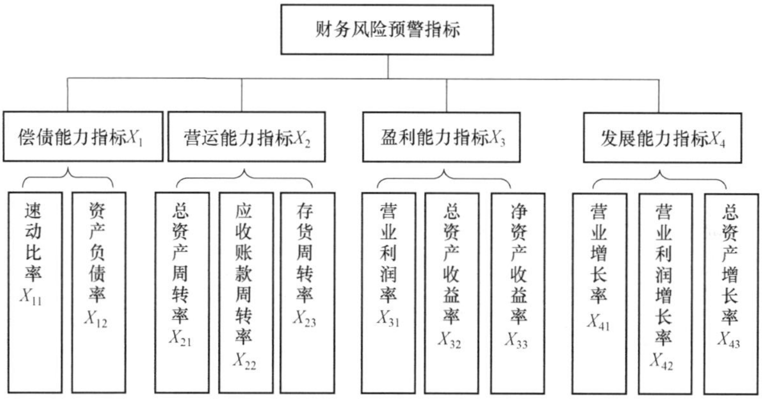

图 6.2　递阶层次结构

先建立第二层 X_1、X_2、X_3、X_4，相对于第一层次 X 的判断矩阵，通过 X_1、X_2、X_3、X_4，之间两两比较得到。

$$\boldsymbol{B}=\begin{bmatrix} b_{11} & b_{12} & \cdots & b_{1n} \\ b_{21} & b_{21} & \cdots & b_{2n} \\ \cdots & \cdots & \cdots & \cdots \\ b_{n1} & b_{n2} & \cdots & b_{nn} \end{bmatrix}$$

b_{ij} 表明元素 p_i 与 P_j 相对于其上一层的准则 C_k 来讲的重要性。可以根据专家经验或大数据资料获得。为了将不易定量的数据量化，采用数值 1～9 表示两两比较的重要程度。

根据上文及图 6.2 统计分析所建立的层次递阶结构模型，进一步对相关数值的重要性两两比较，比较过程见附录表 F～表 I，最终得到判断矩阵如下：

$$\boldsymbol{B}=\begin{bmatrix} 1 & 1/6 & 1/9 & 1/4 \\ 6 & 1 & 1/2 & 2 \\ 9 & 2 & 1 & 3 \\ 4 & 1/2 & 1/3 & 1 \end{bmatrix}$$

同理：

$$\boldsymbol{B}_1=\begin{bmatrix}1 & 1/2\\ 2 & 1\end{bmatrix}\qquad \boldsymbol{B}_2=\begin{bmatrix}1 & 3 & 5\\ 1/3 & 1 & 2\\ 1/5 & 1/2 & 1\end{bmatrix}$$

$$\boldsymbol{B}_3=\begin{bmatrix}1 & 7 & 5\\ 1/7 & 1 & 1/2\\ 1/5 & 2 & 1\end{bmatrix}\qquad \boldsymbol{B}_4=\begin{bmatrix}1 & 3 & 6\\ 1/3 & 1 & 2\\ 1/6 & 1/2 & 1\end{bmatrix}$$

（2）计算组合权向量

将矩阵 $\boldsymbol{\beta}$ 中的元素作归一化处理，得到

$$D=\{d_{ij}\}，\ d_{ij}=\frac{a_{ij}}{\sum_{k=1}^{n}a_{kj}}$$

计算得：$\boldsymbol{D}=\begin{bmatrix}1/20 & 1/22 & 2/35 & 1/25\\ 3/10 & 3/11 & 9/35 & 8/25\\ 9/20 & 6/11 & 18/35 & 12/25\\ 1/5 & 3/22 & 6/35 & 4/25\end{bmatrix}$

将 $\boldsymbol{D}$ 中各行的元素相加 $\beta_i=\sum_{k=1}^{n}d_{ik}$ 计算得：

$$\boldsymbol{\beta}=\begin{bmatrix}0.192\ 6\\ 1.150\ 0\\ 1.989\ 7\\ 0.967\ 8\end{bmatrix}$$

将向量 $\boldsymbol{\beta}$ 作归一化处理，得到 $\boldsymbol{\alpha}$ 是所求最大特征值对应的特征向量。计算得

$$\boldsymbol{\alpha}=\begin{bmatrix}0.044\ 8\\ 0.267\ 4\\ 0.462\ 7\\ 0.225\ 1\end{bmatrix}$$

计算一致性指标

计算一致性指标：$\mathrm{CI}=\frac{\lambda_{\max}-n}{n-1}$，$\lambda_{\max}$ 为矩阵 $\boldsymbol{B}$ 的最大特征值。

计算一致性比率：$\mathrm{CR}=\frac{C_i}{R_i}$，当 CR＜0.1 时符合要求。

由此得到 X_1、X_2、X_3、X_4，对 X 的相对重要性权重向量为：

Q=（0.044 8，0.267 4，0.462 7，0.225 1），此为财务预警一级指标权重。

X_{11}、X_{12} 对 X_1 的相对重要性权重向量为 $Q_1 = (0.333\ 3, 0.666\ 7)$；

X_{21}、X_{22}、X_{23} 对 X_2 的相对重要性权重向量为 $Q_2 = (0.648\ 0, 0.229\ 8, 0.122\ 2)$；

X_{31}、X_{32}、X_{33} 对 X_3 的相对重要性权重向量为 $Q_3 = (0.738\ 0, 0.094\ 4, 0.167\ 6)$；

X_{41}、X_{42}、X_{43} 对 X_4 的相对重要性权重向量为 $Q_4 = (0.666\ 7, 0.222\ 2, 0.111\ 1)$；

以上为财务预警指标二级权重。

表 6.7　W 核建公司财务指标权重

一级指标	二级指标	指标权重
偿债能力（0.044 8）	速动比率	0.333 3
	资产负债率	0.666 7
营运能力（0.267 4）	总资产周转率	0.648 0
	应收账款周转率	0.229 8
	存货周转率	0.122 2
盈利能力（0.462 7）	营业利润率	0.738 0
	总资产收益率	0.094 4
	净资产收益率	0.167 6
发展能力（0.225 1）	营业增长率	0.666 7
	营业利润增长率	0.222 2
	总资产增长率	0.111 1

（3）计算组合权重

计算得：

$$V = (0.014\ 9, 0.029\ 9, 0.173\ 3, 0.061\ 4, 0.032\ 7,\\ 0.360\ 9, 0.026\ 1, 0.075\ 7, 0.150\ 1, 0.05, 0.025)$$

其中盈利能力权重最大，营运能力和发展能力的权重相近，偿债能力权重最小。

6.3.4.3　基于模糊评价法的预警模型的建立

（1）模糊评价法概述

模糊综合评价法是由美国学者艾登提出的综合评价方式。这种方式需要借助模糊数学理论和方法作为研究工具，运用上文所介绍的层次分析法作为逻辑依据，将事物内在逻辑关联和不能直观得到的数据进行结合来得到最为客观、有效的预警结果。因为这种分析方法理论依据充分，适应性广，所以对于很多学科都有广泛应用。本章研究就是将模糊评价法与风险预警模型相结合，期待得到更准备的风险预警模型。

（2）基本原理

① 模糊综合评价指标体系的构建与确定权重指标

构建合理的模糊综合评价体系是后阶段的基础，研究从结果到现象的逻辑关系逐级建立体系关键的分层，达到提高分析准确性的目的。是根据所选取的各种指标在最终结果中重要性的大小来确定各指标在研究中相对应的权重。该步骤已在上文完成，不做赘述。

② 确定评语集

评语集是将得分转化成 m 个评价的等级，当得到评价值的时候和评价集进行比对。预警风险因素集为 $U_i=\{\mu_1,\mu,\cdots,\mu_m\}$，方案层评判集取自土木工程建筑企业绩效评价标准值设为 $Y_i=\{y_{i1},y_{i2},\cdots,y_{im}\}$；通过参考大量文献综合分析核建行业财务状况最终得出评判集 $V=\{V_1,V_2,\cdots,V_m\}=\{$安全、轻度、中度、重度、严重$\}$五个等级，对应分值设为 $\{100,80,60,40,20\}$。

③ 确定评价矩阵

通过确定指标体系与评语集之间的隶属函数，同时对所得到的隶属函数进行归集得到模糊评价矩阵。本章构建两级映射关系：

方案层对于准则层的映射 $U_i\rightarrow f(R_i)\{\mu_{i1},\mu_{i2},\cdots,\mu_{im}\}$

方案层元素指标 $U_i=\{\mu_1,\mu_2,\cdots,\mu_m\}$ 关于评判集 $Y_i=\{y_{i1},y_{i2},\cdots,y_{im}\}$ 映射后可得元素层集合 $R_i=\{r_{i1},r_{i2},\cdots,r_{im}\}$。

准则层对于目标层的映射 $R_i\rightarrow f(V_i)\{r_{i1},r_{i2},\cdots,r_{im}\}$

本章图 6.2 已求出相对权重指标集合 Q_i 在此基础上第一步计算出隶属矩阵 R_i。

利用公式 $$A=Q_i\bullet R_i$$

得到本章财务风险预警系统一级模糊综合评价矩阵。

④ 确定最终评价结果

本章得出的财务风险预警系统一级模糊综合评价矩阵向一级财务评判集 $V=\{V_1,V_2,\cdots,V_m\}$ 映射，可以得到财务风险预警 Z 值，最终获得预警结论。

根据：$V=\{100,80,60,40,20\}$；

$$C=Q\bullet A$$

$$Z=C\bullet V$$

计算可得出核建行业企业财务风险预警 Z 值，与集合 V 比对方能获得企业财务风险评级。

表 6.8　W 核建公司财务风险预警状况对照表

Z 值范围	警情	说明
(80，100]	安全	财务状况正常，风险极小
(60，80]	轻度风险	少数指标不理想，风险较小
(40，60]	中度风险	部分指标异常，财务状况不稳定
(20，40]	重度风险	大部分指标不正常，财务风险很高
[0，20]	严重风险	绝大多数指标异常，财务状况恶化

6.4　W 核建公司财务风险预警分析

首先利用上文构建的财务风险预警模型对 W 核建公司 2016 年财务状况进行风险分析，将分析结果与 2016 年实际经营状况相比较，以验证风险预警模型的准确性。然后对 W 核建公司 2017 年财务状况进行风险预警分析。

6.4.1　财务风险预警指标计算

在建立了 W 核建公司财务风险预警指标体系及预警模型后，将公司 2014—2016 年的财务数据应用于财务风险预警，对公司的财务风险进行分析。根据 W 核建公司会计年报中资产负债表数据，对照财务风险预警模型，对 2014 年至 2016 年的财务数据进行了梳理与选择，整理后的财务数据如表 6.9 所示。

表 6.9　W 核建公司 2014—2016 年部分财务数据　　万元/人民币

主要会计数据	2014 年	2015 年	2016 年
营业收入	4 480 075	4 097 002	4 140 499
营业成本	4 042 084	3 622 988	3 701 648
营业税金及附加	142 005	123 970	34 698
销售费用	897	1 483	7 279
管理费用	143 797	160 526	205 871
财务费用	40 059	56 252	53 866

续表

主要会计数据	2014 年	2015 年	2016 年
资产减值损失	16 553	36 964	36 157
投资收益	9 626	7 762	9 769
对联营企业和合营企业的投资权益	422	3 198	3 165
营业利润	104 419	105 433	120 322
营业外收入	10 397	23 823	12 037
营业外支出	1 614	2 402	5 358
非流动资产处置净损失	869	902	2 479
利润总额	113 202	126 854	127 000
净利润	78 054	91 258	93 076
归属于母公司所有者的净利润	71 248	79 753	79 851
少数股东损益	6 806	11 505	13 225
总资产	4 479 843	5 716 021	6 666 522
总负债	4 013 209	5 040 965	5 721 464

6.4.2 模糊综合评价结果

6.4.2.1 2015 年财务风险预警分析结果及检验

（1）确定各预警指标的隶属度矩阵

根据表 6.10，求出隶属度矩阵 $\boldsymbol{R}$ 为：

$$\boldsymbol{R}=\begin{bmatrix} r_{11} & r_{12} & \cdots & r_{1n} \\ r_{21} & r_{22} & \cdots & r_{2n} \\ \cdots & \cdots & \cdots & \cdots \\ r_{n1} & r_{n2} & \cdots & r_{nm} \end{bmatrix}$$

表 6.10 评价指标数值表

一级指标	二级指标	预警指标数值		
		2016 年	2015 年	2014 年
偿债风险	速动比率/%	56.00	60.00	55.00
	资产负债率/%	85.82	89.96	89.58

续表

一级指标	二级指标	预警指标数值		
		2016 年	2015 年	2014 年
营运风险	总资产周转率/次	0.67	0.80	1.15
	应收账款周转率/次	2.99	2.92	4.11
	存货周转率/次	1.71	2.01	3.29
盈利风险	营业利润率/%	1.74	2.23	2.23
	总资产收益率/%	1.15	1.16	2.38
	净资产收益率/%	16.73	9.89	22.38
发展风险	营业增长率/%	19.67	8.55	1.06
	营业利润增长率/%	0.11	12.06	23.25
	总资产增长率/%	33.96	54.81	−3.87

本章 $n=11$，$m=5$。$r_1 \sim r_5$ 是依次对应评判集 $V=\{v_1, v_2, \cdots\cdots v_m\}=\{$安全、轻度、中度、重度、严重$\}$。

$$r_{i1}(x)=\begin{cases}1 & x \geqslant a_{i1} \\ \dfrac{x-a_{i2}}{a_{i1}-a_{i2}} & x \in (a_{i1}, a_{i2}) \\ 0 & x \leqslant a_{i2}\end{cases}$$

$$r_{i2}(x)=\begin{cases}\dfrac{x-a_{i3}}{a_{i2}-a_{i3}} & x \in (a_{i3}, a_{i2}) \\ \dfrac{x-a_{i1}}{a_{i2}-a_{i1}} & x \in (a_{i3}, a_{i2}) \\ 0 & \text{其他}\end{cases}$$

$$r_{i3}(x)=\begin{cases}\dfrac{x-a_{i4}}{a_{i3}-a_{i4}} & x \in (a_{i4}, a_{i3}) \\ \dfrac{x-a_{i2}}{a_{i3}-a_{i2}} & x \in (a_{i3}, a_{i2}) \\ 0 & \text{其他}\end{cases}$$

$$r_{i4}(x)=\begin{cases}\dfrac{x-a_{i5}}{a_{i4}-a_{i5}} & x \in (a_{i5}, a_{i4}) \\ \dfrac{x-a_{i3}}{a_{i4}-a_{i3}} & x \in (a_{i4}, a_{i3}) \\ 0 & \text{其他}\end{cases}$$

$$r_{i5}(x)=\begin{cases}1 & x \geqslant a_{i5} \\ \dfrac{x-a_{i4}}{a_{i5}-a_{i4}} & x \in (a_{i4}, a_{i3}) \\ 0 & x \leqslant a_{i4}\end{cases}$$

其中 x 是表 6.10 中计算得到的财务风险评价指标值，与 a_{i1}、a_{i2}、a_{i3}、a_{i4}、a_{i5} 分别对应，参考值如表 6.11 所示。

表 6.11　2015 年房屋和土木工程建造业的企业绩效评价标准值

一级指标	二级指标	预警指标数值				
		优秀值	良好值	平均值	较低值	较差值
偿债风险	速动比率/%	113.2	104.5	89.5	77.5	65.9
	资产负债率/%	59	65	70	85	90
营运风险	总资产周转率/次	1.1	0.9	0.5	0.2	0.1
	应收账款周转率/次	11.2	7.9	4.4	3.2	2.2
	存货周转率/次	6.2	4.5	3.9	1	0.3
盈利风险	营业利润率/%	10.2	8.1	4.9	3.1	1.2
	总资产收益率/%	5.1	3.4	2.1	0.8	0.1
	净资产收益率/%	17.3	10.4	6.2	1.8	-4.2
发展风险	营业增长率/%	20.5	13.7	5	-4.8	-18.1
	营业利润增长率/%	21.8	13.9	6	-4.5	-18.4
	总资产增长率/%	27.4	18	13.1	8.4	-0.7

根据表 6.10 和表 6.11 以及 6.4.2.1 节中公式得到下表 6.12。

表 6.12　W 核建公司 2015 年指标隶属度矩阵

一级指标	二级指标	二级模糊评判矩阵				
		很安全	较安全	一般	较危险	很危险
		r_1	r_2	r_3	r_4	r_5
偿债风险	速动比率					1
	资产负债率				0.360 0	0.640 0
营运风险	总资产周转率		0.250 0	0.750 0		
	应收账款周转率				0.720 0	0.280 0
	存货周转率			0.35	0.65	

续表

一级指标	二级指标	二级模糊评判矩阵				
		很安全	较安全	一般	较危险	很危险
		r_1	r_2	r_3	r_4	r_5
盈利风险	营业利润率				0.540 0	0.460 0
	总资产收益率			0.510 0	0.490 0	
	净资产收益率	0.450 0	0.550 0			
发展风险	营业增长率				0.720 0	0.280 0
	营业利润增长率		0.770 0	0.230 0		
	总资产增长率	1				

根据表 6.12，得到 W 核建公司单因素判断矩阵：

$$\boldsymbol{R}_1=\begin{bmatrix}0 & 0 & 0 & 0 & 1\\ 0 & 0 & 0 & 0.360\ 0 & 0.640\ 0\end{bmatrix}$$

$$\boldsymbol{R}_2=\begin{bmatrix}0 & 0.250\ 0 & 0.750\ 0 & 0 & 0\\ 0 & 0 & 0 & 0.720\ 0 & 0.280\ 0\\ 0 & 0 & 0.350\ 0 & 0.650\ 0 & 0\end{bmatrix}$$

$$\boldsymbol{R}_3=\begin{bmatrix}0 & 0 & 0 & 0.540\ 0 & 0.460\ 0\\ 0 & 0 & 0.510\ 0 & 0.490\ 0 & 0\\ 0.450\ 0 & 0.550\ 0 & 0 & 0 & 0\end{bmatrix}$$

$$\boldsymbol{R}_4=\begin{bmatrix}0 & 0 & 0 & 0.720\ 0 & 0.280\ 0\\ 0 & 0.770\ 0 & 0.230\ 0 & 0 & 0\\ 1 & 0 & 0 & 0 & 0\end{bmatrix}$$

（2）对公司财务风险进行一级模糊综合评判

因为，$A=Q_1\cdot R_1$

且：$Q_1=(0.333\ 3, 0.666\ 7)$；

$Q_2=(0.648\ 0, 0.229\ 8, 0.122\ 2)$；

$Q_3=(0.738\ 0, 0.094\ 4, 0.167\ 6)$；

$Q_4=(0.666\ 7, 0.222\ 2, 0.111\ 1)$；

所以：偿债风险 $A_1=(0, 0, 0, 0.240\ 0, 0.760\ 0)$；

营运风险 $A_2=(0, 0.162\ 0, 0.528\ 8, 0.244\ 9, 0.064\ 3)$；

盈利风险 $A_3=(0.075\ 4, 0.092\ 2, 0.048\ 1, 0.444\ 8, 0.339\ 5)$

发展风险 $A_4=(0.111\ 1, 0.171\ 1, 0.051\ 1, 0.480\ 0, 0.186\ 7)$

由此，得到 W 核建公司风险预警一级模糊综合评价矩阵为：

$$A=\begin{bmatrix} 0 & 0 & 0 & 0.240\ 0 & 0.760\ 0 \\ 0 & 0.162\ 0 & 0.528\ 8 & 0.244\ 9 & 0.064\ 3 \\ 0.075\ 4 & 0.092\ 2 & 0.048\ 1 & 0.444\ 8 & 0.339\ 5 \\ 0.111\ 1 & 0.171\ 1 & 0.051\ 1 & 0.480\ 0 & 0.186\ 7 \end{bmatrix}$$

可以看出 W 核建公司只有营运能力在安全范围之内，偿债能力、盈利能力、发展能力都存在较大危险，其中偿债风险问题最大。

（3）二级模糊综合评判

已知：$Q=(010448, 0.267\ 4, 0.462\ 7, 0.225\ 1)$；

$A=(0.059\ 9, 0.124\ 5, 0.175\ 2, 0.390\ 1, 0.250\ 4)$；

又有：$C=Q \cdot A$；$Z=C \cdot V$；$V=(100, 80, 60, 40, 20)$；

计算得：$Z=47.1$。与表 6.12 对比结果为中度风险。其中偿债风险、营运风险以及发展风险较大，其中权重较大的指标：营业利润率、速动比率和营业增长率的指标值都处于风险较大水平。这意味着偿债能力、盈利能力和发展能力存在一定的风险，其中盈利能力给企业带来财务风险的可能性最大。2015 年对于 W 核建公司的预警情况与公司的实际经营状况基本吻合，预警结果与企业现状一致，由此可以验证对 W 核建公司构建的风险预警模型是科学有效的。

6.4.2.2 2016 年财务风险预警分析结果及检验

（1）确定各预警指标的隶属度矩阵

根据表 6.11、表 6.12 使用 6.4.1.2.1 节中公式，对照评判集 $V=\{v_1, v_2, \cdots, v_m\}=$ {安全、轻度、中度、重度、严重}求出隶属度矩阵 $\boldsymbol{R}$ 为表 6.13 W 核建公司 2016 年指标隶属度矩阵所示。

表 6.13 2016 年房屋和土木工程建造业的企业绩效评价标准值

一级指标	二级指标	预警指标数值				
		优秀值	良好值	平均值	较低值	较差值
偿债风险	速动比率/%	114.8	106.2	91.2	79.3	67.7
	资产负债率/%	59	65	70	85	90
营运风险	总资产周转率/次	1.1	0.9	0.5	0.2	0.1
	应收账款周转率/次	10.8	7.5	4	2.8	1.8
	存货周转率/次	5.7	4	3.4	1.9	0.3

续表

一级指标	二级指标	预警指标数值				
		优秀值	良好值	平均值	较低值	较差值
盈利风险	营业利润率/%	11	8.7	5.3	3.3	1.3
	总资产收益率/%	5.8	4.1	2.8	1.5	0.8
	净资产收益率/%	15.8	9.5	5.7	1.6	−4.6
发展风险	营业增长率/%	18.2	11.3	2.6	−7.3	−20.7
	营业利润增长率/%	20.7	12.8	4.9	−5.7	−19.6
	总资产增长率/%	26	16.6	11.7	6.9	−2.2

根据表 4.11 和表 4.12 以及 6.4.1.2.1 节中公式得到表 6.14。

表 6.14　W 核建公司 2016 年指标隶属度矩阵

一级指标	二级指标	二级模糊评判矩阵				
		很安全	较安全	一般	较危险	很危险
		r_1	r_2	r_3	r_4	r_5
偿债风险	速动比率					1
	资产负债率				0.836 0	0.164 0
营运风险	总资产周转率		0.425 0	0.575 0		
	应收账款周转率			0.158 3	0.841 7	
	存货周转率				0.881 2	0.118 8
盈利风险	营业利润率				0.220 0	0.780 0
	总资产收益率				0.500 0	0.500 0
	净资产收益率	1				
发展风险	营业增长率			0.844 4	0.155 6	
	营业利润增长率			0.548 1	0.451 9	
	总资产增长率	0.003 2	0.996 8			

根据表 6.14，得到 2016W 核建公司单因素判断矩阵：

$$\boldsymbol{R}_1=\begin{bmatrix}0 & 0 & 0 & 0 & 1\\ 0 & 0 & 0 & 0.836\ 0 & 0.164\ 0\end{bmatrix}$$

$$\boldsymbol{R}_2=\begin{bmatrix}0 & 0.425\ 0 & 0.575\ 0 & 0 & 0\\ 0 & 0 & 0.158\ 3 & 0.841\ 7 & 0\\ 0 & 0 & 0 & 0.881\ 2 & 0.118\ 8\end{bmatrix}$$

$$\boldsymbol{R}_3=\begin{bmatrix}0 & 0 & 0 & 0.220\ 0 & 0.780\ 0 \\ 0 & 0 & 0 & 0.500\ 0 & 0.500\ 0 \\ 1 & 0 & 0 & 0 & 0\end{bmatrix}$$

$$\boldsymbol{R}_4=\begin{bmatrix}0 & 0 & 0.844\ 4 & 0.155\ 6 & 0 \\ 0 & 0 & 0.548\ 1 & 0.451\ 9 & 0 \\ 0.003\ 2 & 0.996\ 8 & 0 & 0 & 0\end{bmatrix}$$

（2）对公司财务风险进行一级模糊综合评判

因为，$A=Q_1 \cdot R_1$

且：$Q_1=(0.333\ 3, 0.666\ 7)$；

$Q_2=(0.648\ 0, 0.229\ 8, 0.122\ 2)$；

$Q_3=(0.738\ 0, 0.094\ 4, 0.167\ 6)$；

$Q_4=(0.666\ 7, 0.222\ 2, 0.111\ 1)$；

所以：偿债风险 $A_1=$（0，0，0，0.557 4，0.442 6）

营运风险 $A_2=$（0，0.275 4，0.409 0，0.301 1，0.014 5）

盈利风险 $A_3=$（0.167 6，0，0，0.209 6，0.622 8）

发展风险 $A_4=$（0，0.110 7，0.684 7，0.204 2，0）

由此，得到 W 核建公司风险预警一级模糊综合评价矩阵为：

$$\boldsymbol{A}=\begin{bmatrix}0 & 0 & 0 & 0.557\ 4 & 0.442\ 6 \\ 0 & 0.275\ 4 & 0.409\ 0 & 0.301\ 1 & 0.014\ 5 \\ 0.167\ 6 & 0 & 0 & 0.209\ 6 & 0.622\ 8 \\ 0 & 0.110\ 7 & 0.684\ 7 & 0.204\ 2 & 0\end{bmatrix}$$

从 2016 年风险预警一级模糊综合评价矩阵可以看出 W 核建公司营运能力与发展能力在安全范围之内，偿债能力、盈利能力存在较大危险，较 2015 年而言发展能力有所改善。

（3）二级模糊综合评判

已知：$Q=(010448, 0.267\ 4, 0.462\ 7, 0.225\ 1)$

$A=(0.077\ 5, 0.0.098\ 6, 0.263\ 5, 0.248\ 4, 0.311\ 9)$

又有：$C=Q \cdot A$；$Z=C \cdot V$；$V=(100, 80, 60, 40, 20)$

计算得：$Z=47.6$；与表 6.14 对比结果为中度风险。财务风险计量 Z 值高于 2015 年，说明较上年而言 W 核建公司财务风险状况有所好转，但营业利润率、速动比率和营业增长率的指值仍处于风险较大水平。

6.5　W 核建公司财务风险形成的原因

6.5.1　从盈利能力角度分析

本章选取衡量盈利能力的财务指标有 3 个，包括营业利润率、总资产收益率和净资产收益率（见表 6.15）。即公司的盈利能力取决于企业通过经营获取利润的能力，报酬实现效果及公司利用自有资本的效率。

表 6.15　盈利能力财务指标分析表

序号	财务指标	优秀值	平均值	实际值	标准权重
1	营业利润率/%	11	5.3	1.74	0.738 0
2	总资产收益率/%	5.8	2.8	1.15	0.094 4
3	净资产收益率/%	15.8	5.7	16.73	0.167 6

营业利润率是评判企业盈利能力好坏的重要的指标之一。W 核建公司近三年营业利润率在 2.5%～3.1%之间波动，2016 年营业利润率低于行业平均水平 44.2%。这表明该公司营业利润率在同行业处于较低水平。

通过对 W 核建公司的系统分析，我们发现 W 核建公司在经营过程当中仍存在不少问题，对于这些问题我们都需要制定相关的措施来应对。W 核建公司的主要问题是成本费用管理问题，那我们在制定政策时候主要着重在此。

（1）关于成本管控问题，在具体的财务核算中，对每项成本费用的支出都必须严格把控，对于每项成本支出的合规性，合理性都要审核到位，成本的支出都必须在公司的预算管理当中，每月，每季度的成本费用支出都不能超出预算，对相关的执行要进行奖赏惩罚活动，比如对执行到位的部门机构可以升级本月或本季度的绩效考核等级。

（2）关于费用管理问题。W 核建公司关于三大类费用：销售费用、管理费用、财务费用，虽然已经制定了相关政策，但是在具体的执行系统并未完全与制定挂钩，该公司业务范围较大，费用支出类别较多，公司应该设置专门岗位对三大类费用审核，比如销售费用审核由专门的岗位审核批复，专业性的审核能够减少费用支出不合理问题，同时应该将审核的业务出错率计入相关人员的绩效考评当中。

（3）应收账款问题

W 核建公司在应收账款管理方面也不到位，工程结算滞后性严重，很多应收账款拖欠时间在 3 年以上，甚至存在大额账款无法追回的现象，对企业资产的安全性造成了影响。如 W 核建公司 2016 年应收账款为 157.8 亿元人民币，坏账准备为 9.42 亿元人民币。其中：期末单项金额重大并单项集体坏账准备的应收款，为已申请破产西安光华亨通制药有限公司 0.2 亿元人民币、已破产香港核瑞建设集团公司 0.16 亿元人民币，小计 0.36 亿元人民币。期末单项金额不重大并单项集体坏账准备的应收款 0.26 亿元人民币，收回可能性小。因金融资产转移而终止的收账款 0.25 亿元人民币。其他应收款坏账准备小计 1.18 亿元人民币。坏账的产生不仅增加了公司的财务风险，还影响了公司正常化的经营。

营业利润至关重要，它的好坏同时影响企业其他关键性财务指标，譬如营业利润率和净利润，以及总资产收益率和净资产收益率。通过对上述情况分析研究，发现公司成本费用的管控对公司的盈利能力有着重要的关系，管控是否到位直接影响盈利能力的升降。除此之外，公司还缺乏相应的监管审核体系，这也是成本费用管理不到位的问题。

6.5.2　从偿债能力角度分析

本章选取衡量偿债能力的财务指标有 2 个，包括速动比率和偿债比率。即公司的偿债能力取决于企业用其资产偿还长期负债与短期负债维持企业持续经营的能力。

由表 6.16（偿债能力财务指标分析表）可知，2016 年 W 核建公司较我国建筑行业总资产周转率标准值 70%高 22.6%，且未来一段时间可能维持现状，所以 W 核建公司资产负债率过高，在长期偿债能力方面可能给该公司带来财务风险。

表 6.16　偿债能力财务指标分析表

序号	财务指标	优秀值	平均值	实际值	标准权重
1	速动比率/%	114.8	91.2	54.67	0.333 3
2	资产负债率/%	59	70	89.58	0.666 7

由表 6.16（偿债能力财务指标分析表）可知，2016 年 W 核建公司较我国

建筑行业速动比率标准值 91.2%低 38.6%且未来一段时间无法达到行业平均值，所以 W 核建公司速动比率过低，在短期偿债能力方面可能给该公司带来财务风险。

（1）财务管理控制能力不足

企业对资金周转率的控制力较低。近三年来，W 核建公司的存货周转率、应收账款周转率和总资产周转率不高，并处于下降趋势。资金周转率低，可能导致存货（资产）所占资金成本率过高，使得企业需要支付更多的资金成本，如：资金筹集费用和资金占用费用。若企业正常经营，较低的资金周转率会使得企业净利润减少。如果企业资金链短缺，必须通过拆借等借贷行为度过危机，迫使企业牺牲利润来化解财务风险。

（2）预算管理制度不足

W 核建公司在 2016 年营业外支出比 2015 年增加了 2 156 万元人民币，约为上期 123.1%，其中非流动性资产处置增加 1 577 万元人民币，较上年增长 228%，其他科目增加 2 057 万元人民币，较上年增加 389%，营业外支出的其他科目增加比率过高，是由于企业在预算管理方面的工作不到位，才会在其他科目出现于此高的增长率。

6.5.3 从发展能力角度分析

投入与收益不匹配。2015—2016 年 W 核建公司对下属子公司经营活动和投资活动投入资金较大，资金投入增加意味着资金成本与财务风险的增加。2016 年经营活动现金流净额流出 27.31 亿元人民币、投资活动现金流净流出 13.73 亿元人民币，这表明 W 核建公司增加了约 40 亿元人民币资金用于拓展业务市场，但 2016 年较上年净利润反而减少了 0.33 亿元人民币。

根据表 6.15 的财务信息以及财务指标分析，可得知 W 核建公司旗下三大子公司的经营及盈利的基本情况是 W 核建公司 A 子公司与 B 子公司资产总额较 2015 年均有增加，收入总额与上年同期基本持平，子公司产生净利润与上年也基本持平，这表明总体而言 W 核建公司现阶段盈利能力较弱，增加现金流出从一定程度上来说存在潜在风险。

（1）企业资源分配不合理

财务指标表明：第一，部分占用资源较多的子公司发展势头良好。A 公司与 B 公司将资产转化为收入的能力强，2016 年对两家子公司增资超过 20%应该符合企业战略。第二，部分占用较大资源的子公司无法创造与其占用资源相匹配的利润。W 核建公司财务有限公司这家子公司占用了企业总资产的 11.45%，在收入占比 0.46%的前提下，2016 年净利率为 36.84%。综合来看该子公司净利率并不可靠，因为该子公司创造的收入与占用的资产明显不匹配，致使净利率中分母远小于预期值，导致该子公司净利率虚高。W 核建公司对部分子公司资产分配的情况不合理，若将现金流继续注入这部分子公司可能会给企业创造利润带来负担，影响企业盈利能力进而产生财务风险。

表 6.17　W 核建公司主要子公司财务指标

下属子公司名称	年度	资产总额/亿元人民币	收入总额/亿元人民币	净利润/亿元人民币	资产占比/%	收入占比/%	净利润比/%	净利率/%
A 公司	2015	62.7	71.4	2.7	10.8	17.2	29.6	3.78
	2016	78.3	72.5	2.7	11.8	17.7	29.0	3.72
B 公司	2015	168.0	136.3	3.6	29.4	32.8	39.4	2.64
	2016	201.1	136.9	3.5	25.2	33.4	37.6	2.55
财务有限公司	2015	76.3	0.36	0.5	13.4	0.12	3.9	72.0
	2016	78.6	1.9	0.7	11.5	0.46	7.5	36.8

（2）企业发展战略冒进

企业发展与扩张要建立在安全稳定的前提下。W 核建公司近三年总资产增长迅速，远超过企业销售增长率。若以此态势继续发展，W 核建公司总资产将不断增加，而销售收入与利润未能发生明显增长，这会使本来就存在中度风险的盈利能力更加雪上加霜。所以 W 核建公司的发展战略应当适当控制负债带来的资产增长，重点关注企业自身盈利能力的提升。

6.6　财务风险防范措施

6.6.1　提升盈利能力措施

根据 W 核建公司盈利能力状况，本章从如下方面提供控制成本方案和措施。

6.6.1.1　加强成本管理

（1）加强成本预算管理措施

企业在签订合同后要尽快确定目标成本进行全面成本预算。全面成本预算方案的制定应当综合所有相关部门的意见，包括：技术部门、设备部门、成本管理部门和财务部门。通过多方讨论最终确立一套最优成本预算控制方案，并将项目期间各部门的预算公布给部门负责人，督促各部门严格执行预算。

（2）材料成本控制措施

① 完善公司采购管理制度，消除公司采购流程中制度的缺失和不足，规范采购流程。

② 公司不但要不断的完善采购管理制度也要严格执行，加强对采购部门的监督，并对不符合规范的采购行为进行严肃处理。

③ 对企业所需材料保持较强的市场敏感度：掌握最新价格、分析价格走势，在保证企业有维持正常生产的条件下，选择价格较低时进行材料采购。

④ 重视企业仓库的管理。对仓库管理提出相关规范，如：对保管环境有特殊要求的材料进行特殊保存要求，避免材料入库后在仓库中出现无法正常使用的情况。财务部门也要定期清查库存情况。

⑤ 材料验收时的质检工作一定要认真可靠，没有达到技术参数标准的材料验收入库若及时发现要重新采购材料增加成本，若没有及时发现使用在工程项目之中会直接影响工程质量。

⑥ 合理制定材料采购计划，材料采购不足会影响施工进度，材料采购过多会增加财务成本

（3）人工成本

人工成本风险包括员工结构风险和生产率低下风险。

① 员工结构措施

W 核建公司作为大型企业需要有多样性的员工结构来匹配企业的不同需求。

年龄结构。不同年龄层次的人工作态度、工作经历和价值观上都会有所不同，青年人工作富有激情，中年人经验丰富所以合理的配置企业“老中青”比率有利于企业的发展。年轻人可以为企业发展提供活力，中年人可以作为中流砥柱支撑企业发展，并且可以给青年职工传授经验帮助青年职工快速成才，为企业人才资源提供储备。

文化结构。企业不同岗位对于人才的学历和技能水平要求是不同的，不同人才对企业的影响也是不同的。综合企业的未来发展和用人成本来看，企业应当保证本科以上学历员工和中专学历员工配比适当。从技术水和用人来看，企业要保证不同技术职称的员工配比得当。

建立员工个人发展档案对员工的工作情况、个人能力和职业前景进行分

析，这样可以员工优点，“物尽其用，人尽其才”。

② 劳动生产效率低下措施

实施员工激励机制，让员工在竞争中找到在企业工作有归属感，愿意付出劳动来获取心灵上的成就感和薪资上的报酬。

合理分配企业人员编制，明确每个员工必须要完成的工作任务，减少不必要的人员配备。

提升营业收入，当企业发展前景良好时员工的工作积极性也会被调动起来。

6.6.1.2 加强应收账款管理

W 核建公司应收账款额较大，增强对 W 核建公司的应收转款管理能为公司提供可用资金减少负债，既能降低公司的营运风险，还能降低公司的盈利能力风险和负债风险，一举多得。

（1）定期分析应收账款

在经营过程中应收账款的产生是不可避免的，但产生应收账款后能否按时按量的收回体现了企业的管理能力。从上文分析可知 W 核建公司坏账比率较高，所以 W 核建公司有必要对应收账款带来的风险加以重视做出相关应对。首先，尽量减少与欠款风险较大的企业发生欠款业务；其次，对已发生应收账款的企业要做出资信评估，得出资信评估结果后密切关注欠款数额大和资信状况较差的企业。当发现这些企业出现可能无法偿还债务的可能时，及时要求欠款人还款，情况严重时可采取相应的法律手段维护企业权益。对于资信状况尚可的欠债人仍需定期予以关注，减少坏账风险。

（2）制定有效的收账政策

① 奖惩机制。首先企业要明确催收工作的职责归属或者设立专门的催收部门，把坏账风险落实到部门负责人身上。并建立行之有效的奖惩机制。对能较好完成收账任务的部门或个人进行一般奖励，对追回坏账可能较大款项的部门或个人进行特别奖励，调动负债部门和相关人员的积极性。反之，若较容易催收的应收款，因为部门或个人的疏忽失职无法追回并给予相应的惩罚。

② 建立企业诚信档案。对所有业务往来企业建立企业诚信档案。及时掌握所有欠款企业的经营状况，对诚信档案记录较差的企业重点关注，尽早消除坏账风险。若遇到诚信档案记录较差的企业由催收责任人及时向欠款企业提出还款要求。若诚信记录较差的企业欠款企业多次推诿、延缓还款时间或态度强硬拒绝还款，我方可采用法律手段维持自身的合法权益。当记录良好的企业出

现推迟还款的情况时以债务双方合作为重，采用温和的方法进行沟通，与对方企业协商解决。

6.6.2　加强企业偿债能力

6.6.2.1　提升企业财务管理能力

建筑公司生产过程主要是以项目为单位，所以本章针对工程项目流程建立完善的内部控制制度，规范工程项目流程，降低企业风险。

（1）将风险管理责任明确到人

对于 W 核建公司这类大型企业来说财务风险往往比较复杂，来于财务、施工、销售等诸多方面。所谓“千里之堤溃于蚁穴”说的就是风险无小事的道理。如果企业员工都有一定的风险意识，那么很多风险隐患将会被杜绝。所以明确风险管理责任对降低企业风险意义重大。W 核建公司可按各部门行政级别划分或设置风险管理专员承担企业不同部门的风险责任，由部门定期汇报存在的风险情况，由管理层定期整理并提出解决建议及时处理风险，如某问题广泛存在于其他子公司之中可将较好的解决方案推荐给旗下部门和子公司作为参考。

（2）工程项目招投标阶段风险控制措施

参与投标之前要做好充分的准备，客观分析项目的收益性和风险性。首先了解投标项目基本情况，评估投标项目收益性，确认标的物定价合理能给企业带来盈利。然后对招标方的资本和信誉情况进行评级，减少坏账、赖账的可能，保证企业资本的安全性和流动速度，对企业运营过程进行初步的财务风险控制降低财务风险。最后对投标工程项目进行风险评级，W 核建公司承建的工程项目有投资规模大、施工时间长等特点所以选择承建工程项目之前一定要谨慎地做好风险评级。风险评价内容应当包括：施工项目地理位置、预期工期内政策条件动向以及预期工期内筹资成本的变化等。施工项目地理位置会带来项目施工时的风险，如：施工地点位于地震带边缘容易产生自然风险；施工地点发生战争会给企业带来停工风险；施工地点附近若有较密集的人口居住可能会产生社会舆论风险，导致项目搁浅。所以不能一味追求营业收入的增长，而忽略企业的利润额与可能承担的风险。

（3）工程项目签订合同时的风险控制措施

工程项目签订合同要在常见合同风险之外，还要杜绝合同欺诈、判定刑事责任、准确审核合同做好合同风险的防范。收到中标通知书时要及时与招标方进行沟通，双方提出具体要求并进行磋商，双方意见一致后可拟定书面合同。合同内容敲定后由法律顾问审核内容合法、技术部门确认我方有能力达到招标方技术要求、财务部门计算合同定价公正合理共同确认无误后才能签订合同。

（4）工程项目施工阶段风险控制措施

工程项目施工阶段风险主要是人员安全风险和工程质量风险。施工过程中保证人员安全是国家对所有企业提出的明确要求，只有确保施工过程安全才能项目有序进行。要保障项目施工安全有序的进行各部门必须各司其职。项目经理要明确生产安全的重要性，作为第一责任人要按照施工安全规程制定安全生产的技术措施、定期组织施工安全隐患排查并定期对员工进行安全教育。施工员是生产安全的直接责任人，要深刻了解企业安全生产的操作流程，下达安全合理的任务。安全员是对生产一线人员安全生产的监督人，要制止违章作业并配合相关部门做好与安全相关的宣传工作。最关键的是一线操作人员要严格遵守安全管理条例，培养安全操作意识。

W核建公司承建的项目对工程质量有较高的要求，所以施工过程中要严格标准。项目应注意如下几点：技术、材料、进度和施工现场。技术是高精项目的关键，施工前要确认技术人员资质、施工时要详细记录施工情况、完工时要认真核对技术参数。材料是工程质量的基础，保证材料优良要做到：材料来源渠道正规、材料入库时质检真实可靠、材料保存方法合理。

（5）工程结算阶段风险控制措施

工程竣工后，要做好剩余物资的处理。工程未使用完的剩余材料由采购部门向供应商申请退货，价值高的大型设备要由设备管理部门进行维护和保养，将没有使用价值的低值易耗品由项目部门拟出处理办法并申请上级部门审批。

6.6.2.2 拓展融资渠道

企业在筹资之前要根据企业自身的状况来确定需要筹措资金的规模。合理的财务杠杆可以增加企业盈利，降低企业成本。核建类企业经营规模大，需要对银行借贷、发行股票等传统方式之外的筹资方式如：利用其资信条件或是无形资产、通过发行票据或者公司债券等方法展开研究。

6.6.2.3 权衡筹资成本和收益之间的关系

筹资需要资金成本，投资项目收益有高有低。权衡权衡筹资成本和收益之间的关系要求企业在业务扩展前把资金成本纳入考虑范围，从全局分析企业成本和收入情况。不能为了追求收入盲目借贷，这样会给企业盈利、偿债和营运带来各种财务风险。

6.6.3　稳定企业发展能力

6.6.3.1　合理分配企业资源

W 核建公司在分配企业资源时应综合分析各子公司盈利、营运以及发展能力的现状，对于稳定增长和发展前景较好的子公司可依照分析和预测子公司收入增长率增加相应比率的数额。并对财务状况较差的子公司进行严密关注，用逐次注资的方式降低公司的财务风险。在此期间若发现子公司盈利能力无法与投入增长速度平衡时，立即对子公司财务管理状况进行诊断和分析。直到该子公司财务风险化解保持子公司稳定增长的情况下再进行投资。

6.6.3.2　制定稳健的企业发展战略

企业的发展战略决定着企业的发展前景，保守的战略会使企业失去市场竞争优势，冒进的企业战略会产生较大的财务风险。W 核建公司利用负债增加资产时需要充分考虑筹资成本和营业收入的关系，在确定扩大筹资不会给企业带来偿债风险和盈利风险的前提下筹资。第一，企业要准确预测年度所需要使用的资金，若自身资金充足则不必盲目负债增加自身风险；第二，若因项目需要筹资，签订项目合同时要将筹资成本计入项目成本之中，并在确认定价盈利合理且招标方资信良好的前提下进行筹资。第三，管理层应定期监控企业资产负债情况，当企业资产负债异常的情况下及时做出应对，降低企业财务风险。

6.7　总结及展望

6.7.1　主要结论

本章采用改进的模糊综合评价法对 W 核建公司构建财务风险预警模型，并通过 W 核建公司 2014 年至 2016 年三年财务数据对 W 核建公司进行了财务风险预警分析。依据 2016 年 W 核建公司财务风险预警结果得出以下结论。

（1）2016 年 W 核建公司财务风险值为 47.6，属于中度风险。W 核建公司的盈利能力、偿债能力和发展能力存在较大风险。

（2）通过对盈利能力分析，发现公司存在成本管控问题、费用管理制度执行问题、以及应收账款拖欠或无法追回的问题。

（3）通过对偿债能力分析，发现公司存在财务管理控制能力不足问题和预算管理不到位问题，其中资金周转率明显低于行业平均值，产生了周转风险也增加了资金成本。

（4）通过对发展能力分析，发现公司存在投入与收益不匹配的问题，同时还存在资源分配不合理问题和企业发展战略冒进的问题。

（5）本章以客观数据为基础，通过 AHP 法与模糊综合评价法结合进行研究构建了 W 核建公司财务风险预警模型。通过利用该模型对 W 核建公司 2015 年进行预警分析，将结果与本年度公司实际经营状况比对检验该模型可行性，得出：本章所构建的 W 核建公司财务风险预警模型具有可行性。

（6）为 W 核建公司提财务风险防范措施：盈利能力方面加强成本管理、加强应收账款管理；偿债能力方面提升企业财务管理能力、拓展融资渠道、权衡筹资成本和收益之间的关系；发展能力方面合理分配企业资源、制定稳健的企业发展战略。

6.7.2 不足与展望

本章在研究过程中获得了一定的研究成果，但仍有不足之处。主要体现在如下两点，希望在以后研究中进行深入的研究探索。

（1）本章所构建的 W 核建公司风险预警体系时只选择了财务指标，没有考虑到非财务指标对财务风险的影响，在以后的研究中有待进一步探究。

（2）在财务风险预警模型构建方法上，需要不断探索科学准确的方法，或使用多种先进方法进行结合。如近三年 W 核建公司上市，随着时间的推移可获取样本量增加，可采取人工神经网络与模糊综合评价法结合等。

本章会对 W 核建公司保持关注，不断改进风险预警模型，提高风险预警的准确性，期待为公司健康稳定发展提供科学合理的预警方法。

参考文献

[1] Fitzpatrick P J. A Comparison of Ratios of Successful Industrial Enterprises with Those of Failed Firms[M]. The Accountants Publishing Company, 1932:

656-662.
[2] Beaver W H. Financial Ratios as Predictors of Failure. Journal of Accounting Research [J]. 1966（4）：71-111.
[3] Altman E I. Financial Ratios，Discriminant Analysis and the Prediction of Corporate Bankruptcy. Journal of Finance [J]. 1968，23（9）：589-609.
[4] Altman RC. A New Model to Identify Bankruptcy Risk of Corporation [J]. Journal of Banking and Finance，1977，15（12）：29-54.
[5] Ohlson James A. Financial Ratios and the Probabilistic Pre-diction of Bankruptcy [J]. Journal of Accounting Research，1980，18（1）.
[6] Zavgren C V. Assessing the Vulnerability to Failure of American Industrial Firms：A Logistic Analysis. Journal of Business Finance and Accounting [J]. 1985（12）：19-45.
[7] Odour M. D. R. Sharda. A Neural Network Model for Bankruptcy Prediction. In Proceedings of the International Joint Conference on Neural Networks.
[8] 吴世农，黄世忠. 企业破产的分析定性指标和预测模型 [J]. 中国经济问题，1987，06：8-15.
[9] 陈静. 上市公司财务恶化预测的实证研究[J]. 会计研究，1999(4)：31-38.
[10] 周首华. 论财务风险的预警分析-F 分数模式 [J]. 会计研究，1996（8）：31-38.
[11] 孙坤，匡建群. 财务柔性与财务风险的相关性研究－以创业板上市企业为例 [J]. 会计之友，2014（16）：77-83.
[12] 王君萍，王娜. 我国能源上市公司财务风险评价－基于主成分分析法 [J]. 会计之友，2016（11）：60-66.
[13] 吴世农，卢贤义. 我国上市公司财务困境的预测模型研究 [J]. 经济研究，2001（6）：46-55.
[14] 李红梅，田景鲜. 公司财务危机预警模型比较研究－以 A 股制造业上市公司为例 [J]. 财会月刊，2013（10）：25-29.
[15] 王春峰，万海晖. 基于神经网络技术的商业银行信用风险评估 [J]. 系统工程理论与实践，1999，19（9）：24-33.
[16] 耿东，付亭，曹文彬. 高新技术制造企业的财务危机预警研究 [J]. 会计之友，2014（18）：44-48.

［17］黄晓波，高晓莹．基于神经网络的企业财务危机预警研究－以制造业上市公司为例［J］．会计之友，2015（5）：30-34．
［18］陈舒航．基于模糊综合评价的房地产企业财务风险研究［J］．财务与金融，2010（4）：43-46．
［19］刘莹，孙俊锁，赵健．模糊综合评价在财务预警中的应用［J］．辽宁科技大学学报，2013，36（2）：159-165．
［20］陈欣荣．高校财务风险预警指标设计与应用研究［J］．高等财经教育研究，2017，20（03）：30-35＋59．
［21］李晶．我国房地产企业财务风险预警实证研究方法综述［J］．中国管理信息化，2017，20（13）：46-48．
［22］肖霖．财务风险预警研究综述［J］．中国市场，2016（33）：107-108．
［23］周蕾．上市公司财务风险预警模型研究［J］．中国集体经济，2016（12）：108-109．
［24］刘卫华，何帆，刘文朝．“影子银行”财务风险预警系统初探——耦合观下的框架重构［J］．财会月刊，2016（02）：118-120．
［25］曹雯雯，章雁．财务风险预警研究文献综述［J］．经营与管理，2015（12）：130-132．
［26］曾菲．企业财务风险预警应用分析［J］．管理观察，2015（34）：161-164．
［27］俞晓东．中小企业财务风险预警体系构建［J］．财会通讯，2015（10）：35-38．
［28］金旗，李琳，雷光，等．企业财务风险预警体系设计探析［J］．民营科技，2014（01）：256-257．
［29］张艳玲．浅析生产制造型企业财务风险预警机制问题［J］．财经界（学术版），2013（15）：155＋157．
［30］解秀玉，管西三．企业财务风险预警模型研究——基于制造业数据［J］．南京审计学院学报，2013，10（04）：58-68．
［31］黄德忠，张厚．基于模糊评价的企业财务风险预警管理研究［J］．会计师，2018．3．

第 7 章

核电企业成本控制及生命周期成本

7.1 核电企业成本控制的价值创造

20 世纪 70 年代以来，随着经济全球化的发展，利益相关者开始对企业价值创造非常关心，特别是互联网时代的到来。2018 年，浙江三门核电厂 1 号机组的投产拉开了三代机组商业运行的序幕，然而电量需求和售电单价“双降”的新形势下核电企业需要抓住机遇，优化或者重组价值链，通过成本控制财务路径来切实提高核电企业的价值创造能力。

7.1.1 核电行业状况

7.1.1.1 福岛事件的影响

按照《核电中长期发展规划》所要求的装机容量来算，我国现在在建机组的总数在 29～35 台。然而自 2011 年日本福岛核事故以来，政府对于新增核电项目审批几乎停止，截至 2019 年 1 月 20 日，中国大陆在建机组只有 11 台。福岛事故使得政府对核电技术的安全性的要求更上一层楼，政府表示日后国内建设的核电项目主要以更为安全的第三代机组为主，过去的第二代核电机组不能再建设。然而代表三代机组的 AP1000 型三门 1 号机组建设一直延期，所以新项目只能搁置。

目前核电在能源结构中占比长期维持在 5%以下，普遍认为收入和成本是价值创造的核心，所以福岛事件一方面限制了核电企业收入，未能如“十二五”

规划预期的那样增长，另一方面其增加了以后核电项目的安全成本，也延长了三代机组的进度使其造价大大增加。

7.1.1.2 电量供需

随着全社会用电增速放缓，我国电力供应将进入相对宽松的新阶段，根据中电联快报，2018 年全国各季度同比分别增长 9.8%、9.0%、8.0%和 7.3%，增速逐季回落（见图 7.1）。同时，电力企业发电设备利用小时数呈逐年下降趋势，而盈利主要受工程造价、电价和利用小时的影响，同时由于固定资产折旧的存在，利用小时越高，经营杠杆发挥的作用就越大，企业创造的价值也就越高。

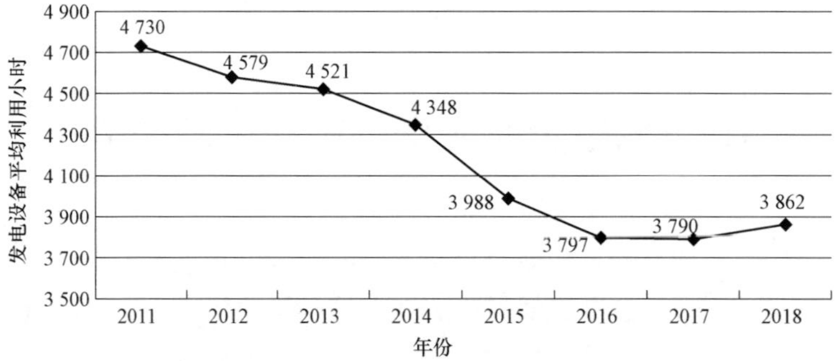

图 7.1 2011—2018 年发电设备平均利用小时图

基于电价和电量的双降形势，核电与其他电源形式在电力市场中的竞争加剧，消纳困难，核电机组不得不频繁降功或者调峰。如红沿河核电厂 1 号至 4 号机组均多次出现应电网要求降功率运行、临停备用、季节性停运现象。然而目前国内关于调峰方面的不成熟给电网安全运行带来一定隐患（见图 7.2）。

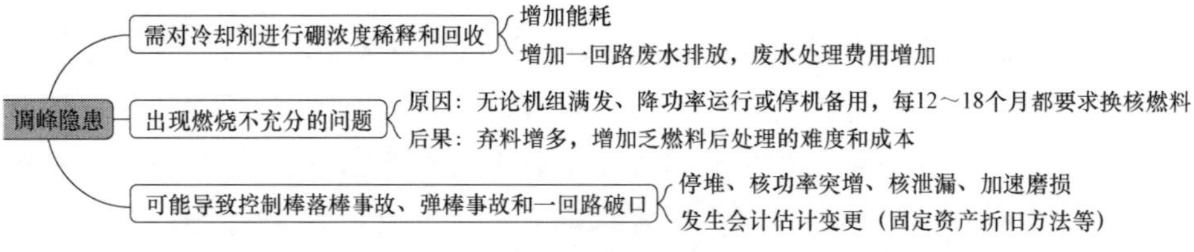

图 7.2 调峰隐患图

7.1.1.3 电价下降

2013 年 6 月 15 日，国家发改委下发的《国家发展改革委关于完善核电上网电价机制有关问题的通知（发改价格〔2013〕1130 号）》中规定：全国核电标杆上网电价为每千瓦时 0.43 元；若核电标杆电价高于所在地燃煤电价，新建核电机组执行当地燃煤标杆电价。这结束了我国核电厂“一厂一价”的定价机制，核电开始从“成本加成”电价向标杆电价转变，说明核电开始回归其经济能源的市场化本质属性。

随着电改的推进深化、煤电标杆电价的不断下降以及电力供大于求的现状，核电作为基荷电源，遇到了前所未有的竞争，这预示着未来核电将可能要离开“蓝海”。然而核电厂造价、运维成本、边际成本三高，在市场竞价中并不占优势，这就倒逼核电企业必须高度重视成本控制，在保障核电机组安全的前提下，创造更大的价值。

7.1.2　中国核电公司价值创造的现状

中国核电公司全称为中国核能电力股份有限公司，是核电龙头企业，且其经营范围涵盖核电项目的开发、投资、建设、运营与管理；核电运行安全技术研究及相关技术服务与咨询业务；售电等领域，选择其作为分析对象较具代表性。

7.1.2.1　三门项目延期的影响

2018 年 6 月 30 日，由中国核电公司控股和运营，同时也是我国首个采用 AP1000 技术的浙江三门核电厂 1 号机组正式并网发电。我国是于 2007 年自美国引进 AP1000 技术，然而该技术的国产化以及对应项目的建设历时十年之久，比计划的进度晚了将近五年。三门核电厂 1 号机组的延期不仅使得项目的建设成本增加，而且由于其为首堆项目，所以后续项目的建设进度也受到了极大的影响，目前三门一期单位建成造价已高于二代核电平均建成造价。三门核电厂 1 号机组延期的主要原因包括施工设计滞后、主泵等核心设备研制困难导致的供货延误、福岛核事故后的设计改进等。

2019 年 4 月 1 日，中国核能行业协会发布的报告指出按现行的核电电价条件测算，首批 AP1000 及 EPR 项目的上网电价均在 0.50 元/千瓦左右。然而同日国家发改委规定浙江三门一期项目的试行价格按 0.420 3 元/千瓦时执行。这就意味着中核电公司的三门项目的销售收入将比预期降低，进而影响到核电项目的自由现金流量，即降低其价值创造的效率，因此中核电公司需要采取相应的措施提高以后三代机组进度管理的效率。

7.1.2.2　价值驱动因素

（1）价值衡量指标 EVA

EVA 是考核企业管理者为股东创造价值情况的一种重要工具，也是企业价值管理的基础和核心，所以本章拟通过 EVA 分析其价值状况。对比 2015 年 9 月至 2018 年 6 月的历史数据进行分析，中核电公司在 2015 年和 2017 年的第四季度均出现负值，说明发生了价值损失。同时通过净利润的对比我们可以看出，EVA 季节性变动是主要源自净利润的变动季节性变动（见图 7.3）。

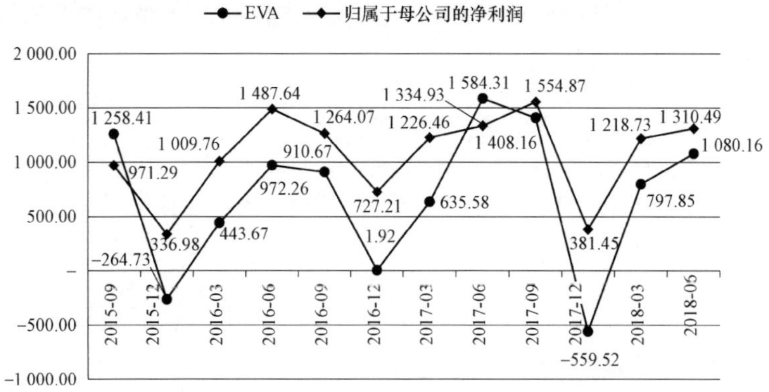

图 7.3　中核电公司 2015 年 9 月至 2018 年 6 月的 EVA 和净利润季度对比图

EVA 同比变动比例为（本期数据 – 上年同期数据）÷ 上年同期数据。由于 2015 年第四季度的 EVA 为负数，所以 2016 年第四季度无法进行同比变动分析。从下表数据可以看到 2016 年第三季度相比 2015 年、2018 年第二季度相比 2017 年以及 2017 年第四季度相比 2016 年价值创造能力均有所下降（见表 7.1）。

表 7.1　中核电公司 2015 年 9 月至 2018 年 6 日 EVA 同比变动比例表

年份	第一季度	第二季度	第三季度	第四季度
2016 年			–0.28	—
2017 年	0.43	0.63	0.55	–293.14
2018 年	0.26	–0.32		

（2）价值驱动因素

企业价值驱动因素即影响公司价值的变数。价值驱动因素的分解可以看出相应的在哪些方面是可以进行价值创造的地方，进而找到企业价值创造的路径，从图 7.4 的分解图可以看到多项驱动因素的提升都涉及成本控制，如存货

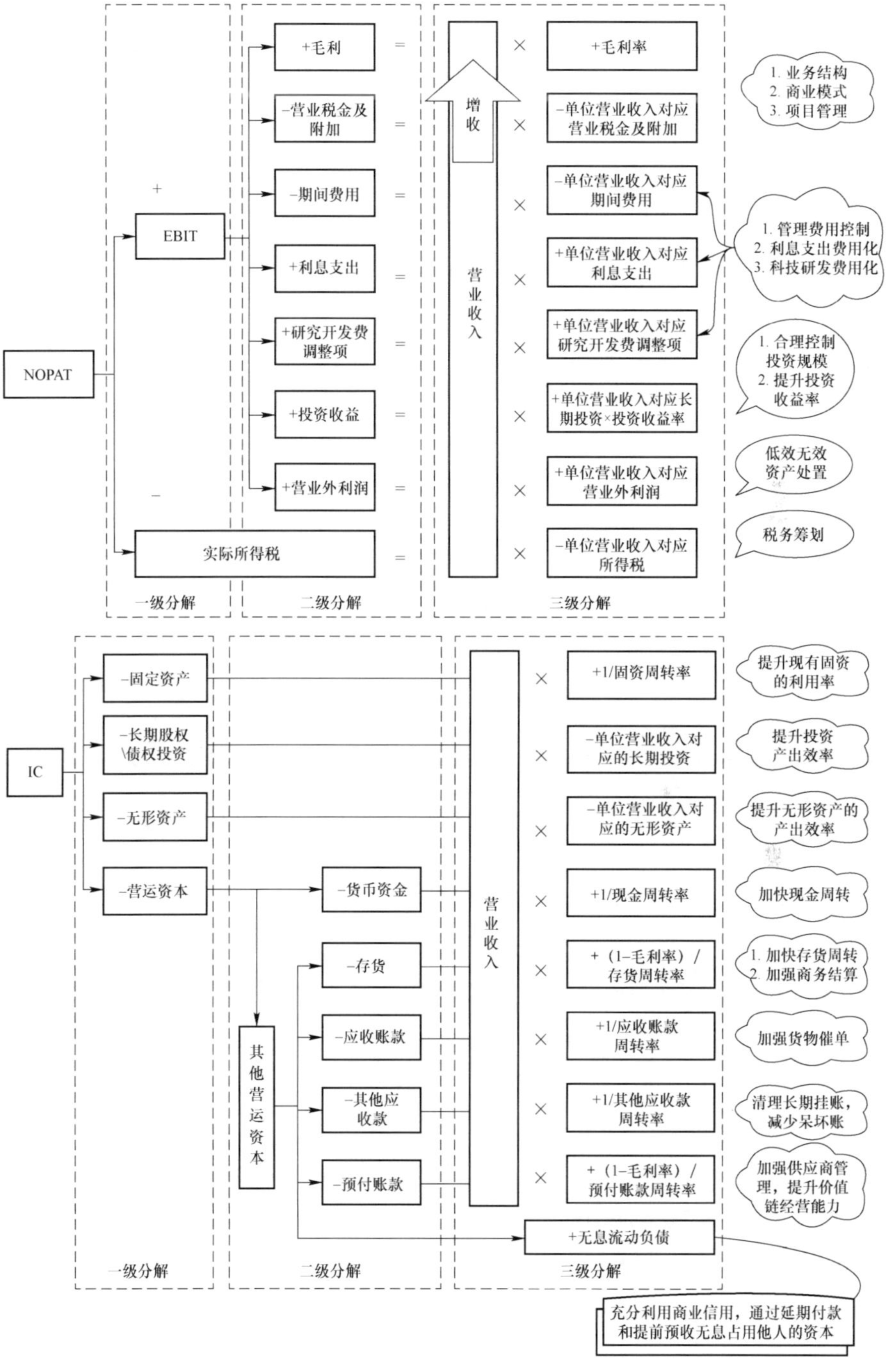

图 7.4　价值驱动因素分解图

周转率的提高与企业营业成本相关。成本和收入是价值最核心的两个驱动因素，由于核电企业的利用小时受到机组核准的制约，同时随着电改政策的推行，核电企业的价值创造更多的需要放在成本上，下面本章从毛利率、期间费用率、存货周转率等方面分析中核电公司的价值创造情况。

从表 7.2 和图 7.5 可以看出，在 2012—2017 年报告期内，中核电公司的毛利率基本稳定在 40%上下，但几乎均低于核电同业中广核公司的水平，二者前三年近 10%的差异来于折旧政策的不同，中核电公司于 2015 年开始执行新的折旧方法使得差距缩小，然而二者的毛利率依旧存在差距且仍在扩大，可见成本精益化管理方面中广核公司做得更好。

表 7.2　2012—2017 年销售毛利率对比表　%

公司名称	2012-12-31	2013-12-31	2014-12-31	2015-12-31	2016-12-31	2017-12-31
中国核电	40.23	35.73	39.51	44.18	41.00	39.61
长江电力	63.70	57.99	63.10	59.58	60.69	61.21
中广核	47.16	47.63	49.24	44.86	43.65	42.93

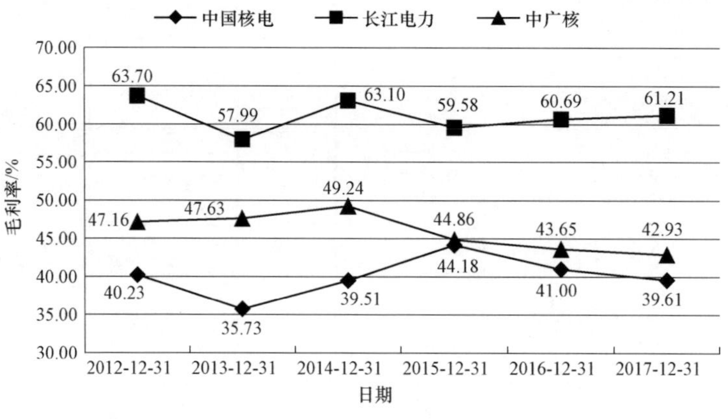

图 7.5　2012—2017 年销售毛利率（%）对比图

因为核电行业在上网电价政策、电力调度顺序、发电原理、成本构成等方面与同为清洁能源的水电行业存在较大差异，所以长江电力的销售毛利率远高于两家核电企业。一方面由于长电公司的集中采购率、竞争性采购率屡创新高，经营管理降本增效成效明显；另一方面是调峰和降功使得核电企业成本上升，由于核电是作为基荷电源运行，这方面对其影响比水电大。

再看期间费用，中核电公司的期间费用率从 2012 年到 2014 年是逐年下降的，却在 2015 年后骤增，其后又逐年下降，然而除了 2013 年，中核电公司的期间费用率均高于长江电力公司。由于核电企业融资数额高的特点，其财务费用是影响期间费用变化的主要原因，前面提到福岛事故后几乎没有项目被审批，随着项目贷款余额下降，利息支出下降，这是中核电公司两段下降的原因，而 2016 年的骤增是由于 2015 年后机组获批投入商运，利息从资本化转入财务费用。相比之下，无论是管理费用还是财务费用方面，长江电力公司的精益化成本管理效果更为显著。

从表 7.3 和图 7.6 可以看到，2012—2014 年，中核电公司的存货周转天数逐年递增，说明其可能有存货积压的情况，2015 年开始有所下滑，这是因为 2015 年新机组投产增加了存货的采购和储备，而之前由于大多数机组一直未获批，未能形成产能，所以周转天数持续增加。而该指标远高于长江电力公司的原因是核燃料组件生产周期和使用周期较长，期末存货中委托加工及在途部分较高；此外，核电企业几乎都面临库存高、备件使用率低的问题，备件因其价值高而占据企业大量的流动资金，但为减少因设备故障造成的发电损失，又必须储蓄备件，管理矛盾尤为突出。以往核电厂备件采购时，只是简单地将故障损失与备件采购成本比较，并没有结合资金时间价值进行考量，而这也是价值理论的思想之一；同时也缺乏结合备件使用概率。

表 7.3　2012—2017 年中核电公司与长江电力公司存货周转率和期间费用及明细对比表

参数	公司名称	2012 年	2013 年	2014 年	2015 年	2016 年	2017 年
存货周转天数/（天/次）	中国核电	278.14	291.99	357.28	334.88	293.14	254.49
	长江电力	14.50	16.49	15.94	15.25	8.85	6.44
期间费用率/%	中国核电	20.68	16.90	16.07	19.65	18.93	16.52
	长江电力	20.17	19.11	14.67	13.89	15.35	13.47
销售费用率/%	中国核电	0.63	0.44	0.37	0.28	0.19	0.09
	长江电力	0.03	0.03	0.03	0.02	0.02	0.04
管理费用率/%	中国核电	5.67	5.44	5.26	4.15	4.33	4.06
	长江电力	2.17	2.39	1.99	2.11	1.69	1.68
财务费用率/%	中国核电	14.37	11.02	10.43	15.22	14.41	12.37
	长江电力	17.97	16.69	12.66	11.76	13.65	11.76

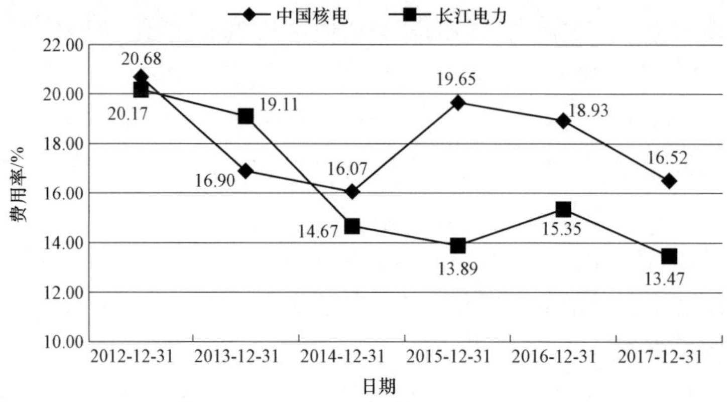

图 7.6　2012—2017 年中核电公司与长江电力公司期间费用率（%）对比图

7.1.2.3　营业成本构成分析

（1）材料采购

材料是中核电公司除折旧外金额占比最大的一项成本，从采购入手可以有效地控制成本。采购作为 EPC 全过程当中承上启下的环节，接口部门最多，项目建设的复杂性和安全级别要求高，这些因素决定了核电采购涉及金额往往较大，面临更高的经济风险，如因基建工程延期，使得按照部门时间要求准时到货的设备无法进入安装流程，并因此引发一是设备暂时存贮于何地的问题；二是为了满足工程节点要求而不得不压缩设备调试过程，以弥补在前面失去的时间，这样的匆忙交付使得建成投产后的设备运行埋下了隐患。

况且目前技术成熟度上不如火电企业，部分人员的认知还停留在二代技术，设计时常修改，采购过程为了免除过多地陷入与其他部门多向协调的碎片化运行模式，经常采取划分采购范围的方式来实施设备采购，即从设备采购的规格、型号、数量、技术要求等各环节采取分头负责的方式，而对口协调的责任归属的不明确性使得设计院和施工单位相互推卸责任。

（2）折旧

而折旧是成本中占比最大的项目，在运维作业中，折旧属于不可控成本，只能在建造阶段做好预算并控制进度。采取了 EPC 总承包管理模式。该模式下，成本控制的责任主要由业主方承担，必然想尽量压低总包合同的定价，但合同签订后工程公司想使用高标准设计，本身并不会精细地控制成本。业主公司虽然具有概算和成本控制的责任，但合同签订后业主主要是通过合同对承包方进行监管，对工程实施过程参与程度低，控制力度较低。同时由于核电企业举债经营、且数额巨大的原因，进度推迟一日，财务费用动辄上百万，一旦延期，那么资本化的财务费用会随之增加，进而之后的折旧也就随之增加。

表 7.4　中核电公司 2014—2017 年成本构成分析表　　%

成本构成项目	2014 年	2015 年	2016 年	2017 年
原材料费用（采购成本）	24.72	24.36	25.77	24.18
人员费用	13.74	10.98	10.51	10.29
电厂运行维护费	12.50	13.71	13.43	13.68
固定资产折旧	36.01	37.38	38.25	37.77

7.1.2.4　价值链分析

EVA 主要还是从企业股东的角度出发，然而企业价值还需结合从供应商、竞争对手、客户等其他利益相关者，尤其是核电企业部分关键设备未能国产化，以至于需要从国外采购的背景下。通过价值链结盟，企业间可以实现最大程度上优化企业资源的配置，从而大大提升企业价值创造能力。

（1）外部价值链分析

由于核电企业背后的政治因素以及其资质问题，我国核电价值链管理松散。而核电企业工程量大，技术要求高，使其以项目为中心，没有明确的主导力量，各个环节易产生利益冲突，不能很好地发挥出协同效应，可能使得研发机构处于被边缘化的尴尬地位，即核电研发机构的成果未能发挥其商业价值，并因此无法决定技术努力的方向，很难实现再创新。如果核电研发机构创新能力不够，即使中核电公司也只能短期获利，但无法长期创造价值，也无法走在国际竞争前列。

（2）内部价值链

核电运营管理是从电厂设计、工程建设、调试实验、生产运营到电厂退役整个价值链条中的重要一环，包括在建机组的生产准备、投运机组的生产运行、电厂维修、各级核元件和备件的采购、电力的销售、乏燃料处理等活动，是核心的价值所在。中核电公司其运营环节可以细分为生产准备、生产运行、电厂大修、物资采购、电力营销及乏燃料处理等活动，各环节的价值创造点如图 7.8 下半部分所示。

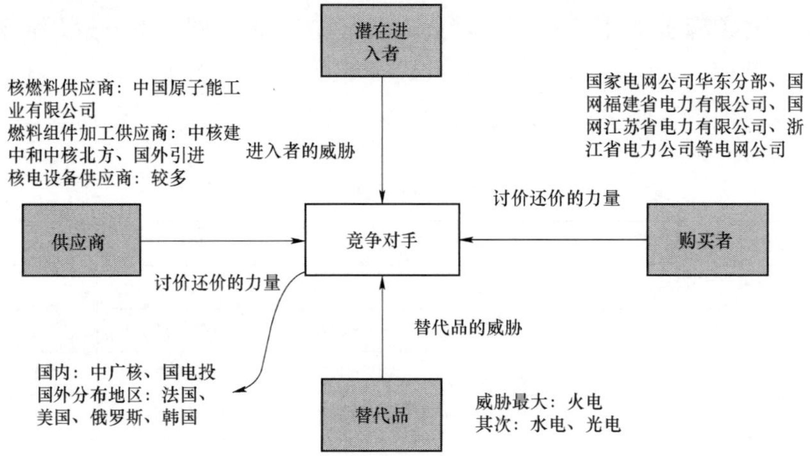

图 7.7　五力分析图

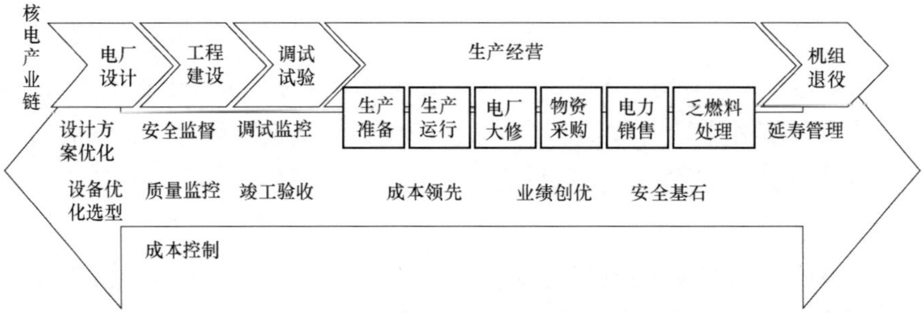

图 7.8　中核电公司内部价值链图

从内部价值链可以看出，中核电公司的价值链中多个环节的价值创造点涉及成本，从设计、建造、调试到投产、退役整个生命周期，其成本存在着非常紧密的联系。而目前的成本管理未从电站的整个生命周期考虑全成本的管理，仅仅从单个个体进行成本控制，显然无法从根本上遏制、从源头上控制。

7.1.3　结合成本控制的价值创造路径

企业竞争优势和企业价值是一个互动过程，而前文提到核电企业目前的竞争环境下，成本管理必然成为核电企业的重点，也是价值创造的重点。

7.1.3.1　核电企业成本控制的特点

核电企业属于制造业，传统制造业的成本控制核心是以压缩成本为主，当然随着品牌经济学发展以及相关质量问题事件的发生，目前的成本控制重心开始向质量和压缩成本并重。然而，传统制造业的成本控制并不能照搬到核电业，核电企业有自己的一些特点，使得其不能机械借鉴“节约型”成本控制思路。由于核原料及废料的放射性高，而处理不当会对环境和生物造成极大的辐射损伤，核安全是核电企业一切工作的首要目标，所以其成本控制不能仅仅以其他企业那样的资本价值来决定是否增值，要结合社会价值，在安全与成本间寻找平衡。

另外，由于存在投资额大、建设周期长、营运周期长，投资回收期长等财务特点，前期的高额建造费用对运行成本的影响较大，尤其体现在折旧费与借款形成的财务费用上。

7.1.3.2 安全管理挣值法

为了防止工程延期导致的成本增加，中核电公司过去采用的是挣值法。然而，在满足合同的前提下，尽量降低成本是承包商最关注的目标；获得高质量的项目产品以及缩短工期而使项目能够尽快投入使用发挥效益是建设单位最关注的目标，两者目标不一致难免出现致使质量和安全问题，陷入恶性循环。考虑到核电企业安全至上的理念，需要在普通的挣值指标基础上预先设定质量和安全的标准值作为“警戒红线”，引入类似于挣值的中间变量——质量挣值EVQ（黄建文等人提出）。

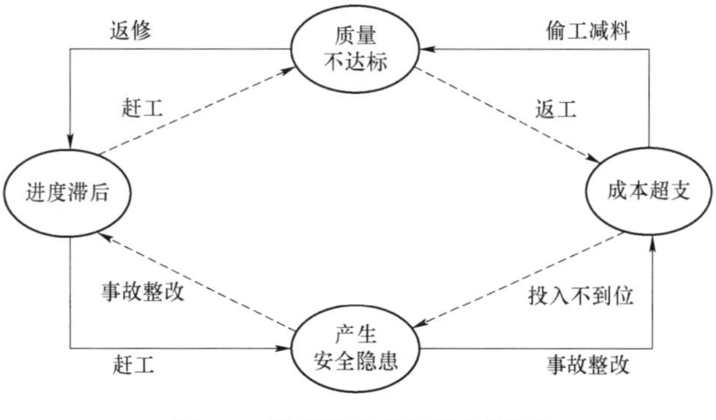

图 7.9 挣值法管理恶性循环图

中核电公司可以将目前所用的 P6 与结合 SAP 等软件结合，借助 SAP 软件的数据展示端的优势，利用 SAP 联机分析处理 OLAP 的数据模型架构对大量进度、成本数据进行优化存储，形成完整挣值计算的基本数据支撑体系。这样，中核电公司既能使其社会价值不受损，又通过成本控制最大限度保证了价值创造的效率。

7.1.3.3 价值链成本管理

从发展过程看，企业价值链和企业成本链几乎是重合的，因为价值是基于成本而创造和实现的，企业从上游供应商获取原材料，进行生产，产品售给下游企业或者用户，这些独立而又相互关联的作业形成了企业价值链。

（1）作业成本管理

价值链成本控制与作业链基本重合，由于中核电公司拥有全产业链，所以其作业几乎囊括了设计、基建、生产计划、机组运行、设备检修和技术支持等几大类作业。中核电公司的成本管理主要是通过作业成本法。然而，作业成本法的管理目的是找出不增加产量或者浪费资源的作业，对其进行改良或者消除该作业，以提供更具决策相关性的成本信息，是要通过资源动因进行分配或分析，这是传统的节约型管理的思路。

基于福岛核泄漏等事件后，供应商、顾客及公众产生了严重的邻避心理，加上现在信息更为公开以及"一带一路"的带动，从价值链成本角度出发，中核电公司不得不更重视安全，同时也需要和国外供应商、客户协同创造价值。因此，思路需要从作业成本向价值链成本转变，即分配标准从资源动因变为多元、动态的分配标准，消除不增值作业，为顾客提供优质的产品或服务，需要结合安全、质量、客户满意度等多个方面来界定增值与否，而非仅仅从资源消费出发。消除方法大多是考虑外包，而对价值活动的改良可以考虑运用流程重组技术（BPR）。

图 7.10 价值链优化示意图

（2）对标及归责

上述管理主要是通过不断地对标，对标准不断进行改进和完善，并以成熟的标准作为依据开展成本管理。在内部价值链中，对标主要是与中核电公司自身历史成本相比，中核电公司的不同部门或者子公司总结成本的历史发展规律，建立如核燃料的单位燃耗等成本指标的标准系统。

在外部价值链，对标主要是与同业竞争者以及上下游供应商的对比。一方面，找到与同行业对手之间的差距，在技术和经济性方面追赶对手，该主要对象为美国西屋，因为中核电公司的技术是从它引进并在该基础上创新的，其次是法国的核电企业，其核电技术标准化使得其成本相对较低，市场份额将近七成，而我国目前处于 5%左右。另一方面，中核电公司的控股股东是国内唯一具有完整核应用产业链的市场主体，通过该关联方价值链上的供应商的沟通，不仅可以对标协助成本管理，而且可以协调核电设备制造过程存在的分歧，反馈及时，保证质量，降低成本，提升价值创造效率。

传统以财务人员为主的成本管理组织，要在成本管理方面发挥核算和统计的功能，往往仅能依靠全面预算管理这一途径，不能很好地优化价值链流程以及体现出对价值创造情况的反馈功能，所以对标后的责任成本管理需要扩大到各个作业，避免在 EPC 模式下，责任设计院和施工单位相互推卸责任。通过标准成本管理，借助材料成本差异分析，可以找出责任应该归属于采购环节还是生产环节，抑或是说，哪一个增值环节需要改良。同样人工耗费以及固定制造费用也可以采用同样的分析方法，甚至固定制造费用除了上述的两因素分析法，还有更细化的三因素分析方法。

（3）外部价值链

外部价值链优化，主要是建立供应商管理系统以及与供应商的协同。除了供应商，顾客企业也很重要，毕竟顾客才是中核电公司价值创造的源泉，然而目前三代工程延期使得成本上升，销售较为被动，政府要求以后的发电技术以三代机组为主，所以中核电公司目前最需要的是在内部价值链和供应商方面努力，降低三代机组的成本，并形成规模效应，以助争取更多的上网电量。

一方面核电设备供应商较多，如上海电气、东方电气等，可选择性较强，可建立供应商管理系统。从质量、技术及交货能力等方面进行评级，形成分级供应商，优先考虑等级评价高的供应商，筛选出价值链中“二八法则”里那 20%的合作商。这部分供应商需要与他们密切协作以共筑价值链体系，包括参与他们的设计，缩短研发周期、降低开发成本；协商更合理的供货时间、供货量和频率；改变供货方式，节约物流成本；协同库存管理，降低库存成本；协同合作商进行价值链再造，让价值链合理对接，最终达到价值链整合，提升竞争力。

例如中核电公司可通过采用战略备件批量采购决策模型，来加强库存管理；与战略伙伴协商，采取预付资金采购模式（预付设备合同价款的30%、余额根据完工进度付款）以提高预付账款周转率。同时中核电公司可结合产品生命周期成本（Product Life Cycle Cost，PLCC）理论与战略伙伴管理整个价值链，降低整个生命周期成本，尤其是在其控股股东拥有全产业链的条件下，不仅更符合环境友好型社会的发展需求，也能创造更多的社会价值。

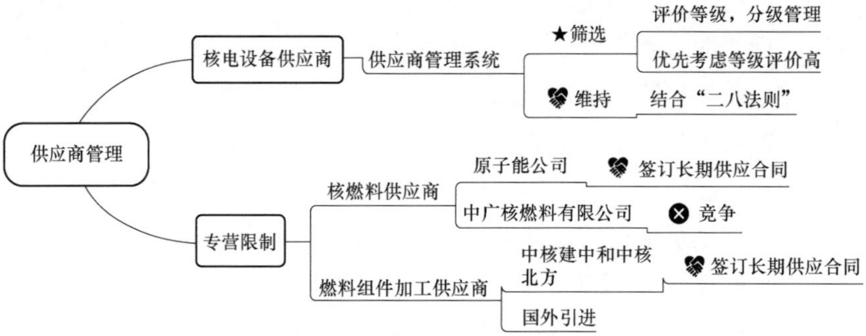

图7.11　价值链供应商管理图

另一方面，核燃料供应商方面，由于国家对核燃料专营限制，目前国内除原子能公司外，仅竞争对手中广核燃料有限公司具备核燃料进口资质，因此中核电公司仅可通过原子能公司采购天然铀并委托进行转换和浓缩，通过签署代理协议及天然铀/浓缩铀采购框架协议等形式，得到对公司的长期的铀产品的供应。燃料组件加工方面也是一样的情况。

上文针对中核电公司的价值创造的现状通过价值链、EVA和价值驱动因素进行了分析研究，发现中核在以下方面可以改进：第一，EPC模式下对承包商的控制力弱；第二，各环节采取分头负责的方式，易造成对口协调的责任归属的不明确性；第三，价值链上各环节的协作需要加强。结合中核电公司的财务特点从安全挣值法、价值链成本管理等方面提出了解决方案，一定程度上能帮助中核电公司有效解决在电价电量双降的竞争形式下为实现中核电公司在成本优势上的核心竞争力和综合实力做出一定贡献，同时通过成本控制帮助企业提高价值创造能力，并且为价值创造财务理论添砖加瓦。由于所用案例上市的时间较晚，以及对比公司中广核所处板块的不同，本章的分析的深入性和透彻性方面仍有一定的缺陷。同时在理论与实践结合以及文章的深度方面也有需要改善之处。

7.2　核电的产品生命周期成本研究

良好的生态环境与经济运行模式，是人类长久生存与社会可持续发展的根基。核电作为清洁能源的代表，在我国正以蓬勃之势阔步前进。如今，“而立之年”的中国核电，已经基本实现了自主化、系统化与规模化，从方家山百万千瓦级机组的并网发电，发展到“华龙一号”走向世界。

核电在能源舞台上扮演如此重要的角色，对于其经济性的评价也随之受到更大关注。然而，基于传统成本理论下，核电企业所需要承担的对于环境与人类健康的责任，迄今都没有完全纳入其中；应对灾难的一部分成本经由募捐、倡议等公益行为而转移，在无形中分担给了政府、社会公众甚至世界人民。传统成本核算法已不能呈现核电的实际成本，2011 年日本福岛核事故为全球核电的生产敲响了警钟，我们必须重新、系统地审视核电的各项成本。

产品生命周期成本，从生产者、消费者及社会三方面有不同理解，本章所讲 PLCC 是基于全社会的角度，即产品自提出开发设想，历经调研、设计、生产、运行及维护、使用，最终到退役所有阶段的费用总和；尤其注重考量整个生命过程中的环境成本。这一理论符合当前生态文明建设的理念，可以为能源行业的发展提供重要的辅助决策信息。

7.2.1　传统成本理论下核电成本分析

7.2.1.1　传统成本核算法下核电成本构成

在传统成本中，核电企业成本包含生产流程中耗费的铀矿、机器设备、劳保用品、电站建筑材料等成本与通常和业务相关的费用；这部分成本与产品（核电）生产过程、提供的服务直接相关，主要以会计费用的性质作为核算和分析的依据，企业能方便地取得这些成本的数据资料；但其核算偏向生产核电成本绝对额的计量，基本没有考虑与社会公众的对接。

为了规范项目成本测算，使其具有可比性同时易于审定，核电成本可以从不同方面进行不同的分类；一般而言，在燃料成本、建设成本和运行成本三大基础上，核电成本具体可以包括如下内容：

（1）核电厂建设前期的开发成本；

（2）建造核电厂消耗的建筑材料费用；

（3）发电所耗燃料（专业物料和组件加工费）和专用材料（如重水）费用；

（4）生产用机械设备、厂房的维修支出及折旧费用；

（5）核电厂耗用的非专业材料、燃料与动力（如燃油、化学试剂、外购水及外购油等）费用；

（6）核电厂人员工资、各种附加及应缴各项社会统筹保险；

（7）核电厂其他日常管理与维护费用；

（8）财务费用（如基建贷款、重组搭桥贷款）；

（9）核电厂退役处置费用。

7.2.1.2 核电传统成本核算法的不足

（1）传统的核电成本核算方法局限于企业内部生产过程，只注重核电形成本身，以“短期、内部”为核算理念，而对核电价值链的整体成本考虑不多，成本计量缺乏规范性，违背可持续发展的“长期、外部”思想。

（2）只关心企业自身的经济效益最大化，主要计量的是核电内部成本，先污染后治理的观念根深蒂固，保护环境的责任意识薄弱，尚未将核电这一特殊产品的环境污染成本纳入经济价值体系中，使得发展经济与保护环境没有得到有效融合。

（3）发展经济最终是为了人的发展，而传统核电成本的计量未曾涉及核电生命周期中核污染对人身体与心理的双重影响，成本控制的范围狭隘，不符合科学发展观“以人为本”的核心。

（4）日本福岛核泄漏事故发生后，国际社会对核电安全的要求明显提高，各国必将强化核电安保措施，增大投入，这也大大提高了核电成本，而传统的核电成本核算方法难以与时代要求相符。

概括起来，核电的传统成本只包含了直接材料、直接人工、制造费用这三方面；然而，严格意义上来说，料、工、费仅是生产成本的部分，并未真实完整地描述核电经历的生命过程所涉及的全部成本。随着人们对环境和人自身发展的关注度提高、专家学者对成本的研究逐渐深入，成本的内涵变得更加丰富。2007 年以来，国资委加强了对央企经济效益的考核，现在的绩效考核由以利润为主导的考核方式转变为以价值为主导进行考核。这对核电成本的计算模式提出新的挑战，将 PLCC 理论运用于核电成本的计算则正是大势所趋。

7.2.2　核电生命周期

核电作为一项无形的产品，其生命周期包括铀矿开采和水冶、铀转换与浓缩、核燃料元件生产、核电厂建造与运行、乏燃料后处理、核废物处置、核设施退役等环节。表 7.5 对核电这一特殊产品的生命周期进行划分与内容解释。

表 7.5　核电的产品生命周期（PLCC）

核电 PLCC	具体内容
铀矿开采与水冶	将矿床里含工业价值的铀矿石开采出来，把其中具有品位的部分磨碎之后，矿石所含的铀金属被浸出，向溶液转移并浓缩，从中选择回收铀金属
铀转换与浓缩	将天然铀中存在的 ^{235}U，从丰度 0.711%富集到高、中、低所不同丰度 ^{235}U，以满足各类不同堆型对核燃料的需要
核燃料元件生产	反应堆的核心部件，在其活性区中产生链式反应，并依赖控制棒组件完成自持核裂变
核电厂建造与运行	控制原子核的裂变反应，让其有序地产生巨大热能，促使汽轮机的机械能转换成发电机的电能
核燃料后处理	乏燃料元件冷却一定时间后，卸入溶解器中湿法去壳，把铀芯溶解，采用萃取分离法使铀、钚和裂变产物逐渐分离。铀、钚料液分别纯化，制成合格的铀、钚产品
核废料处置	对各种比活度的放射性废物进行分类、妥善处置，严格控制放射性物质对环境的负面影响，这是核工业链需要解决的重要课题
核设施退役	核电厂因技术过时或设施达到使用寿命等因素而停止运作、不再使用，针对性地开展善后处理，使公众与从业人员免受剩余放射性物质和其他潜在危险的伤害，确保其永远安全地退出服役程序；实现厂址不受限制对外界开放

PLCC 理论是一种全过程的成本计量方法，其对核电成本开展的系统评估，不仅包含核电厂运行与维修等企业内部成本，而且深入挖掘外部成本及或有成本，使成本的核算既能对已有的过去事项进行总结，也能对将来的可能事项有所防备，深化管理会计的功能。PLCC 理论站在社会公众的角度考量核电的经济性，不只是追求企业利益的最大化，更凸显了核电发展对社会的整体影响，揭示出资源利用、环境保护等公众愈来愈关注的焦点。此外，PLCC 理论符合可持续发展的要求，体现了人类文明进步对于企业保证能源安全、发展循环经济的要求；不仅停留于当下的短期利益，更注重子孙后代的长远福祉。

表 7.6 对 PLCC 理论与传统成本理论下的核电成本进行了对比，显而易见，PLCC 核算法下的核电成本更符合环境友好型社会的发展需求。

表 7.6 产品生命周期成本理论与传统成本理论下的核电成本对比

比较内容	传统成本理论	产品生命周期成本理论
成本关注	生产成本	生命周期成本
环境响应	被动性	主动性
环境治理类型	先污染后治理	预防污染
环境效益	较少，不刻意追求	生命周期环境损害最小化
经济效益	企业内部经济效益最大化	企业与用户经济效益最大化
可持续性	低	高

对于成本的构成分析有定量分析与定性分析，由于对乏燃料后处理、核设施退役等环节的环境影响、健康风险及核安全威胁性等缺乏切实可靠的数据和统一的量化方法，因此本章以定性分析为主要方法。

7.2.3 核电生命周期成本分析

7.2.3.1 环境成本

2015 年年初，被誉为我国“历史最严”的《环保法》开始实施；“两会”期间，20 多个省份在报告中有针对性地表明节能减排要求，政府对环境保护日益重视。在会计学里，企业环境成本是指企业为了使其产品在生产过程中对环境的影响限制在制度许可的范围之内，采取各项方法措施而形成的支出以及这些方法失效时造成损失而需要承担的一切后果及代价。

对于核电这一特殊产品而言，其环境成本除传统污染物成本外，主要是指生命周期过程中核废物造成环境污染需负担的成本。核废物又称放射性废物，即具有放射性核素或被其污染过的物质，产生于核燃料循环与非核燃料循环两大生命阶段；此外，还要考虑核废物处理时对环境的远期影响。

（1）核废物构成

核电生命周期内的废物包括核燃料循环及非核燃料循环产生的废物；前者是指取得、应用、处置与回收利用核燃料过程中因核燃料的放射性而导致的污染，后者是核电企业仪器、设备、反应堆等固定资产处置时带来的环境危害。

表 7.7 对核电形成过程中的放射性物质成分与来源进行了说明，可以发现在其整个生命周期中，放射性物质所造成的核废物污染无处不在，我们必须提高对这些隐形污染的警觉。

表 7.7　核电生命周期内废物的性质及来源

核电生命周期阶段	放射性物质类别	主要放射性核素	污染物	
			形态	举例
铀矿开采与水冶	天然放射性物质	^{222}Rn	气态	气溶胶、废气
		^{238}U，^{226}Ra，^{2x}Th，^{234}Pa	液态	矿坑水、选矿水、萃取水
		^{238}U，^{226}Ra	固态	尾矿、废矿石、滤布、树脂、劳保用品
铀精制与铀燃料元件制造		^{234}U，^{235}U，^{238}U	气态	废气、粉尘、放射性气溶胶
		^{234}U，^{235}U，^{238}U，^{230}Th，^{234}Pa	液态	提纯废液、废水
		^{234}U，^{235}U，^{238}U	固态	废硅胶、纯化残留物、切削物
反应堆运行与乏燃料后处理	裂变产物及超铀产物	^{3}H，^{133}Xe，^{131}I，^{35}Kr	气态	放射性气溶胶、废气
		^{135}Xe，^{87}Kr，^{137}Cs，^{106}Ru，^{144}Ce，^{235}Pu	液态	萃取循环水、脱壳废液、冷却水
			固态	非离子交换树脂、仪器探头、污染废仪表设备、废过滤器
核设施退役	活化产物	^{16}N	气态	气溶胶、废气
		^{53}Co	液态	去污处理废水、循环冷却水
		^{55}Fe，^{28}Al，^{55}Fe，^{56}Mg	固态	核反应堆压力容器、废堆芯部件、包壳材料、钢筋混凝土、污染石墨

注：此表出于清华大学姜子英博士论文《我国核电与煤电的外部成本研究》。

（2）核废物排放的环境成本

日本东京电力公司在其生产过程中，曾将超出安全标准 100 倍的核废液排向大海，共计 1.15 万吨，这降低了其自身的核污染成本，但严重损害了海洋生态系统，增加了环太平洋地区的环境治理成本[6]；事故发生后，福岛核电厂排放的 520 吨高放射性废水也给生态环境造成了连锁灾难；以上内容都必须计入东电公司的成本中。

大量研究认为核电是“二氧化碳零排放”能源，实际上，这一结论并没有放眼核电的整个生命周期；如抽取冷水对机组进行冷却再将热水排出，便无形中改变了自然界正常的水循环规律，核电机组内回路中热水蒸发时、电站向接纳水体排放废热时，均形成大量二氧化碳，一些辅助材料使用时也可能制造温室气体。

（3）固体核废物处置的环境成本

核废料掩埋占据广阔的空间，其存放问题一直难以得到有效解决。日本每年处理核废料的开支大于 88 亿元人民币，这部分的资金通过提高电费的途径全部分摊到了民众身上，而企业却独享暴利。

由以上可见，核废物对固、液、气三类环境产生了不同程度的影响，虽然这部分成本没有完全由核电企业承担，但国家和社会公众却承担风险、蒙受了损失；必须用合适的方法处置核废物，不对后代增加本不应由他们承受的负担。

7.2.3.2 健康成本

放射性物质随着生态圈物质的迁移与能量的传递，对人产生一定的作用。计算核电成本时，必须考量核辐射优先级的作用，这包括对工作者与社会公众两类人群的辐射健康影响，涉及遗传效应、非致死性癌症与致死性癌症。

（1）核电工作人员健康成本

核设施运行过程中，向环境有控制地释放放射性流出物，对其工作人员造成一种小剂量、低剂量率的长期慢性照射；这些放射性核素可能因为日积月累造成身体机能的损害，如钚等亲骨性放射性核素能引发病理性骨折、骨质疏松等疾病；这部分就医成本、职工养病期间造成的经济损失、重新聘请人员的招募支出，都构成核电的间接成本。

在核电生命周期中存在大量辐射，铀矿采冶与核电厂运行产生的辐射量分别约占总量的 68%和 20%，铀浓缩、后处理等其他环节共占 12%。各类核设施造成的个人受照计量因设施类型及所在地点不同而存在差异。据测算，公众照射剂量与工作者职业照射剂量大部分产生于原料开采、水冶阶段，各占总剂量的 69%与 62%。

（2）社会公众健康成本

放射性核素在环境中迁移和弥散，造成土壤、水流、空气等非生物环境成分的污染，对人造成直接外照射，也可经由饮水、吸气等渠道进入体内而导致内照射；此外，由于生态圈里植物、动物及人类之间错综复杂的生物链，使得这些放射性物质能通过各种途径在无形中向人体转移。

上述情况都对社会公众造成隐性伤害，其范围可能波及下一代甚至整个民族的未来；一些核电产业链周边的群众因恐惧心理使得生活质量降低；遭遇核事故时，对人的影响不仅包括核辐射伤害、致癌危害及不可抵挡的死亡威胁等肉体上的损害，还存在心理恐慌、道德考验等问题。

7.2.3.3　安全成本

核电的安全成本是指核电企业为降低或避免由于铀矿开采、核电厂运行、乏燃料后处理等生命周期过程中已经或将会给个人及社会造成的伤害而开展安全管理耗费的支出。核电安全作为国家安全的特殊内容，是发展核电所需保障的第一问题。中国科学院院士何祚庥认为核电其实成本相当高，其中最难以掌控的就是安全成本。

（1）核事故安全成本

人类的全部实践活动都潜伏着事故发生的危险，核电厂工作过程中，难以完全杜绝核辐射事故或存在概率性质的时间或事件序列的发生，一方面，地震、海啸等不可控天灾可能造成核事故，另一方面，人为因素，如失误操作、设计不合理等也可能导致核泄漏情况，安全成本随之产生。

1979 年，三哩岛核事故的清理费总计约合 10 亿美元；2011 年，东京电力公司只有约 3 万亿日元的净资产，但其所需赔款的最高额度是此数额的 3 倍还要多。据了解，减除核事故的后遗症需数百年，自然分化反应堆核心下放的辐射需数百万年；这样触目惊心的数字不得不让我们保持高度警觉并采取有力措施进行预防。

（2）战争安全成本

核电厂是战争中各国最直接、有效的战略袭击要害。敌方若以导弹攻击核电厂，不仅可以产生核弹爆炸的影响力，而且无需负担利用核武器的罪责。撞击核设施的威力相当于原子弹爆炸，因此，美国、欧洲等核工业发达的国家和地区均忧虑核设施将变成恐怖分子、极端主义者的下一批进攻目标。

21 世纪初，为了监控全球核设施的支出，国际原子能机构（IAEA）规定增加 15%的预算，约合 5 500 万欧元。“9 · 11”事件后，美国能源行业进入高级警戒状态，以防水电站、核电厂等遭到不测，表层来看，虽然国家负担了武警、防御等费用，但这仍然属于核电的间接成本。

7.2.4　核电生命周期成本的确认和计量

7.2.4.1　环境成本

（1）基于 PLCC 的核电环境成本确认

核电环境成本应符合会计学中对产品成本的定义，其确认应遵从会计交易与事项的确认标准；同时，根据《环境会计和报告的立场公告》，若企业环境成本的发生可以提升效益、促进安全、增强已有其他资产的能力，或减轻日后生产经营的环境污染，或出于环保目的，则可将其资本化。

（2）基于 PLCC 的核电环境成本计量

传统会计理论中，大多采用历史成本法进行货币计量；但对核电环境成本而言，其一，部分成本的发生并未耗费在过去，而是为未来做准备，其二，除去可数额化的成本，辐射量、辐射范围等必须采取实物度量，有的项目需要选取与环境有关的计量尺度。

传统会计理论已对核电企业内部环境成本进行了计量，但并没有分摊到具体的生命阶段，使企业不能针对各生命环节进行有的放矢地成本控制。另外，外部环境成本无法从已有数据中获得精确的计量依据。

基于 PLCC 理论，将核电环境成本做如下划分：

① 普通运营成本，指生产过程中与核电直接相关的成本，包括用于环保的生产工艺支出，如环保设施的建设费用等；

② 制度约束成本，指由于遵守环境法律法规的需要而造成的支出，如核废水排放费、核固体废物堆埋检测监控费、因违法缴纳的罚款等；

③ 或有负债成本，指已对或将对环境产生污染依法在未来发生的支出，如核废物深埋对当地环境存在潜在危害，政府可能处以罚款，核废水进入地下水系统可能影响对区域水循环而需承担的赔付等。

前两类成本均为已发生的事项产生，存在具体数据，可通过相关原始凭证直接获取。核算方面，第一类可直接依照传统方法计入核电成本；对于第二类，可将作业成本法用于整个生命周期，对其进行分析，再通过污染当量法核算出某种污染物的特定环境成本，纳入核电总成本。

至于或有负债成本，由于缺乏现成数据资料，企业只能采取预估的方式加以核算。2007 年颁布的企业会计准则关于或有事项的解释中写道预计负债用公允价值计量，且因为货币的时间价值受多种因素影响，所以将或有事项用未来现金流量折现的办法加以计量。准则大力强调的公允价值与后续计量观，从理论与政策两方面为第三类成本的分析提供了便利。因此，涉及将来较长一段时间的环境支出，可运用合适的折现率折算其现值，以现值作为或有负债的数额。

7.2.4.2 健康成本

在采矿与核设施运行过程中，工作人员的健康状况因放射性物质辐射、粉尘等而受到损伤时，企业目前一般是当其发生时归到期间费用。而为了强调人的重要性，在 PLCC 理论下，将这部分费用计入核电这一产品的成本，引起企业对员工人身健康的关注。

目前，核算健康成本存在以下方法。

（1）人力资本法，即核电工作人员与社会公众由于核辐射及核污染而造成生病或提前死亡所导致的个人医疗费用的增加与收入的减少。前者为核辐射（或核污染）发生时每名患者治疗费用的平均值与人数之积；后者为同一前提下有关人员预计寿命（或工作时限）的减小值与预期收入现值之积。

（2）生命价值法，即核电企业为降低工作人员患病率或规避提早死亡的风险而承担的货币数额。

7.2.4.3　安全成本

福岛核事故之后，面对日渐突出的安全矛盾，有必要对核电这一高危行业的安全成本进行单独计量，并采用单独成本项目列示。核电企业安全成本包括以下两部分。

（1）预防安全成本，即在核电生命周期的早期采取一定安全措施以确保核电厂和工作人员的安全而花费的金额；这包括两个方面，一是国家为此加强的海陆空等防卫措施的耗费，二是核电公司为此付出的安保费用。前者可从有关部队专项费用发生额中取数计量，后者属于传统成本核算法下产品成本的一部分，因此，两者仍采用历史成本法进行计量，列示在“安全成本”科目下即可。

（2）核事故成本，即核电安全事故发生以后导致的赔偿与损失金额，包括保险成本与非保险成本；保险成本是在核电厂运行的一定年限内，为应对核事故发生而事先按期提取的费用，可根据取得的缴纳保险费用的原始凭证进行计量；而非保险成本是核事故发生后追加的用以弥补损失的额外支出，类似于核电环境成本的第三类或有负债成本，具有未知性，对这方面成本的核算暂没有较权威的方法，但日益得到学术界的广泛关注。

7.2.5　核电生命周期成本的核算

目前对产品生产成本的核算主要有三种方法：一是作业成本法，二是生命周期成本法，三是完全成本法。而我们根据核电产品的特性，我们提倡将其所包含的环境成本、健康成本和安全成本采用基于生命周期的作业成本法核算。该方法是从环境管理学理论中借鉴过来的，对产品或生产流程从原料获取、材料制造与加工、产品生产、产品使用流通或消费、再生循环到废弃的全过程的全部成本按照作业动因进行计算，能增强产品的价值链上各个企业的合作，改善其与环境的关系，并能增强企业的环境形象。具体的核算步骤如下所示。

（1）根据核电企业的生产流程，确定核电产品生产能划分的若干个生命周期阶段，然后分别归集核电产品各个生命周期阶段的环境成本、健康成本和安全成本。

（2）建立作业成本库。作业库是作业成本法模型中的最小成本归集单元，是计算核电产品环境成本、健康成本和安全成本的客观依据。

（3）确定作业动因。作业动因是指核电产品生产过程中作业发生的原因，是将作业库中的环境成本、健康成本和安全成本分配到核电产品成本中去的标准。

（4）计算核电产品成本。将归集的环境成本、健康成本和安全成本分配到各个产品的作业成本中，再加上核电产品的其他产品，从而构成核电产品的总成本。

7.2.6 核电生命周期成本披露机制

依据与企业产品成本核算的相关性，PLCC 的报告方法有单轨制、双轨制及组合法；单轨制即在一套账里披露产品生命周期成本及传统成本，双轨制是在原账目系统外另建独立系统进行核电的生命周期成本核算，组合法则指取其中重要指标单独核算生命周期成本。

从我国相关会计法律法规及核电企业情况考虑，笔者认为核电的生命周期成本可像目前部分企业的社会责任成本披露一样，采用双轨制，建立一套独立的成本核算机制，并由特定会计人员记录和报送。账户设置时，一级科目可为“核电生命周期成本”，然后按照核电的生命周期设置二级科目，制造成本、环境成本、健康成本、研发成本等三级科目，再根据其所属生命周期对应计量。编制核电生命周期成本报告后，要对报告进行仔细研究，分析各生命周期耗费的成本类型、金额及控制措施，从而降低成本。

7.2.7 建议

7.2.7.1 完善机构，加强立法

环境资源属于公共资源，核污染的环境问题存在负外部性，核电企业缺乏

动力自觉维护环境与人身的发展，因此，规范核电企业的成本核算只能通过外力进行驱动；政府作为核电产业安全性的最大监护人，必须设置专项机构对核电环境成本与安全成本等进行监管与督促，规范核电生命周期成本的计量与披露，对核事故造成的损失和不良后果以法律条文的形式进行严格说明。

如美国 1974 年建立核管理委员会，全权保障民用核能的安全及其使用；1982 年，核废料政策法对核电企业在于核废料方面的永久义务进行详细划分；还设立了核电在开发许可、安全监察、风险通报、事故预警等多方面的制度以应对将来的不测。

7.2.7.2　提取资金，专款专用

由于现在技术的局限性，核废料大都采用掩埋的方法处理，虽然短时间内问题得到了解决，但仍留下了环境、健康与安全隐患，未来随时可能出现不可预知的后果；核事故更是偶然事件，难以预料。基于对子孙后代负责的态度，应对不时之需，核电企业在生产过程中应有计划地预留一部分资金，用于将来核设施的拆除与核废物的处置。万一核事故爆发时，不至于因毫无后备资金应急而导致更加惨重的损失。

如美国的普莱斯—安德森法制定了核事故最大保额强制保险计划，规定每座核电厂都必须义务缴纳一定的“溯及保险金”，用于核事故发生时超出最高保额赔偿范围的补偿。这一强制责任险及补偿方案在资金上保证了事故发生后公众能获得及时救济。

相关部门也应下拨给核电企业适当的补贴，进行核电事故应急系统建设。如 2014 年 5 月法国审计法院向国会提交的核电成本报告中估计，2011—2025 年，法电需投入 625 亿欧元，约一半将用于 2014—2025 年以加强核电厂的安全。

当前形势下，煤电的不合理利用造成的雾霾危害、日本福岛核事故导致的灾难恐慌，使得世界各国对于能源使用持有更加谨慎的态度，民众对自身的生存环境也更为关注。在这样的情况下，我国核电要想取得长足发展、在未来的能源结构中站住阵脚，就必须未雨绸缪。

运用产品生命周期成本（PLCC）理论对核电成本进行分析，发现除去传统成本计算法下的发电成本，核电从其原材料开采、核电厂运行、核废料处置到最后核设施退役阶段的整个生命过程中，还存在环境成本、健康成本及安全成本等内容，这些成本由于其隐蔽性、缺乏数据、难以量化的特点，长期以来

都被企业、相关监管部门及社会公众所忽视。但是现实中，这三部分成本对于人类的生存与发展都具有潜移默化而巨大的危害，我们必须了解并正视这些成本的存在，对发展核电的代价有清醒的认识。

本章仅运用产品生命周期成本理论对核电成本进行了较为粗浅的探讨与分析，仍存在许多细致问题有待挖掘和解决。随着 PLCC 理论的逐渐完善、在其他领域应用的逐渐成熟，将其运用于核电成本的核算，无论从微观还是宏观上都将有利于对核电成本的计量与控制，进一步完善我国的能源发展战略，推动经济与社会协调健康可持续发展。

参考文献

[1] 郑宽，王轶禹，王耀华，等．“十三五”期间核电参与电网调峰前景分析［J］．中国电力，2017，50（01）：49-55．

[2] 张林枝．浅析新电力市场形势下的核电厂成本管理［J］．财会学习，2017（09）：121．

[3] 宋雪．管理会计创造价值的实证研究［J］．科研管理，2018，39（04）：166-176．

[4] 刘吉成，付晓旭，何丹丹，等．基于解释结构模型的风电产业价值驱动因素分析［J］．科技管理研究，2018，38（04）：218-225．

[5] 高晨，汤谷良．央企 EVA 考核中的目标设定与指标分解［J］．财务与会计（理财版），2011（11）：8-11．

[6] 孙倩，吴丹丹．中央企业推进 EVA 价值管理的实施路径研究——以 HBDL 公司为例［J］．财会通讯，2016（28）：5-9．

[7] 刘健龙．核电工程设备采购与监造管理浅析［J］．中国设备工程，2017（19）：32-33．

[8] 郭东利．总承包模式下的核电工程项目管理［J］．中国核工业，2008，（5）：16-18．

[9] 黄建文，刘敏，潘慧敏，等．考虑质量与安全因素的挣值管理及其应用［J］．人民长江，2018，49（18）：75-79+96．

[10] 王华．核电厂作业成本模型探讨［J］财务与会计，2018（16）：41．

[11] 宋家强．淮北矿业集团煤炭产品销售业务流程重组实践［J］．中国煤炭，

2014，40（10）：32-34+52.
［12］王华. 核电厂战略备件采购决策模型及其应用［J］. 财务与会计，2016（19）：34-35.
［13］雷振华，张尧天，郭丹，等. 核电厂与设备供应商共生财务关系的形成及管理［J］. 财务与会计，2018（09）：73-74.
［14］龚芬. 产品生命周期成本管理理论框架研究［J］. 财会研究，2009（12）：32-34.
［15］张立婧，生命周期成本法下化工企业环境成本核算分析［J］. 会计之友，2015（02）：64-66.
［16］任德曦，肖东升. 核能经济［M］. 哈尔滨：哈尔滨工程大学出版社，2014 年 8 月：584-613.
［17］李民权，关玉蓉. 核电厂退役探讨——对我国核电厂退役的几点建议［J］. 南华大学学报：社会科学版，2011（05）：1-4.
［18］姜子英. 我国核电与煤电的外部成本研究［D］. 北京：清华大学核科学与技术，2008.
［19］赵营波. 健康的生态经济要求计算核电的全部成本［J］. 生态经济，2011（07）：47-51.
［20］向虹，邹树梁，刘文君，等. 核电社会成本研究现状与展望［J］. 环境保护与循环经济，2014（01）：15-18.
［21］杨亚萍，张黄. 产品生命周期成本核算模式的选择与构建［J］. 财会月刊，2008（08）：71-72.
［22］徐璐. 环境成本核算视角下环境会计文献述评［J］. 财会通讯，2015（04）：20-22.
［23］黄德忠，钟雅至. 核电产品生命周期成本研究［J］. 南华大学学报社科版，2015（03）：30-36.
［24］宁思宇，黄德忠，吴珍. 成本控制视角下核电企业价值创造的路径研究［J］. 现代商贸工业，2020（08）：15-17.

第 8 章

CMM 视角下核电企业 W 公司财务共享服务中心能力评价体系研究

8.1 绪 论

8.1.1 研究背景

随着世界经济的发展，集团企业面临着更多的机遇和挑战，同时面临前所未有的压力和风险，因此为了适应当今经济全球化的市场竞争环境，企业不断地在其管理架构与组织结构上开展变革。然而随着企业实力的不断发展，日益庞大的集团企业资金链条逐渐延长、资金规模逐渐增大，管理架构逐渐变得冗余，分支结构的增加使财务费用增加，中间存在的信息传递成本也不断增加，财务管理功能逐渐分散，尤其是在财务执行力方面出现了乏力的表现，财务运行成本也在无形中提高了。因此，如何解决集团公司在发展壮大过程中集团总部与分公司战略目标统一并且得到有效落实、更为高效的利用全球化资源、对决策层所需要的财务数据进行实时监控与分析等等这些问题是关键所在。

另外，财务的职能已经不仅仅局限于会计核算、资金结转等一些传统的基础性功能，为集团企业改善经营管理、提高经济效益、促进资本运作、管理资源配置等职能变得越来越重要。而将集团企业的财务集中化处理，不仅有利于解决上述管理方面的问题，而且可以使财务的管理职能得到更有效的发挥。

建立财务共享服务中心，定能给集团企业带来财务机构架构的深度革命。原本“肢端累赘”的各业务模块的财务部门将被削减，可能只会保留一小部分，而财务管理的重点部分将迁移至共享服务中心所在地。将大多数以前分散的财务职能集中到一个中心，可减少员工人数，提高财务共享效率，并将财务和管理流程与业务战略相匹配。特别是在企业兼并重组以后，可以通过财务共享服务中心向集团企业提供服务并且在合并初期可形成良好的评估体系，便于企业评估。

从国家政策来看，财政部 2013 年颁布发表的《企业会计信息化工作规范》第 34 条中提到："分公司、子公司数量多、分布广的大型企业、企业集团应当探索利用信息技术促进会计工作的集中，逐步建立财务共享服务中心。"该政策也为建设财务共享服务中心提供了政策保障。

目前，世界 500 强公司中大多数都已成立或筹备建设"财务共享服务中心"运作模式。埃森哲公司在欧洲市场的调查数据显示，欧洲 30 多家跨国公司建立财务共享服务中心后，财务运营成本较之前降低了 30%左右。不少大型跨国公司，例如福特、GE、强生等等都率先建立了自己的财务服务共享中心，而该模式在我国仍然处于初步发展阶段，引入时间较晚，目前实施的大型企业有华为、长虹、中兴、宝钢、联通等企业。而核电行业作为一个经济命脉型行业，其集团公司也随着规模的增大，而面临着财务管控难度增大的问题。对于建立财务共享服务中心来增强企业管控，优化企业内部流程的方式，也需要用一个科学、系统的评价体系来对财务共享中心的能力进行评估，以促进共享中心的发展。

8.1.2　研究意义

在日益增加的竞争压力下，作为集团企业而言，他们面临的经营风险越来越大，世界 500 强中 70%的集团企业均建造了自己的财务共享服务中心，投入运行的超过 450 家。然而，我国的财务共享服务中心的发展起步较晚，但目前很多集团公司相继推出了自己的财务共享服务中心，其中不仅有华为集团、中兴通讯等科技型公司，宝钢集团、国家开发银行、中化集团、中国联通、中国海油等大型国有企业也在财务共享服务的管理模式中尝试与摸索。

作为国民命脉型的核电行业而言，其自身具有的建设周期长、投入资金大、运营成本高等特点，因此更加需要有一个科学合理的财务管理模式。同时 W 公司也存在着与众多大型企业同样存在的问题，企业成本不断增加、企业的不断扩张也导致管控的难度持续加大、财务风险也不断增加。

因此，财务共享服务中心的出现解决了这些问题，然而，对于如何评价集团公司的财务共享服务中心这一管理模式的能力水平，内部流程管理的运用是否合理有效，能否达到预期效果，这都需要我们从理论到实践的角度对比分析，结合我国国情与行业特点，以 W 公司财务共享服务模式为例，通过 CMM 理论建立一套对于财务共享服务中心能力评价的体系（FSSC-CMM），分析该模式下 W 企业的能力水平处于怎样的位置。另外，也希望通过本章对 W 公司财务共享服务中心案例的分析研究，对准备实施或是正在实施此类管理模式变革的集团企业起到一定的借鉴与参考作用。

8.1.3 研究内容与方法

8.1.3.1 研究内容

本章分为五个部分对企业财务共享服务中心能力评价体系加以阐述和研究。

第一部分：绪论。主要介绍财务共享服务能力评价的研究背景、研究意义、本章主要的研究内容与方法以及本章主要的创新点与不足。

第二部分：国内外研究现状及相关理论。分别从共享服务、财务共享服务和 CMM 能力评估模型三个角度，介绍相关理论的内涵、发展、国内外研究进展和运用等等。

第三部分：CMM 视角下的 FSSC 能力评价模型的构建方案。介绍了 CMM 理论下对财务共享服务中心的适用性、构建思路的基本原则、关键影响因素、评价维度、指标权重的确定以及评价结果。

第四部分：CMM 视角下 W 公司 FSSC 能力评价模型的具体运用。将前文所述的 FSSC-CMM 评价体系的模型运用到 W 公司财务共享服务中心能力成熟度评价中，对具体的评价过程进行详细描述。

第五部分：CMM 视角下 W 公司 FSSC 能力评价结果分析与建议。将前文计算出的 W 公司能力成熟度结果进行具体分析，并为之提出相关建议。

8.1.3.2 研究方法

本章按照以下几种研究方法探究集团企业财务共享服务中心能力评价体系问题。

（1）文献研究法

通过收集、鉴别、整理大量关于财务共享服务的理论概念、适用范围、实施运用等方面的文献，通过对以上文献的研究与阅读，经过自己的归纳整理与分析鉴别，对各位学者在本课题的研究成果、研究进度等进行一个全面系统地叙述与评价。

（2）层次分析法

通过构建一个更完整的评价体系，通过层次分析法对评价体系中各影响因素的指标权重进行确定。

（3）模糊综合评价法

通过模糊综合评价法把定性评价转化为定量评价的方法。将上文通过层次分析法获得的 FSSC-CMM 评价体系指标权重，结合模糊综合评价法量化处理，对案例进行分析。

（4）案例分析法

又称个案研究法，通过比较分析选取较为典型的 W 企业作为本章案例分析的研究主体，将上文的一系列理论基础的研究结果运用到实质的案例分析中来，对于集团公司的这类管理变革模式起到了一定的参考和借鉴作用。

8.1.3.3　研究路线图

研究路线图如图 8.1 所示。

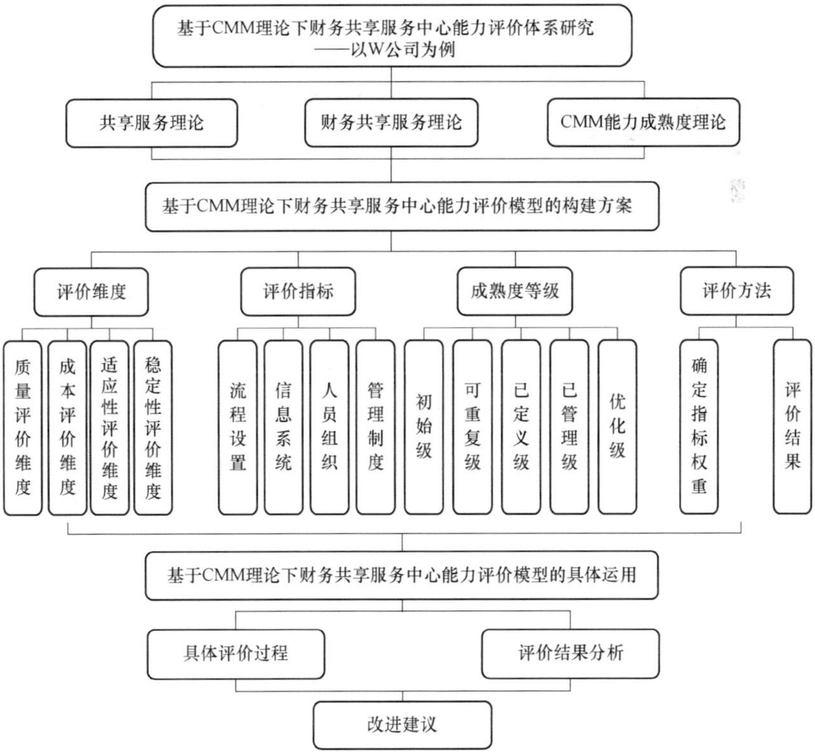

图 8.1　研究路线图

8.2 国内外研究现状及相关理论

8.2.1 共享服务研究动态及相关理论

8.2.1.1 共享服务的概念

共享服务模式（Shared Service）是指将公司的某一项分布在不同业务模块的经营职能，如财务、人力资源、IT 技术等专业技能型服务类型，通过转移到以一个半独立化的主体模块中去的一种互助战略，这样的业务主体单元具有与正常企业相同的管理结构，致力于为集团母公司创造利润价值、提高工作效率、节约运营成本而服务。由此建立的业务主题模块可以称之为共享服务中心（Shared Service Center，SSC），在 SSC 的管理方式下，集团企业可以将自己分布在各个机构的同类业务部门从原有的机构中分离出来，整合到同一个主体中心，通过整合资源建立独立实体，并提供统一服务。在共享服务中心，员工被分成若干个工作小组，每个工作小组单独负责一项或多项业务，通过企业的 ERP 系统、OA 邮件、电话等远程手段，为集团企业的所有业务单元提供相应的业务支撑。

8.2.1.2 共享服务的范围和模式

如表 8.1 所示，这样的共享服务模式可以应用在财务、人事、信息技术支持、物资采购、法律咨询及研发等等范畴，为集团企业在区域内、全国乃至全球范围内提供业务支持。在 Deloitte 德勤咨询公司调查了 50 家财富 500 强的公司当中，开展共享服务中心的企业雇员数量平均减少了 26%，投资回报率提高至 27%。

8.2.1.3 共享服务国内外研究动态

共享服务始于 20 世纪 80 年代，是在集团企业全球化、数字信息化和经营领域快速扩大的环境下的管理创新方式，由福特公司首次完成共享服务中心的建设（见表 8.1）。随后，通用汽车公司（General Electric）也于 1986 年设立了自己的客户服务业务组织。1993 年 Gunn Partners 公司的创办人 Robert W.Gunn，强生公司的 David P.Carberry，通用电气公司的 Robert Frigo 以及 DEC 公司的 Stephen Behrens 首次共同提出共享服务的思想，共享服务这一管理方式的出现，使越来越多的国际跨国企业采取这一管理方式重建集团企业的组织结构，共享服务的业务也从财务会计方面发展到人力资源、采购、信息系统、投资、法律、科研等业务。截至 2008 年，已经有超越 85%的财务 500 强单位组建了自己的共享服务中心，例如杜邦（DuPont）的全球服务业务（Global Services Business，GSB）和通用电气（General Electric）的金融服务运营（Financial Services Operation，FSO）等。

表 8.1　共享服务的范围

	事务处理和行政管理	专业技术服务
会计	应收应付账款	财务分析
	薪水册	业务方案支持
	信贷与托收业务	资金筹划
	客户汇票	业务分析
	差旅开支	总账
	税收归档及汇报	外部报告
	总账	
	外部报告	
人力资源	津贴管理	劳动关系
	退休金管理	组织发展
	薪水管理	培训与发展
	人员档案	赔偿与奖励
	索赔	咨询服务
	雇员管理	健康安全
	工作评价	
信息技术	数据集中处置	应用研究
	网络服务	应用方法
	维护	软硬件配置
	桌面帮助	战略与培训
	数据支持	通讯
	行政支持（包括：接待、文秘）	购买与仓储
	旅行安排	房地产
	邮件服务	实物管理
	缩微摄影	后勤与分销

续表

	事务处理和行政管理	专业技术服务
供应与后援	车队	设备管理
		公共事务
		图书服务
		法律服务
		安全服务

国外学者对于共享服务中心的定义有着不同的看法，Robert W.Gunn（1993）等四人提出共享服务的定义，提出该模式是集团企业从发散的管理中获得竞争长处的一种创造性管理方式，他们认为提供共享服务时其机构成员和专长技能等资源是核心要素。Donna Keith，Rebecca Hirschfield（1996）提出共享服务中心与传统的简单合并是有区别的，它是一个独立的实体运营体系，拥有独立的场所、预算与责任。通过 SSC 可以降低行政成本，消除集团企业扩张过程中重复部分，改进对内部客户的服务，如图 8.2 所示。

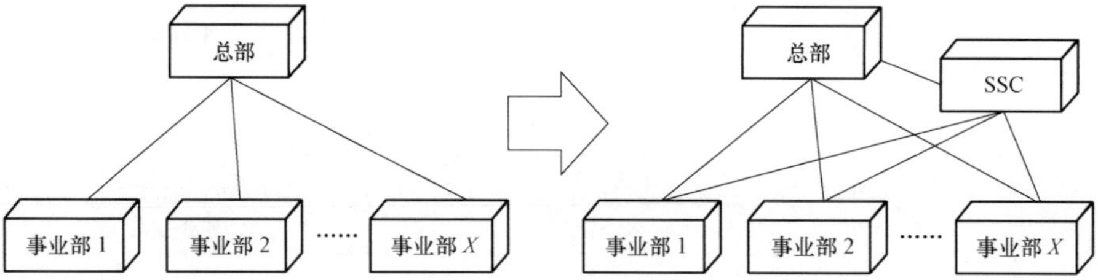

图 8.2　企业共享服务的典型结构

Schulman（1997）在《Shared service：Adding value to the business units》（共享服务：为业务单元增加价值）中认为共享服务是为了以更优质的服务与更低的运营成本为集团内部各成员提供职能服务，跨组织有效整合资源，以提升最终的企业价值，使企业实现利润最大化。Moller（1997）指出 SSC 中心是一个自主的实体机构，为集团公司内部多个分子公司或业务部门等业务模块提供有针对性的业务支持。共享服务中心是以企业的内部客户为服务对象，拥有确定的资源，对企业不同活动的成本、质量及时效性进行管理，拥有正式或非正式的服务水平协议契约[3]。在《服务共享：管理者之旅》这本书当中 Daniel C.Melchior Jr.（1999）探讨了共享服务负责人的日常职责，并且对共享服务初衷、功能、流程建设与选址、组织结构、团队引领以及服务中心费用分摊问题等等进行了深入讨论。作为共享服务的主要奠基者之一的 Barbara E.Quinn（2001）在他的代表著作《公司的金矿-共享服务》（Shared services：Mining for Corporate Gold）里表示，SSC 共享服务应当属于商业经营的范畴，而商业等于服务费用的收取加以顾客为中心。以顾客为中心的内在要求需要有明确的客户群体（即企业内部的其他部门）以保障集团后台工作的正常运作，客户群体的现实需要以及所提供产物或服务的最终支付金额是后台运营的直接商业导向，后台部门可根据此类需求与相应价位来要求对方制定有针对性地个性化服务。随后 Bergeron Bryan（2004）的《共享服务精要》中为共享服务给出了贴切的概念：是一种新的、半自主式的业务模式，将现在有的某些业务职能聚集到一个业务单元的合作战略形势，它拥有专门的管理机构，就像一个公开竞争的企业一样，部门之间相互独立又互相合作，为集团企业的内部客户创造价值、节约成本、提供高效率服务。

就我国国内而言，对共享服务的研究的开始相对比较迟。吴益军、张高峰、张颖（2002）在《企业国际化过程中的组织创新——服务共享中心的建立和管理》中提出服务共享中心是跨国企业在全球化进程中的一项创新式的组织管理形式，它重新整合了企业内部的后台服务，为集团企业建立规范化、统一的后台服务中心，并向各业务部门收取费用以提供相应的后台服务，来降低运营成本，同时提高企业后台服务的运营效率。刘汉进（2004）在文章《共享服务的决策、实施与评价研究》中提道：共享服务模式是指将具有多个经营单位的业务单元分散到各业务单元，与原有业务单元分开，成立为单独的独立实体提供服务。在宏观微观经济学，技术经济学，新制度经济学以及组织行为学理论的指导下，本章以分布式系统方法，模块对象化和操作研究方法为工具，来研究共享服务这一概念[7]。中兴通讯股份有限公司副总裁陈虎（2004）在《财务共享服务》中提出，共享服务的本质是信息网络技术推动的运营管理模式的变革和转型。将分散在内部不同业务部门类似的财务工作统统集中到共享服务中心，能够帮助集团将有限的资源集中在其核心业务上，并帮助集团公司在竞争中保持优势。

8.2.2　财务共享服务的研究动态

8.2.2.1　财务共享服务的概念

财务共享服务中心（Financial Shared Service Center，FSSC），是近些年来

出现并且普及起来的财务管理模式，这是企业集中式管理在财务上的最新应用。财务共享服务中心的目的是通过有用的运作管理模式，来解决大型集团企业财务功能建设中的反复投入与效率低下的缺陷，通过对集团各个分公司、子公司的会计账务核算、处理等事务性功能，集中处理，归集到同一个共享服务中心（SSC）中来进行记账和报告，实现规范、统一的财务信息收集，实现规模经济效应，同时因为不必要在每个子公司均设置财务部门，也节约了大量人工成本。它作为一种全新的模式正被大规模的运用在众多跨国企业与国内大型集团公司当中，这也将是经济全球化下未来大型集团企业的发展大方向之所在。

财务共享中心是立足于信息技术，以业务流程为核心，站在市场的视角，采取多元化的实施动机，面向生产的服务以及分布式服务的关键转变。它将不同的会计主体、不同地点的会计业务利用技术、流程以及人员有机整合并且实现共享，实现财务业务的标准化。它将那些标准化的、共性的、重复性高的业务整合在共享服务中心，促使财务人员在重复性的日常工作中实现转型，由简单的记账转向财务管理，让决策制定层把工作重点转向决策支持上来。

财务共享服务中心的发展经历了由分散到汇集再到财务共享的三个大致阶段，三者都有各自之所长，但随着经济全球化的发展与企业规模的变化，不同模式适用的不同规模的集团企业也大不相同。

（1）财务分散式管理模式

分散式的财务管理模式适用于组织结构相对简单、业务规模小、创立时间短的公司。该模式能够更加贴切落实地了解客户需求，掌握企业动态，并且促进企业开展正确的决策。但随着企业规模的扩大、组织结构更为复杂、业务类型及范围不断增加扩大，运用分散式地管理模式往往存在着核算口径不一致、各个环节控制复杂的问题，这样逐渐导致管理成本大幅增加、财务信息传递效率低下、组织结构冗余等一些问题。因此，往往得取得集团企业的准确财务信息就需要合并各个分公司、子公司的财务报表，而子公司的财务信息可靠性的风险因素也往往间接影响到集团总部的财务信息准确性。

（2）财务集中式管理模式

采用财务集中式管理模式能一定程度上解决分散式管理模式的上述缺陷，该方式通过简单的集中，把财务的核算口径统一起来，这样，一方面便于支持企业的管理工作、降低管理运行成本，另一方面也一定程度上有利于企业规模的拓展。但是财务集中的管理方式依然不能从根本上解决集团企业扩张中所面临的问题，它仅仅依靠单一汇总各个子公司的财务数据，而财务部门作为后台服务部门依然保持着低附加值的局面，作为远离经营活动地点的业务部门对于经营管理的需求灵敏度低，数据处理量巨大导致信息反映速度慢，无法对企业提供更为专业、高效的运营服务。

（3）财务共享管理模式

财务共享服务中心管理经营模式一方面结合了分散式和集中式两种方式的优点，另一方面又弥补了两者效率低、服务水平不高的问题。财务共享管理模式通过对企业流程再造，使企业财务拥有一个标准化的操作处理过程，大大地提高了数据处理的效率，降低了企业运营成本。另外，采取将企业专业知识水平较高的财务人员专注于财务共享服务中心，能够提升财务共享中心的整体专业标准化水平，为企业内部的不同业务部门与不同业务主体提供更高效的服务。同时，财务共享方式通过服务水平协议来界定双方的权利与责任，明确规定了服务内容的质量水平、正确合法性以及时限期间等内容。

8.2.2.2 财务共享服务国内外研究动态

Bob（2000）对财富 500 强公司的财务共享服务中心进行了案例梳理研究。他指出，福特在建立金融分享服务中心后，将全球财务分析师数量减少了 11 000 人，最终将 3 000 名财务分析师员工集中到了财务共享服务中心，为企业节省了大量人力资源并为世界范围的业务集中提供服务。Kagelman（2000）指出，通过将重复的工作整合归集到财务共享服务中心的方式来管理，集团公司能够高效地协助公司整合资源，增长经济效益。Elizabeth Van Denburgh 等人（2000）认为，财务共享服务中心是一种核心增值战略工具，可以在不增加人员配置的情况下有效适应业务发展并提高并购的灵活性。Bergeron（2003）提到，把财务共享服务这一模式形容成一条价值链的话，那么共享服务中心与集团公司就形成了一条无形的价值链，而 BPR 就是利用这项价值链来构建的。

陈虎、董皓（2008）在《一路走来——财务共享服务的实施》中也对财务共享服务进行了描述，提到该方案的实施是一个项目管理的过程，整个财务共享项目的施工评测、模型塑造、设计和部署、运行建设等都应该按照项目管理的模式来操作。张瑞君、陈虎、胡耀光和常艳（2008）在《财务共享服务模式研究及实践》一文中，通过反观对比海内外共享服务与企业的实践典型案例，并结合中兴通讯进行研究，提出适合于我国集团公司展开财务共享服务的道路[9]。何瑛（2010）在《企业财务流程再造新趋势：财务共享服务》在中认为财务共享服务的核心要素是：人员和文化、组织和流程、技术和系统，而分享主要存在在三个层次方面，分别是战略层面的风险、组织层面的风险与执行层面的风险。张育强、林金腾（2011）在《企业集团财务共享服务模式的比较分析》中表示服务和管控两种实施模式是财务共享服务的特色，集团企业的战略目标与定位直接影响共享服务中心的选择，而我国企业由于自身国有背景和传统的影响，开展财务共享有别于国外的“服务模式”，侧重于加强集团企业的财务管控来协助完成战略上的扩张与转型。

8.2.2.3 财务共享服务的现状

目前财务共享服务中心已经度过了概念导入阶段，进入到飞速发展阶段。从美国 GE 通用集团开展共享服务以来，国外尤其是实力较强的跨国企业财务共享服务之路从未停息，拜耳、飞利浦、阿苏克-诺贝尔、科勒、诺华、道达尔等公司纷纷建立了自己的财务共享服务中心，也不断地有大量西方跨国企业在中国境内建立中国区、亚太区乃至全球范围内的财务共享服务中心，并且还在持续不断地扩大自己的规模。而对于我国的现状来说，财务共享中心在国内公司的起步成长相对较迟，中兴公司是最早引入财务共享服务模式的企业之一，随后的宝钢集团、海尔集团、长虹公司、中英人寿、TCL 集团等集团企业也加入到了财务共享服务模式之中来，如图 8.3 所示。

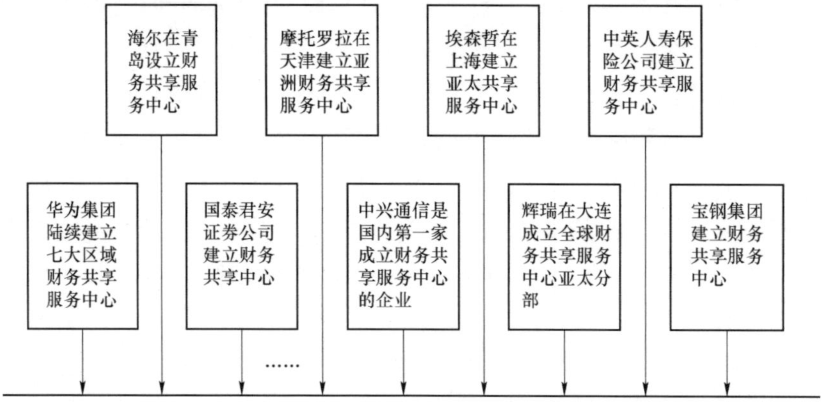

图 8.3　财务共享服务中心在我国企业中的应用情况

（1）以规模较大的集团企业为主

根据永安对我国财务共享服务的调查报告情况来看，其中有 53%的财务共享服务中心正在为分公司、子公司达到 50 家以上规模的集团企业提供服务，而计划中的数据可以推断出预计将来有67%的财务共享服务中心能够达到同样的规模。我国规模越大的公司更倾向于建立财务共享服务中心，规模发展是重要因素之一（见图 8.4）。

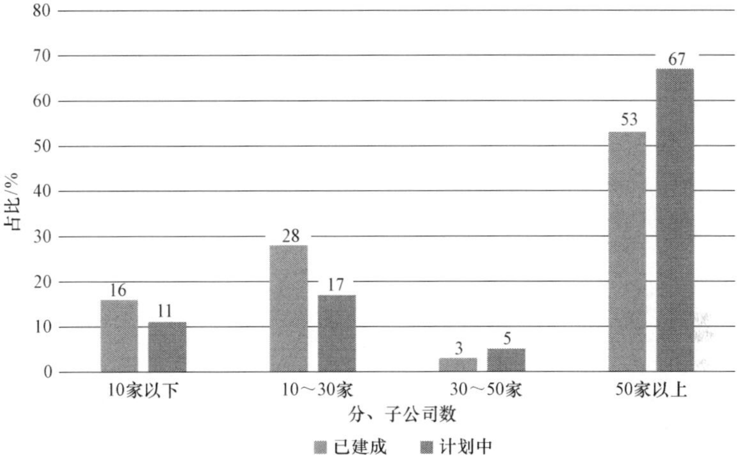

图 8.4　已建成以及计划中财务共享服务中心服务的分、子公司占比

（2）建设的目的多样化，以加强管理控制和规范化业务流程为主

目前集团公司建立财务共享服务中心的目的多种多样，通过财务共享的模式不仅仅只为了降低管控成本，更看重的是该模式能够规范业务流程要求、加强集团管控、进一步发展业务（见图 8.5）。

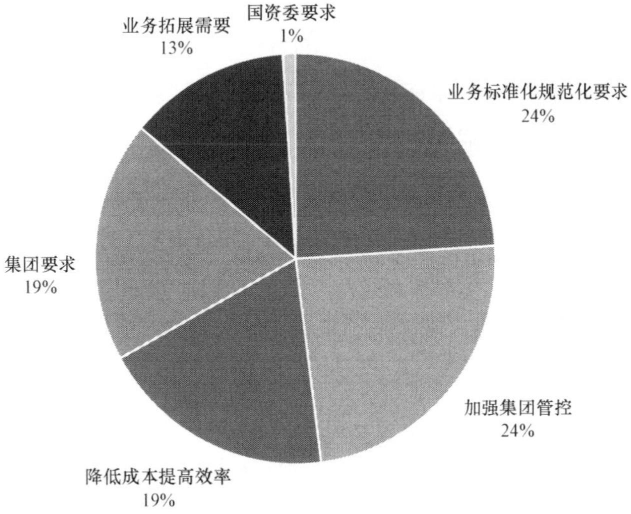

图 8.5　财务共享服务中心建设侧重点

（3）以内陆省会城市为重点选择地区

随着内陆省会城市配套设施的完善，我国企业的财务共享服务中心正在逐渐从原本的一线城市转移到中西部内陆地区。中部地区人力资源成本相对于北上广深地区更为有优势，建设的相关成本都相对而言更为低廉，吸引了不少集团企业将它们纳入选址城市中来。尤其是武汉、成都、西安等地，配备设施完善，高校众多、人才聚集，成本又相对较低作为共享服务中心选址的吸引力正在日益增强。

8.2.2.4 财务共享服务实施意义

建设财务共享服务中心对集团企业内部管控来说有着非凡的意义。

（1）降低企业运营成本

财务共享服务中心的产生带来了标准化、规范化的工作流程，使原本散布在各个工作单元的财务工作，打破原有的模式，统一到财务共享服务中心，依照规范化的标准步骤处理，从而可以将原本需要的工作人员数量大大降低；同时，通过完善工作流程、建立标准化的财务系统，服务中心仅需要聘请少量的财务人员便可以处理多个地区、多个业务单元的业务。通过这样细化财务人员的工作分工，很大程度上能够帮助集团企业降低内部管控的运营成本。

（2）保证集团企业的运营重心

财务业务从原有业务单元中提炼集中出来后，使财务共享服务中心专注于处理集团整体财务相关业务。从而原有的各个业务单元能够集中更多精力于拓展现有业务，集中有限资源专注于核心业务，为集团企业创造更多利益。同时也能让更多财务人员从基础凭证录入中解放出来，从事财务分析类工作，为集团企业的财务管理提升一个等级，集中人才在公司决策分析的把控上，将财务数据信息与企业战略相结合，有利于集团企业在竞争中保持优势。

（3）提高服务质量与效率

财务共享服务模式能够将原有复杂、冗余的工作流程标准化、规范化，从而大大提高财务的服务质量与效率。财务共享利用计算机系统、大数据处理技术以及集中的专业技术人才的支撑，能够把原本分布在多个地区、多种业务类型的工作，集中高效地处理。这对集团企业规范化进程的加快起到了不可忽视的奉献力量。

8.2.3　CMM 能力评估模型的研究动态

8.2.3.1　CMM 能力评估模型的概念

CMM 评估模型是一种能力成熟度模型（Capability Maturity Model），它是由于软件能力成熟度模型（Capability Maturity Model For Software，SW-CMM）演变而来的。该研究中心最初由卡内基梅隆大学软件工程研究中心（CMU/SEI）开发，得到了美国国防部的大力协助与支持，将其从美国推广至全球范围内实施该评估标准。CMM 模型覆盖了有关计划、设计和管理的开发和维护，可以改进机构以满足成本、质量、功能和进度等目标。随着 CMM 研究的进一步透彻，其他研究领域也纷纷从本专业的角度出发结合自身特色，纷纷提出了本学科的 CMM 模型，形成了一个 CMMs 能力成熟家族。例如：项目管理成熟度模型、人力资源能力成熟度模型（People CMM，P-CMM）、企业环境管理成熟度模型、能力成熟度模型集合（Capability Maturity Model Integration，CMMI）、系统工程能力成熟度模型（System Engineering CMM，SE-CMM）等。

8.2.3.2　CMM 能力评估模型结构

CMM 评估模型的结构如图 8.6 所示，位于最高层级的是成熟度等级，每达到一个成熟度等级都需要达到这个成熟度等级所对应的多个关键过程域（Key Practice Area，KPA），这些关键过程域的必要条件则是实现一系列关键实践，这些关键实践使得给定的 KPA 处于特定成熟度级别是一项基本要求。

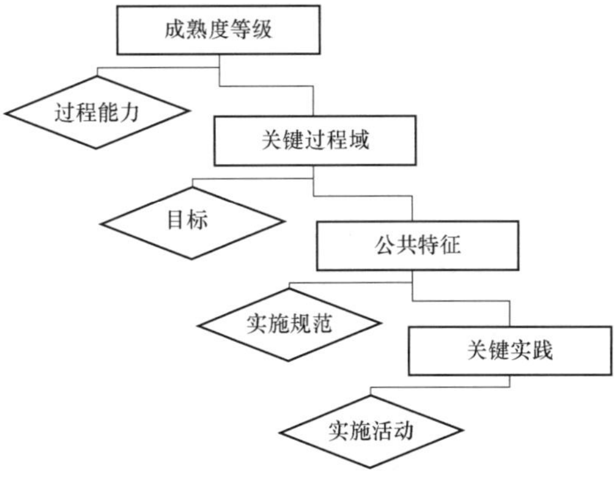

图 8.6　能力成熟度结构

（1）成熟度等级

CMM 能力评价模型分为五个成熟度等级，并定义了每个管理层应该解决的关键问题和关键过程。第一个层次是最低层次的初始级，这个层次的状态是没有秩序的，进程、效用性能、成本费用和质量的不可预测的；第二个层次是一个可重复级，这一层次是组织过程已经规范化，有规律，可重复；第三个层次是定义级，这个层次是为了实现标准化的过程；第四个层次是已管理级，该层级可以达到过程的定量化；第五个层次是优化级，也是最高层次，过程层次可以自发持续改善（见图 8.7）。

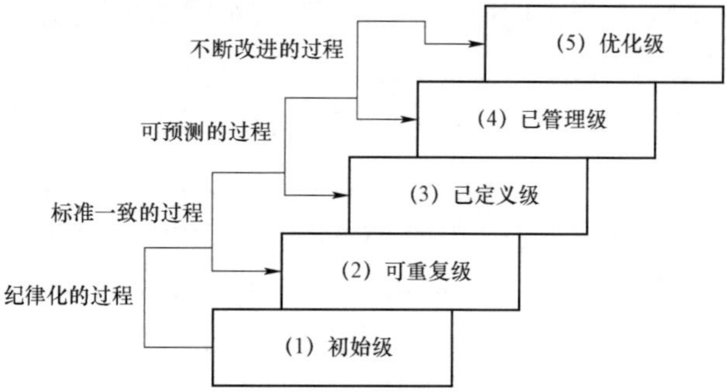

图 8.7　成熟度等级示意图

（2）关键过程域 KPA

关键过程域 KPA 是几个实践活动与相关基础措施的汇总。每个成熟度等级分为许多个关键过程域 KPA，每个关键过程域都明确指出需要解决的问题，以及组织应该改进其软件过程能力的领域以达到一定的成熟度。KPA 在成熟度等级中定义，与成熟度密切相关。每一个关键过程区域都涵盖了一连串活动，在这些活动当中，我们可以提取出若干个点作为它们的目标，只要能够达到这些目标，那么已达到该级别的所有 KPA，才能判断一个等级是否达到了。

（3）关键实践 KP

关键实践 KP 是一个能够传达关键过程域的有效实施和标准化的基本设施与活动。总体而言，关键过程领域阐述了“要做什么”，而不是“如何”实现它们。企业为了实现他们关键过程域的目标，来根据自己的情况决定“要做什么”。这些“做什么”要素是关键做法。

8.2.3.3　CMM 能力评估模型核心思想

CMM 理论的主要结构是在沃尔特 •谢瓦特、W Ewards Deming、菲利普 •克劳斯比、戴明环以及 Joseph Juran 的朱兰模型等多名实施产品质量管理的知名学者的理论的基础上提出的。其中的三大核心思想如下所示。

（1）持续的过程改进理念

持续的过程改进理论是指只有标准化、制度化的过程才可以取得效率较高的目的，这也是 CMM 理论的核心思想。所以，把“持续过程改进”理念输入到机构的评价中来，是运用 CMM 能力成熟度模型的关键之所在。

CMM 试图实现的流程标准化意味着当流程提供了一套规则并让人们的行为与规则一致时，流程就是一个受规制的流程，也就是一个成熟的流程。与此同时，CMM 模型之所以可以说是一个“持续过程改进”理念的模型，是因为给出了软件过程改善的规划图中，在后四个等级阶段中分别规定了每个等级阶段需要实现的关键过程域的目标，同时也需要能够兑现这些目标的对应的实践活动。

（2）质量管理原理

CMM 的成熟度能力等级评价模型是基于产品质量管理原理产生的。沃尔特·谢瓦特在 20 世纪 30 年代提出了统计质量管理原理，推出了他的质量改进的 PDCA 循环理论：“P（Plan：制定计划），D（Do：实施计划），C（Check：检测实施情况），A（Action：针对问题采取改进或纠正措施）。”PDCA 循环理论不断循环往复从而构成一个闭合的循环流程，体现出了质量改进的过程与规律。汉弗莱认为，与工业领域一样，统计质量管理的概念一样也可以应用于软件行业。戴明提出了一个持续改进的 14 点计划。SEI 将上述理论引入到成熟度框架中，为软件过程的量化控制奠定了基础，也为过程持续日臻完善提供了理论基础。

（3）基准管理与制度化理念

基准管理（Benchmarking）是基于组织内部和外部组织的一个或多个方面的最佳实践，并对之开展深入的对比与研究，它可以通过判断自己的实践情况创造性的学习并且进行优化改进实践，甚至可以超越参照对象持续进行改进提升。

CMM 能力成熟度模型为过程不断渐入佳境提供了一个参照的标准，这个参照值囊括了几乎全部范围内的管理实践活动，并且在每一个成熟度等级均设置了具体的实现该目标所必须达成的条件与行为，确立了明确的工作区域。同时，CMM 能力成熟度模型也是寻求基准化与制度化的典范，因为组织过程的正规化，实体化和规制化可以降低组织工作的投机性和偶然性带来的风险。在

CMM 中，工作流程制度被明确的定义了，同时 CMM 能力成熟度模型也制定了衡量、评估和分析组织工作的基准，制定的工作规范要求与系统的战略目标相匹配，与实际工作任务不产生矛盾，与内部过程领域同步进行。

8.2.3.4 CMM 能力评估模型应用研究

CMM 模型的理论并非局限于软件领域的从业人员的重视，CMM 能力评价模型凭借它的广泛的拓展性特点，被应用于多方面的其他研究领域。

（1）软件能力成熟度模型（SW-CMM）

从 20 世纪 90 年代开始，IT 行业的职工，以及许多知识分子都对 CMM 能力成熟度模型的理论概念、怎样模拟其过程以及怎样执行才能有效开展等问题进行深入学习、讨论与研究。

安德里亚·德露西亚、蓬皮拉（Eugenio Pompella）和西尔维奥·斯特凡努奇（2003）三人通过对工程项目的实验得出分析结果，认为软件的维护成本较高，而 CMM 软件能力成熟度模型能够更好的维护软件结构，降低其维护成本。詹姆斯·J，加里·克莱因，辛吉恩等人（2004）认为软件工程项目的失败率很高，他们也曾尝试用多种办法降低项目的失败率，但都从未成功达成。而 CMM 软件能力成熟度模型能够有效地解决这个问题，它能够从 5 个成熟度等级的管理视角出发，对工程项目不同等级的活动运用研究报告的方式来确定其实施情况，并且对项目整体进行有效的计划与管理。马哈茂德·尼亚齐，大卫·威尔逊和迪达尔·佐吉（2005）通过实验性研究，为软件进度改进的实现建立了一个成熟度模型。Odd Steen（2007）认为 CMM 软件成熟度模型对软件系统的质量有着重要的影响性。

我国学者们也对 SW-CMM 软件能力成熟度模型做了深入的研究与探讨。王雪龙（2003）对 SW-CMM 软件能力成熟度模型的概念与评价方法进行了深入研究，他认为该模型主要运用在能力评价与改良过程两个方面，在企业软件过程中日臻完善的应用方式进行了拓展。李勤（2004）在“软件能力成熟度模型 CMM 研究”的文章里认为软件能力成熟度模型的产生条件、概念、框架和实质，侧重强调了 CMM 之于全面质量管理的意义，同时进一步研究了 CMM 目前在我国的运用情况，以及其在能力评价与改进过程领域的运用情况。吴鹏（2004）评价了软件能力成熟度模型在中国的现实状态和发展潜力，同时也提出了我国软件公司在发展过程中遇到的问题，针对这类缺陷提出了改善建议。刘玉智、陈荣华、陈建龙、丁丽（2008）提出软件能力成熟度模型作为一种确定软件开发过程中系统化水准的高低的衡量标准，因此应当对其进行严格控制，并提供标准化的系统流程，来提升软件能力的运用效率。

（2）人力资源能力成熟度模型（P-CMM）

美国 Carnegie Mellon 大学软件工程研究所（SEI）在 2001 年提出了 CMM 模型，特别是软件能力成熟度模型（SW-CMM）是得到了学术界的普遍认可并运用到实际系统中。针对公司人事部门的能力成熟度模型，也称为人力资源能力成熟度模型（P-CMM），早已成功应用于美国、印度等地的企业，如爱立信、bell 实验室等，同时大大地促进了众多企业的 HR 项目进行逐步完善，进而发展更加成熟。

人力资源能力成熟度模型的提出人比尔克尔布斯提出 P-CMM 模型不会进行旧观念的人力资源管理，而是用一连串的方案、措施来上涨企业职工的信心。而这往往是通过改善人员配置，增加岗位培训，维护员工秩序等方式来鼓励员工开展日常活动。因此，我国也有不少学者联系中国国情，对人力资源能力成熟度模型进行分析并做出调整，逐步让 P-CMM 成为中国人力资源管理和发展战略的指南。

就我国境内的研究情况来说，杨崑（2003）分析了 P-CMM 的多个重点方面，他认为有效的人力资源成熟情况应该由新职工训练、绩效管理、职业生涯规划、员工培训、招聘管理、薪酬与奖励、团队建设、组织建设等方面组成。李睿祥和李邦毅（2005）将该能力成熟度模型与传统的人力资源策略进行了比较，同时对 P-CMM 模型的结构进行了分析，认为 P-CMM 模型是根据纵向关键领域与横向关键领域交错组合而成的。

（3）项目管理成熟度模型

项目管理成熟度模型是在软件领域的不断拓展的基础上演变而来的。目前，世界上已有 30 多种项目管理成熟度模型被提出来，其中美国哈罗德·科兹纳提出的 K-PMM 模型更具影响力。他将 K-PMM 模型的项目管理分为：通用过程、普遍术语、标杆管理、连续改善、统一方法理论五个层面；由 YHK 和 C.William Ibbs 共同研究的伯克利项目管理成熟度模型（PM）；Project Management Solutions，Inc.的 PMS-PMMM 模型等。

根据对软件项目管理和项目管理成熟度模型发展的讨论，国内学者白思军和朱宏超（2005）概括了与软件项目管理相关的 31 个关键影响因素，建立了项目管理模型，并分析了我国项目知识管理系统和软件项目管理发展中出现的问题。

（4）其他

能力成熟度模型在其他学科研究领域也得到了大力的推广，运用到其他领域的成熟度模型有：科研过程能力成熟度模型（陈军冰、艾萍、许长新，2005）；高等教育教学过程能力成熟度模型（王书武、赵晓林、马锐，2005）；组织能力成熟度模型（周月照，2007）；数字城市成熟度模型（陈珊珊、任波，等，2007）；企业文化成熟度模型（曾为、王亮，2007）；交易管理成熟度模型（特哈斯·奥扎、孙明，2008）。

许多研究者在一定程度上将 CMM 应用于不同领域，显示了 CMM 的广泛适用性及其在有序提高各领域能力方面具有独特优势。然而，上述一系列能力成熟度模型的研究，虽然存在着多样性的方法应以界定关键过程域和成熟度等级，但多数都是在定性分析的基础上进行的，具有一定的主观主义色彩。因此本章希望能够综合国内外研究学者的研究基础，利用量化分析与统计手段对该理论进行定量分析。

8.3 CMM 视角下的 FSSC 能力评价模型的构建方案

8.3.1 CMM 理论对评价财务共享服务中心能力的适用性

财务共享服务中心的建设需要一套科学客观的评价模型来对其能力成熟度进行一个深入的评价，而 CMM 模型的各项特性与财务共享服务中心相互吻合，CMM 模型下对财务共享服务中心的分析研究有利于促进财务共享服务中心的成长。

8.3.1.1 CMM 模型的等级制度划分理念与财务共享服务中心阶段性改进的适配性

通过 CMM 模型的等级制度划分有利于财务共享服务中心及时监测自身发展位置，以便于进一步改进中心服务质量，更好地为集团整体服务。CMM 模型分为五个成熟度层级，每个层级都有各自的关键评价指标，因此，财务共享服务中心可以通过这类分级评价思想，对本集团财务共享服务中心的能力进行阶段性的评价测试，从而针对中心存在的问题与不足，改善管理策略，优化业务流程，更好地为集团企业服务。

8.3.1.2　CMM 模型多维度、持续化的评价与财务共享服务中心持续革新的适配性

通过 CMM 理论为财务共享服务中心建立能力评价模型，能够从多维度了解财务共享服务中心所处的成熟度等级。从不同的角度出发，从不同的发展阶段出发，动态地对财务共享服务中心能力成熟度进行评价，从而便于管理者提出有效的改进方案，以促进财务共享服务中心的更好发展。建设财务共享服务中心并非一蹴而就之事，需要对其进行持续的跟进并且持续管理，才能找到最适合集团本身的财务共享服务中心发展道路。

8.3.1.3　CMM 模式规模化与财务共享服务中心流程标准化、规范化的目标的适配性

CMM 的核心思想是组织管理规范化，通过具体化、规范化与制度化的流程能够降低企业工作的随机性风险的产生，降低企业的成本。这一点与财务共享服务中心的理念不谋而合，财务共享服务中心也是通过将各个属地重复率高的部分财务业务，通过模式化、规模化的管理集中到服务中心来，统一规范化处理，以提高企业效率，降低企业成本。

总之，CMM 能力成熟度模型与财务共享服务中心的能力评估存在着高度的吻合与适应度，通过 CMM 模型能够对财务共享服务中心进行更准确的能力评价，更有效地指导共享服务中心改进、优化自身流程。

8.3.2　CMM 理论下财务共享服务中心能力评价模型的建立思路

8.3.2.1　体系构建基本原则

财务共享服务中心实施能力成熟度评价将以 CMM 的五个成熟度层级进行划分：初始级、可重复级、已定义级、可管理级与优化级，对每个层级均设置评价指标体系，并建立相关因素的关键活动域，通过对关键活动域状态的描述给出合理的评价（见图 8.8）。

为确保财务共享服务中心能力评价模型的系统性与科学性，在构建评价指标体系时应当遵循以下几点原则。

（1）综合性原则：在选取指标的时候，应当遵循综合全面的原则，保持指标的相互独立，体现指标在体系中的特点。任何整体都是由各个要素为特定目

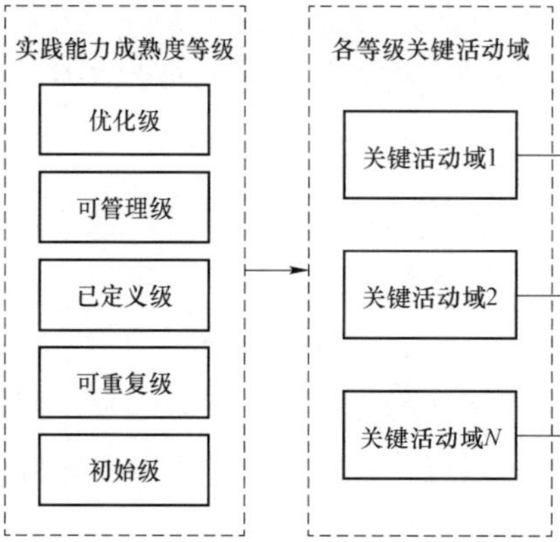

图 8.8　财务共享服务中心能力成熟度体系架构

标整合而成，财务共享服务中心作为一项系统性、综合性极强的工作，更需要综合评估各要素，统筹兼顾，综合性分析。

（2）系统性原则：系统性原则要求在构建 CMM-FSSC 评价模型体系的过程中坚持全局意识和整体观念，把财务共享服务中心关键影响因素下的各个关键要素系统性的体现出来。

（3）层次性原则：构建财务共享服务中心的能力评价体系指标的选取是一个多层次、多因素综合影响的过程。应该遵循层次性原则，按照指标间递进的关系，体现出分层次评价的原则。

（4）目标性原则：指标的选取应当目标明确，通过选择出的指标应当能够明确财务共享服务中心能力所处的阶段，以明确服务中心进一步的改进方向。

（5）可行性原则：评价指标的选取应当具有可操作性，指标应当具有可比性，以便于科学评价财务共享服务中心的能力，分析其存在的优缺点，真正起到评价提升的作用。

8.3.2.2　FSSC 关键影响因素

根据各类文献的研究成果，影响财务共享服务中心的关键因素有许多，杨寅、赵立彬（2016）曾在《财务共享服务中心构建的关键影响因素分析》中表示影响财务共享服务中心构建的关键影响因素有：流程设计、管理制度、组织结构、信息系统与战略规划等[11]。为了更有利于财务共享服务中心能力成熟度体系关键活动域的划分，本章在影响财务共享服务中心的各类因素中选取四大关键影响因素进行评估，分别是：流程设置管理、信息系统管理、人员组织管理、管理制度。后文会进一步详细介绍以上四大关键影响因素如何作为评价体系的四大指标。

8.3.2.3　评价体系构建维度

财务共享服务中心的能力成熟度评价是多视角、多维度的。作为一个功能齐全的运营实体，就必须要让每一个部分协调地运行起来。[14]因此，根据财务共享服务中心的特点，本章选取了质量、成本、适应性与稳定性四个方面作为财务共享服务中心基于 CMM 模型评价维度。然后进一步基于以上四个维度分别对流程设置、信息系统、人员组织、运营活动四大指标进行细分，构建 FSSC-CMM 评价指标系统。对财务共享服务中心进行全面、有效的评估，以便于集团企业对已投入运行的财务共享服务中心能力准确定位，并进行相应调整。因此，评价体系的构建维度可以从以下几方面来理解。

（1）质量评价维度：评价财务共享服务中心的能力强弱，质量维度是一项非常重要的衡量标准。一个拥有高度标准化、高水平员工、完善的制度体系的财务共享服务中心，才可算作高质量的财务共享服务中心；反之，低质量的财务共享服务中心，会在各方面存在一定缺失，有待继续改善。

（2）成本评价维度：财务共享服务中心产生的一大主要原因就是为了降低集团企业的运营成本。其日常工作也产生了各式各样的成本，例如：运营成本、人力资源成本、信息系统成本和业务处理成本等等。因此通过成本维度测量服务中心各项指标耗用成本的高低，能够成为评价财务共享中心能力评估的一个重要维度。

（3）适应性评价维度：适应性评价维度能够有效识别财务共享服务中心对于环境变化的反映灵敏程度。对于适应性好的财务共享服务中心来说，能够拥有高效率的信息处理系统，更灵活的机构设置以及更强的自身调节能力。该评价维度能够判断财务共享服务中心是否具有较高水平的适应与持续改善能力。

（4）稳定性评价维度：财务共享服务中心的能力成熟度的体现也在于集中办理业务时各方面因素的稳定性。在业务系统上的稳定性体现在安全、保密性等方面，而在组织管理层面的稳定性就体现在服务中心人员的流动性等方面。这些维度的考量都直接关系到财务共享服务中心能力高低的评估判断。

8.3.3 CMM 理论下财务共享服务中心能力评价模型指标体系设定

8.3.3.1 评价指标取值标准

本章通过流程设置管理、信息系统管理、人员组织管理与运营管理制度四项关键指标作为财务共享服务中心能力评价的一级评估指标，同时，对每一项指标基于质量、成本、适应性与稳定性四个维度进行评估，进一步拆分至二、三级评估指标，以构建一项全面、系统的 FSSC-CMM 评价指标体系。如图 8.9 所示。

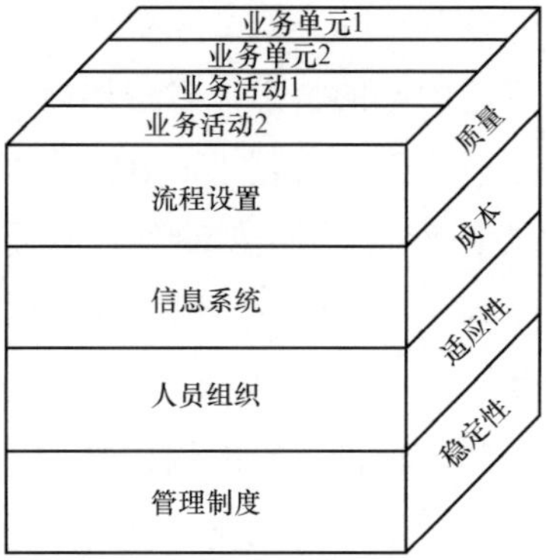

图 8.9 FSSC-CMM 评价指标体系示意图

（1）流程设置的评价指标及取值标准

财务共享服务中心是利用对属地分、子公司重复的部分业务收集到财务共享服务中心进行规范化、统一化和集中化的处理，因此，对于传统财务流程的再造成就了如今财务共享服务中心的发展。财务共享服务中心流程设置的过程，需要企业对财务业务的不断梳理，才能设置出更符合集团发展的财务共享服务流程，才能达到财务共享服务中心流程化、规范化、统一化的要求。本章将流程设置管理作为 FSSC-CMM 模型的评估指标之一，根据评估四大维度，拆分出 4 个二级评估指标，11 个三级评估指标。

① 流程质量

流程质量是流程设置管理下的二级评估指标，还包括流程规范化水平、流程信息化水平与员工流程操作程度 3 个三级评估指标。流程规范化水平主要体现了财务共享服务中心业务流程的规范化、制度化程度，是否具备规范的操作细则、规章制度等；流程信息化水平主要体现了财务共享服务中心在系统的流程设置上，是否有较高的契合度；员工流程操作程度是指财务共享服务中心的员工是否能熟练操作相应流程，依据各个员工岗位的职责，员工是否能够高质量完成流程操作。

② 流程成本

二级评估指标流程成本可以细分成流程基本成本与流程完善成本 2 个三级

指标。流程基础成本顾名思义是在基础业务流程操作的过程中产生的，例如资源成本、经费耗用、人力成本等相关成本；流程完善成本是指在财务共享服务中心对自身流程进行优化改造过程中，起到的降低成本的作用大小。

③ 流程适应性

流程的适应性是二级评价指标，其包含的三级评价指标有流程与业务契合度、流程持续改善能力和流程接口衔接度。流程与业务契合度反映了该财务共享服务的流程设置是否符合集团本身业务流程的制定情况，是否符合企业战略发展与企业文化；流程优化改善能力体现了财务共享中心对自身流程定期进行优化改造的能力；流程接口衔接度可以反映出不同系统的对接组合成的财务共享服务中心是否具有完善的接口衔接能力。提供外包服务的能力是指财务共享服务中心能够成熟运营后为客户提供外包服务的能力。

④ 流程稳定性

流程稳定性是在安全评估维度下设置的二级评价指标，其中包含了两个三级评价指标：流程业务安全程度与流程报错程序。流程业务安全程度是指在票据通过影像系统传递、应收应付账款发票的签收保存等问题的安全性程度；流程报错程序是指中心在发现业务流程与实际情况相违背的情况下，是否能够有完善的报错程序。

（2）信息系统的评估指标及取值标准

财务共享服务的理念脱离不了信息技术的发展，其业务都是依靠信息系统与财务管理工作的配合而实现共享的，因此，信息系统的管理对财务共享服务中心的能力评价而言尤为重要。集团财务共享服务中心通常由会计核算系统、影像系统、网上报销系统、银企互联系统等信息系统组建而成。信息系统的管控评价能够帮助更有效的评价财务共享服务中心的能力。本章将信息系统管理作为 FSSC-CMM 模型的评估指标之一，根据评估四大维度，细分出四个二级评估指标，九个三级评估指标。

① 信息系统质量

二级评估指标之一是信息系统质量，其中包含了信息系统的多元化与信息系统调整水平 2 个三级评估指标。信息系统的多元化是评价财务共享服务中心所依托的信息技术系统是否多元化，能否完整覆盖服务中心全流程。信息技术调整水平具体指的是在财务共享服务中心信息系统出现故障情况时，能否及时调整并恢复系统数据完整。

② 信息系统服务成本

在成本维度下设置的信息技术服务成本二级评价指标包含了三个三级评估指标，分别是：信息技术支出费用、基础成本与日常维护成本。信息技术支出成本是指用于财务共享服务中心建设所投放在信息系统建设中的所有支出费用的高低情况。基础设备成本是指构建财务共享所发生的信息技术基础设备成本是否合理。日常维护成本指的是在财务共享中心日常运营时产生的维护信息系统平台的成本情况。

③ 信息系统适应性

信息技术适应性是作为适应性维度下设置的二级评价指标，其中包括了两个三级评价指标，分别是处理不同数据格式效率和信息系统之间的兼容度。处理不同数据格式效率体现的是财务共享服务中心依托信息系统应对接收到的外来数据而及时转换的效率情况。信息系统之间的兼容度，由于财务共享服务中心一般存在多个信息系统分别处理不同类型业务，而在不同系统之间的数据对接的兼容度情况影响着服务中心整体的效率。

④ 信息监控技术

信息监控技术是作为稳定性维度下设置的二级评价指标，其中包括了两个三级评价指标，分别是监控技术的先进性和数据备份情况。监控技术的先进性是评价财务共享服务中心的信息系统是否有一套完整的内部控制监控系统。数据备份情况是指为了防止系统数据丢失情况的发生，服务中心的数据信息是否会在信息系统中进行定期备份。

（3）人员组织的评估指标及取值标准

员工是构成一个企业实体的重要构成部分，财务共享服务中心也是如此。要保持财务共享服务中心的持续运营以及不断发展，都与其中员工的素质水平、学习能力与适应能力等分不开。因此，保持财务共享服务中心人员组织管理建设也是尤为重要的。财务共享服务中心的人力资源与组织结构协调好了，才能更有利于共享服务中心的发展进步，本章将员工组织管理作为FSSC-CMM模型的评估指标之一，根据评估四大维度，细分出四个二级评估指标，十二个三级评估指标。

① 员工素质

员工素质是作为质量维度下设置的二级评价指标，其中包括了三个三级评价指标，分别是员工学历水平、员工工作能力与员工自主学习能力。员工学历水平主要指的是财务共享服务中心所拥有的财务人员的整体学历程度，一个能够集中较高学历人才的组织机构也能够在公司层面体现出较大的能力。员工工作能力可以体现在服务中心人员对业务处理的效率高低、对业务流程的熟练程度、对软件运用的灵活度等方面。员工自主学习能力指标是指员工通过积极主动地自主学习来提高工作效率、专业知识与业务技能的能力。

② 员工成本

员工成本是作为成本维度下设置的二级评价指标，其中包括了四个三级评价指标，分别是员工薪酬、员工培训成本与员工继续教育成本。员工薪酬顾名思义是指财务共享服务中心的员工收入是否与付出的工作量成正比，其薪酬是否具有合理性。员工培训成本是指财务共享服务中心用于培训员工业务能力的成本支出，对员工培训的重视程度也能够使财务共享服务中心能力相应有所提升。员工继续教育成本是指财务共享中心财务从业人员在工作期间通过进修获取的专业证书或学历深造等补贴。员工补助福利是指对于员工基本工资以外的福利补助，例如加班费、奖金等福利性收入。

③ 员工适应性

员工适应性是作为适应性维度下设置的二级评价指标，其中包括了两个三级评价指标，分别是轮岗适应力与团队协作能力。轮岗适应力是指在财务共享服务中心员工面对工作部门的调动情况或轮岗制度下员工适应组织需求的能力水平。团队协作能力，由于财务共享服务中心将财务工作分成了许多小的业务模块，每个业务模块需要员工的协作，每个业务模块之间也需要各个小组之间的相互协作，因此员工的协作能力是一项重要指标之一。创新能力是指员工在完成本职工作的基础上，能够有所创新，提出合理化建议，促进中心发展。

④ 员工稳定性与发展潜力

员工稳定性与发展潜力是作为稳定性维度下设置的二级评价指标，其中包括了两个三级评价指标，分别是员工离职情况与员工晋升情况。员工离职情况是指财务共享服务中心员工离职率的高低，离职率过高的情况说明服务中心仍存在制度方面的不足之处。员工晋升情况是指员工在共享服务中心是否有公平、多样性的晋升渠道和发展机会。

（4）管理制度的评估指标及取值标准

财务共享服务中心需要建立健全的管理制度为中心的发展、壮大提供有利的支撑作用。优质的运营管理制度能够协调财务管理、内部控制与绩效管理等机制，充分发挥出财务共享服务中心的最大价值，调动起员工的积极性，提高财务共享中心的运营效率。因此，本章将管理制度作为 FSSC-CMM 模型的评估指标之一，根据评估四大维度，细分出四个二级评估指标，11 个三级评估指标。

① 管理制度设置

管理制度设置是作为质量维度下设置的二级评价指标，其中包括了四个三级评价指标，分别是质量管理办法、服务管理办法、业务管理办法与时效管理办法。质量管理办法的取值标准是通过财务共享服务中心的日常质量管控目标、审核制度、评价标准等管理组织职能，保障质量管理的规章完善程度。服务管理办法是指财务共享服务中心的服务理念，服务水平与服务规范能否达到客户满意程度。业务管理办法是指对业务处理的规范制度的落实情况，能否通过规范化、模块化、统一化的制度来规范业务流程的开展。时效管理办法是指财务共享服务中心工作时效的指标、评价、标准等考核制度是否完善。

② 运营管理成本与回报

运营管理成本与回报是作为成本维度下设置的二级评价指标，其中包括了两个三级评价指标，分别是运营管理成本情况与投资管理回报情况。运营管理成本情况是指财务共享服务中心用于运营管理的成本支出情况的合理性。投资管理回报情况是指财务共享服务中心建设后盈利能力的高低。

③ 管理制度的灵活性

管理制度的灵活性是作为适应性维度下设置的二级评价指标，其中包括了三个三级评价指标，分别是内部运营的灵敏度与运营管理的效率。内部运营的灵敏度是指财务共享服务中心内部运营情况的灵活度和敏感度。运营管理的效率是指财务共享服务中心运营管理方面的效率高低。机构设置的合理性是指共享中心根据实际需求设立更完善的部门机构。

④ 管理制度的安全性

管理制度的安全性是作为稳定性维度下设置的二级评价指标，其中包括了两个三级评价指标，分别是高层重视化程度与信息安全水平。高层重视化程度是指在构建、运行、管理财务共享服务中心的过程中心高层所重视的程度。信息安全水平是指财务共享服务中心所采用的信息技术工具在管理制度层面上的安全性。

8.3.3.2 评价指标体系

综合以上 FSSC-CMM 模型的评价指标设置与取值标准的描述，初步为财务共享服务中心建立了一套以流程设置、信息系统、人员组织与管理制度为一级评价指标，16 个二级评价指标与 43 个三级评价指标组成的财务共享服务中心能力评价体系，如表 8.2 所示。

表 8.2　FSSC-CMM 模型评价指标及编码设置

一级指标	二级评价指标	编码	三级评价指标	编码
流程设置 A	流程质量	A1	流程规范化水平	A11
			流程信息化水平	A12
			员工流程操作程度	A13
	流程成本	A2	流程基本成本	A21
			流程完善成本	A22
	流程适应性	A3	流程与业务契合度	A31
			流程优化改善能力	A32
			流程接口衔接度	A33
			提供外包服务的能力	A34
	流程稳定性	A4	流程业务安全程度	A41
			流程报错程序	A42
信息系统 B	信息系统质量	B1	信息系统的多元化	B11
			信息系统调整水平	B12
	信息系统服务成本	B2	信息技术支出费用	B21
			基础设备成本	B22
			日常维护成本	B23
	信息系统适应性	B3	处理不同数据格式效率	B31
			信息系统之间的兼容度	B32
	信息监控技术	B4	监控技术的先进性	B41
			数据备份情况	B42
人员组织 C	员工素质	C1	员工学历水平	C11
			员工工作能力	C12
			员工自主学习能力	C13
	员工成本	C2	员工薪酬	C21
			员工培训成本	C22
			员工继续教育成本	C23
			员工补助福利	C24

续表

一级指标	二级评价指标	编码	三级评价指标	编码
人员组织 C	员工适应性	C3	轮岗适应力	C31
			团队协作能力	C32
			创新能力	C33
	员工稳定性与发展潜力	C4	员工离职情况	C41
			员工晋升情况	C42
管理制度 D	管理制度设置	D1	质量管理办法	D11
			服务管理办法	D12
			业务处理规章	D13
			时效管理办法	D14
	运营管理成本与回报	D2	运营成本情况	D21
			投资回报情况	D22
	管理制度的灵活性	D3	内部运营的灵敏度	D31
			运营管理的效率	D32
			机构设置的合理性	D33
	管理制度的安全性	D4	高层重视化程度	D41
			信息安全水平	D42

8.3.4 CMM 理论下财务共享服务中心能力评价模型成熟度等级分析

通过查阅 CMM 模型相关文献并结合财务共享服务中心的特点可以将能力评价体系分为五个不同的成熟度等级：初始级（initial）、可重复级（repeatable）、已定义级（defined）、已管理级（managed）以及优化级（optimizing）（见表 8.3）。模型除第一层级，其余层级均由几个关键过程区域（KPA）组成。每个关键过程领域都包含多个关键实践，每个关键实践都根据关键过程的具体目标选择和确定的。假设一个关键过程域中涉及的所有关键惯例都得到妥善处理，那么 KPA 认为该项目成熟了。

表 8.3 FSSC-CMM 模型能力成熟度等级划分

等级名称	划分范围
初始级	＜1
可重复级	1.01～2

续表

等级名称	划分范围
可定义级	2.01～3
已管理级	3.01～4
优化级	4.01～5

8.3.4.1　初始级

FSSC-CMM 初始级是财务共享服务中心能力成熟度的第 1 级，也是最初级阶段。该阶段的财务共享服务中心是随意的、混乱的，一般没有系统的完成财务共享流程，或是保留了部分属地的财务部门的传统职能。FSSC-CMM 模型的初始级无需界定相关关键过程域。

8.3.4.2　可重复级及关键过程域

FSSC-CMM 可重复级是财务共享服务中心能力成熟度的第 2 级，该级别的集团公司建设的财务共享服务中心一般介于刚建立阶段，业务范围具有局限性，中心管理者依靠个人经验开展工作。因此，FSSC-CMM 模型对于可重复级的关键过程域如表 8.4 所示。

表 8.4　FSSC-CMM 模型可重复级关键过程域

评估内容	关键过程域（KPA）	关键惯例（KP）	编号
流程设置	流程质量	只制订了流程规范办法及使用介绍	A11
	流程适应性	只适用于相应业务拓展需求	A31
	流程安全性	只保护了业务的初级安全	A41
信息系统	信息系统服务成本	规定了信息技术的整体支出，规定了花在基础设备的费用与维护费用	B21、B22、B23
人员组织	员工素质	只设置了相关部门，规范了各部门员工相应职业技能	C12
	员工成本	只确定了员工薪酬范围，对员工进行相关继续教育	C21、C22
管理制度	运营管理成本与回报	符合运营管理的成本投入要求	D21
	管理制度的灵活性	符合了基础运营效率	D32

8.3.4.3 已定义级及关键过程域

FSSC-CMM 已定义级是财务共享服务中心能力成熟度的第 3 级，该级别的集团企业建设的财务共享服务中心已经进一步走向了标准化、正规化、制度化的程度。管理人员制订了更详细的制度标准，财务共享业务也能够有序进行。因此，FSSC-CMM 模型对于已定义级的关键过程域如表 8.5 所示。

表 8.5 FSSC-CMM 模型已定义级关键过程域

评估内容	关键过程域（KPA）	关键惯例（KP）	编号
流程设置	流程质量	定义了员工业务操作流程同时流程信息化水平高	A12、A13
	流程成本	设有专项经费用在共享中心流程系统建设	A21
	流程适应性	各流程接口衔接顺利	A33
信息系统	信息系统质量	提高了财务共享中心主要财务信息系统	B11
	信息监控技术	系统数据定期备份保存并改进	B42
人员组织	员工素质	职工有较高学历，具有独立学习能力	C11、C13
	员工成本	确定职工加班费、相关补贴和员工深入学习、深造等规范制度	C23、C24
	员工稳定性与发展潜力	部门间职工调整，离职率低	C41、C42
管理制度	管理制度制度设置	确定了相应管理制度、规范、指导方针	D11、D14

8.3.4.4 已管理级及关键过程域

FSSC-CMM 已管理级是财务共享服务中心能力成熟度的第 4 级，该层级的集团企业建设的财务共享服务中心已经想对成熟，管理层的重视程度较高，规章制度标准、系统，处于此阶段的财务共享服务中心业务范围更广泛，具有较高程度的标准化流程，能够提供一定的外包服务。因此，FSSC-CMM 模型对于已管理级的关键过程域如表 8.6 所示。

表 8.6 FSSC-CMM 模型已管理级关键过程域

评估内容	关键过程域（KPA）	关键惯例（KP）	编号
流程设置	流程成本	优化程序，促使流程成本降低	A22
	流程适应性	流程灵活水平高且流程周期短	A32

续表

评估内容	关键过程域（KPA）	关键惯例（KP）	编号
信息系统	信息系统适应性	信息系统之间相互兼容，系统升级频率高且信息系统服务请求的敏锐度高	B3
	信息监控技术	采用更为先进的 IT 技术对共享中心进行事前、事中及事后的多重监察	B42
人员组织	员工素质	职工有能力及时应对危机，适应职位的变动	C12
	员工适应性	职工具有团队协作、交流和人际交流能力	C32
管理制度	运营管理成本与回报	财务共享中心有一定的盈利水平	D22
	管理制度的灵活性	内部结构设计合理且运营敏捷	D31、D33
	管理制度的安全性	领导层重视度高且运营信息化程度高	D41、D42

8.3.4.5　优化级及关键过程域

FSSC-CMM 优化级是财务共享服务中心能力成熟度的第 5 级，也是最高级别，该级别的集团企业建设的财务共享服务中心已经非常成熟了，能够自主的防御风险和持续改造，具有明确的筹划目标、与时俱进的技术服务、宏观的监管体系。这一阶段的财务共享中心可以成为自主的利润创造中心，可以提供高质量的外包服务。因此，FSSC-CMM 模型对于优化级的关键过程域如表 8.7 所示。

表 8.7　FSSC-CMM 模型已管理级关键过程域

评估内容	关键过程域（KPA）	关键惯例（KP）	编号
流程设置	流程适应性	流程持续改进与优化能力且可以提供高质量的外包服务	A32、A33
信息系统	信息系统质量	信息系统的成熟性与可恢复性能高	B12
	信息监控技术	信息系统监控涉及全范围的业务以保证安全性	B41
人员组织	员工适应性	员工具有创造力，企业具有较强竞争性	C33
管理制度	管理制度的灵活性	能够快速响应市场变化，迅速处理外来信息	D32

综上，FSSC-CMM 模型的五个成熟度水平为财务共享服务中心能力评价提供了一种分级思路，为改善财务共享服务中心提供了方向。财务共享服务中心可在不同进行多次评估，促进中心的改革与发展，不断改善和提高财务共享服务中心的能力。

8.4 CMM视角下W公司FSSC能力评价模型的具体运用

8.4.1 W公司简介及发展概况

8.4.1.1 公司概况

W公司以核工程为核心业务，深入拓展项目实施价值链与建筑产业链，不断优化管控模式，坚持打造新业务，产融结合，多业联动，开拓海外业务发展方式，布局建设服务，建设服务投资，物资设备服务和境外综合服务等原则。重点发展核工程、化工工程、建筑工厂，稳步发展LNG工程，重点培育清洁能源、建材设备贸易设备机构建制造、海外工程，逐步利用金融服务创新，充分施展金融对工程建筑业务的拉动效应。

8.4.1.2 财务共享服务中心构建情况

随着W公司国内外业务的不断拓展，通过属地设立财务部门的方式增加了W公司运营成本，同时分散式的财务也造成了管控难度的增大，财务分工不够明确与财务流程系统化程度不高。为了改变这样的状态，W公司决定构建财务共享服务中心。

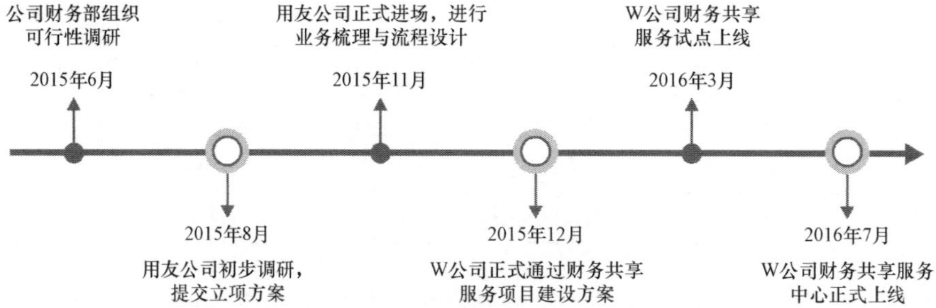

图8.10 W公司财务共享服务中心实施过程

2015年6月，W公司委任本公司总会计师协调财务部门开展建设财务共享服务中心的可行性研究。2015年8月，W公司与用友网络公司开展了财务共享服务业务沟通，随后，用友网络公司对 W 公司进行了一个礼拜的初期调研；2015 年 8 月下旬，用友网络公司递交了财务共享服务项目的立项方针，经 W 企业审核通过后，确定了用友网络公司对 W 公司财务共享服务的落实展开；2015 年 11 月，用友网络项目组正式进入 W 公司开展 40 天的业务整理和财务共享服务中心方案设计；2015 年 12 月末，W 公司财务共享服务项目构建方案正式通过；2016 年 3 月，W 公司财务共享服务中心启动试点上线工作；2016 年 7 月，W 公司财务共享服务中心正式启动上线。

W 公司的财务共享服务中心分为九个大组，分别是材料核算组、费用核算组、薪酬核算组、分包核算组、结算收入组、资产核算组、运营组、风控稽核组以及档案组，其中每个小组分别按照组内工作需求设立了审核岗、复核岗、分析岗、支持岗、稽核岗、扫描岗以及管理岗（见图 8.11）。

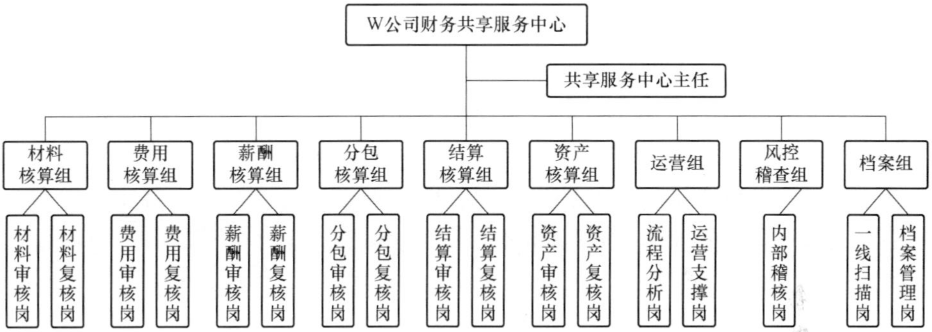

图 8.11　W 公司财务共享服务中心组织结构图

财务共享服务系统采用用友 NC6 平台，打造全新的图像管理平台，合同管理，成本管理和共享服务运营平台，如图 8.12 所示，系统与现有的 NC5 平台会计系统无缝连接。原本的资金系统升级到 NC6 平台进行自动对接。W 公司财务共享服务中心共梳理了 58 个业务流程，共设置了重要会计核算，分包、费用报销核算，结算收入核算，资产核算和税务相关业务流程等 58 个安全文件。

8.4.1.3　财务共享服务中心应用价值

（1）有力支持企业的发展战略：每当新的项目公司建立时，财务共享服务中心都能够立刻为这样的新成立的公司提供财务处理服务。这也让越来越多的财务部门员工从会计核算的工作中解脱出来，可以给公司业务部门的经营管理和领导层战略决策提供高质量的财务决策参考，带动核心业务发展。

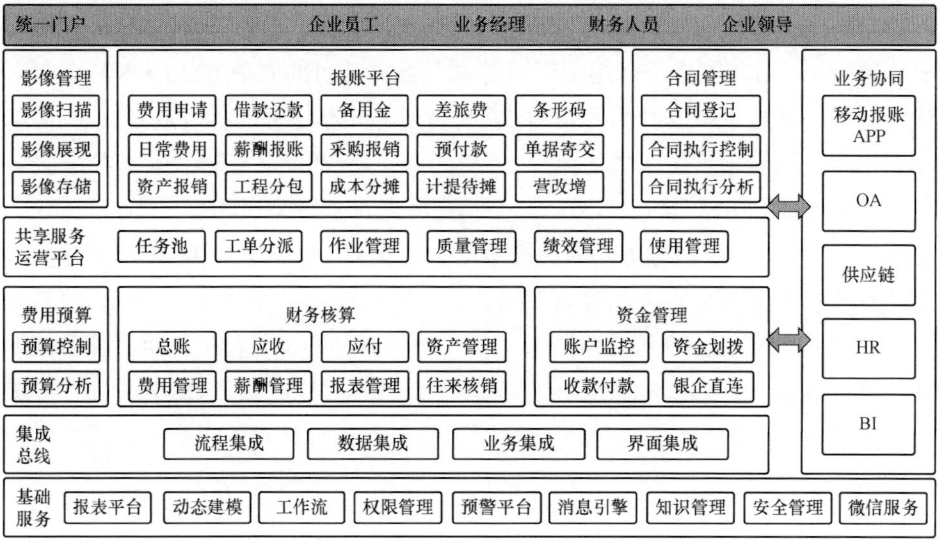

图 8.12　W 公司财务共享服务中心业务流程图

（2）提升财务管控水平：财务共享服务中心对所有关联企业采用同样的标准操作流程，同一业务流程，同一会计口径，统一了项目、合同和客户等重要数据，并拥有关联企业的全部财务信息，实时对数据进行总结和分析，无需花费大量的时间和精力，整合地区和部门的数据更容易，从而为企业提高财务管理水平提供有力支持。

（3）提高效率、降低成本：通过对业务流程的分类，基础业务和交易业务将集中在一起，一名财务员工在同一职位上能够处理的几家公司的重复相同业务，从而能够保持业务量的同时减少员工数量，提高财务会计的核算效率并减少原本分散在不同单位的处理成本，节约了人工成本。

（4）强化内部控制，提高风险抵抗能力：共享服务流程的设计基于满足内部控制要求的准则，将内部控制流程和关键控制点整合到财务共享流程中，实现切实控制企业，加强内部控制管理。

8.4.2　CMM 理论下财务共享服务中心能力评价模型方法概述及实施情况

8.4.2.1　方法概述

财务共享服务中心能力成熟度评价受到了多重因素的影响，本章通过建立

FSSC-CMM 模型的方式，为财务共享服务中心建立了一套相对全面、完整的能力成熟度评价体系。为了将各项指标量化处理，本章使用 YAAHP 运用可拓层次分析法，对各级指标权重进行确定，再借鉴模糊综合评估法的思想进行打分评定，最终得出评价结果。

（1）指标权重的确定

本章首先通过邀请 10 名专家学者针对前文评价指标进行评分（评分表见附录），对每个层级的不同评价指标进行两两对比，依据两者间重要程度进行打分，从而建立起判断矩阵。其次，通过可拓层次分析法计算矩阵的权重，并且判断矩阵的一致性，最终确定层次总排序。

（2）评价矩阵的确定

① 用 $\boldsymbol{R}=(R_{ij})_{m\times n}$ 来表示评价矩阵如下：

$$\boldsymbol{R}_i=\begin{bmatrix} r_{11} & r_{12} & \cdots & r_{15} \\ r_{21} & r_{22} & \cdots & r_{25} \\ \cdots & \cdots & \cdots & \cdots \\ r_{51} & r_{52} & \cdots & r_{55} \end{bmatrix}$$

式中，r_{ij}（j=1，2，3，4，5）是评价指标 $\boldsymbol{R}_i$ 的 j 级别次数的概率，j 是评价等级级别。

$$r_{ij}=\text{给指标}\boldsymbol{R}_i\text{打 } j \text{ 级别的次数 / 总次数}$$

通过上述公式可确定被测指标的隶属度 r_{ij}，将案例公司调查得出的结果进行量化处理，构建出指标评价矩阵。

② 通过 $\boldsymbol{X}=(X_{ij})_{m\times n}$ 表示单因素关键指标评价矩阵：

$$\boldsymbol{X}=(X_{ij})_{m\times n}=\boldsymbol{U}\times\boldsymbol{R}$$

③ 通过 Z 表示最终的计算结果：

$$Z=X\times Y$$

式中，Y=(1,2,3,4,5)分别表示五个成熟度等级，初始级=[0,1]，可重复级=(1,2]，可定义级=(2,3]，可管理级=(3,4]，优化级=(4,5]。

（3）能力成熟度等级的确定。

8.4.2.2　实施情况（指标权重）

（1）构建可拓层次分析判断矩阵

① 经过对评分表数据处理，获得一级评价指标专家打分表，如表 8.8 所示。

表 8.8　FSSC-CMM 模型一级评价指标

一级评价指标（U）	A	B	C	D
流程设置（A）	1	1.431	1.330 3	1
信息系统（B）	0.698 8	1	1.045 6	1.067 9
人员组织（C）	0.751 7	0.956 4	1	0.677
管理制度（D）	1	0.936 4	1.477 1	1

利用 YAAHP 软件计算得出，判断矩阵 $\boldsymbol{S}$ 的最大特征根为：$\lambda_{\max}=4.023\ 4$。对判断矩阵进行一致性检验：

$$\mathrm{CI}=\frac{\lambda_{\max}-n}{n-1}=\frac{4.023\ 4-4}{4-1}=0.007\ 8$$

平均随机一致性指标 RI=0.9，因此，

$$\mathrm{CR}=\frac{\mathrm{CI}}{\mathrm{RI}}=0.008\ 7<0.1$$

因此，该层次分析排序结果符合一致性，得到的一级指标权重，如表 8.9 所示。

表 8.9　FSSC-CMM 模型一级评价指标权重

一级评价指标（U）	权重
流程设置（A）	0.290 5
信息系统（B）	0.233 7
人员组织（C）	0.206 5
管理制度（D）	0.269 3

② 经过对评分表数据处理，获得程设置二级评价指标专家打分表，如表 8.10 所示。

表 8.10　FSSC-CMM 模型流程设置指标

流程设置	A1	A2	A3	A4
流程质量（A1）	1	1.630 4	1.503 4	0.976 7
流程成本（A2）	0.613 4	1	0.659 8	0.517 3
流程适应性（A3）	0.665 2	1.515 7	1	0.802 7
流程稳定性（A4）	1.023 8	1.933 2	1.245 7	1

利用 YAAHP 软件计算得出，判断矩阵 $\boldsymbol{S}$ 的最大特征根为：$\lambda_{\max}=4.011\ 2$。对判断矩阵进行一致性检验：

$$\mathrm{CI}=\frac{\lambda_{\max}-n}{n-1}=\frac{4.011\ 2-4}{4-1}=0.003\ 73$$

平均随机一致性指标 RI=0.9，因此，

$$\mathrm{CR}=\frac{\mathrm{CI}}{\mathrm{RI}}=0.004\ 1<0.1$$

因此，该层次分析排序结果满足一致性，得出的二级指标权重，如表 8.11 所示。

表 8.11　FSSC-CMM 模型流程设置权重

流程设置	权重
流程质量（A1）	0.302 2
流程成本（A2）	0.164 1
流程适应性（A3）	0.230 3
流程稳定性（A4）	0.303 4

③ 经过对评分表数据进行处理，获得信息系统二级评价指标专家打分表，如表 8.12 所示。

表 8.12　FSSC-CMM 模型信息系统指标

信息系统	B1	B2	B3	B4
信息系统质量（B1）	1	1.872 8	1.588 8	0.922 1
信息系统服务成本（B2）	0.534	1	1.023 8	0.603 4
信息系统适应性（B3）	0.629 4	0.976 7	1	0.525 3
信息监控技术（B4）	1.084 5	1.657 2	1.903 7	1

利用 YAAHP 软件计算得出，判断矩阵 $\boldsymbol{S}$ 的最大特征根为：$\lambda_{\max}=4.006\ 2$。对判断矩阵进行一致性检验：

$$\mathrm{CI}=\frac{\lambda_{\max}-n}{n-1}=\frac{4.006\ 2-4}{4-1}=0.002\ 06$$

平均随机一致性指标 RI=0.9，因此，

$$\mathrm{CR}=\frac{\mathrm{CI}}{\mathrm{RI}}=0.002\ 3<0.1$$

因此，该层次分析排序结果满足一致性，得出的二级指标权重，如表 8.13

所示。

表 8.13 FSSC-CMM 模型信息系统权重

信息系统	权重
信息系统质量（B1）	0.309 6
信息系统服务成本（B2）	0.182 3
信息系统适应性（B3）	0.181 2
信息监控技术（B4）	0.326 9

④ 经过对评分表数据处理，获得人员组织二级评价指标专家打分表，如表 8.14 所示。

表 8.14 FSSC-CMM 模型人员组织指标

人员组织	C1	C2	C3	C4
员工素质（C1）	1	0.715 5	0.976 7	1.059 2
员工成本（C2）	1.397 7	1	1.275 4	1.397 7
员工适应性（C3）	1.023 8	0.784 1	1	0.574 3
员工稳定性与发展潜力（C4）	0.944 1	0.715 5	1.741 1	1

利用 YAAHP 软件计算得出，判断矩阵 $\boldsymbol{S}$ 的最大特征根为：$\lambda_{\max}=4.052\ 3$。对判断矩阵进行一致性检验：

$$\mathrm{CI}=\frac{\lambda_{\max}-n}{n-1}=\frac{4.052\ 3-4}{4-1}=0.017\ 43$$

平均随机一致性指标 RI=0.9，因此，

$$\mathrm{CR}=\frac{\mathrm{CI}}{\mathrm{RI}}=0.019\ 4<0.1$$

因此，该层次分析排序结果满足一致性，得出的二级指标权重，如表 8.15 所示。

表 8.15 FSSC-CMM 模型人员组织权重

人员组织	权重
员工素质（C1）	0.227 7
员工成本（C2）	0.308 5
员工适应性（C3）	0.204 4
员工稳定性与发展潜力（C4）	0.259 4

⑤ 经过对评分表数据进行处理，获得管理制度二级评价指标专家打分表，如表 8.16 所示。

表 8.16　FSSC-CMM 模型管理制度权重

管理制度	D1	D2	D3	D4
管理制度设置（D1）	1	0.682 6	1.928 4	1.630 4
运营管理成本与回报（D2）	1.465 1	1	2.297 4	1.216 7
管理制度的灵活性（D3）	0.518 6	0.435 3	1	0.547 9
管理制度的安全性（D4）	0.613 4	0.821 9	1.825 1	1

利用 YAAHP 软件计算得出，判断矩阵 ***S*** 的最大特征根为：$\lambda_{\max}=4.043\ 3$。对判断矩阵进行一致性检验：

$$\mathrm{CI}=\frac{\lambda_{\max}-n}{n-1}=\frac{4.043\ 3-4}{4-1}=0.014\ 43$$

平均随机一致性指标 RI=0.9，因此，

$$\mathrm{CR}=\frac{\mathrm{CI}}{\mathrm{RI}}=0.016\ 1<0.1$$

因此，该层次分析排序结果满足一致性，得出的二级指标权重，如表 8.17 所示。

表 8.17　FSSC-CMM 模型管理制度权重

管理制度	权重
管理制度设置（D1）	0.289 2
运营管理成本与回报（D2）	0.337 9
管理制度的灵活性（D3）	0.139 6
管理制度的安全性（D4）	0.233 3

⑥ 同理能够获得三级评价指标的权重 ***U*** 分别为：

$U_{\mathrm{A1}}=[0.27,0.32,0.41]$　　$U_{\mathrm{A2}}=[0.43,0.57]$

$U_{\mathrm{A3}}=[0.26,0.23,0.25,0.26]$　　$U_{\mathrm{A4}}=[0.60,0.40]$

$U_{\mathrm{B1}}=[0.43,0.57]$　　$U_{\mathrm{B2}}=[0.41,0.28,0.31]$

$U_{\mathrm{B3}}=[0.57,0.43]$　　$U_{\mathrm{B4}}=[0.43,0.57]$

$U_{\mathrm{C1}}=[0.26,0.41,0.33]$　　$U_{\mathrm{C2}}=[0.19,0.31,0.28,0.22]$

$U_{C3}=[0.26,0.33,0.41]$　　$U_{C4}=[0.40,0.60]$

$U_{D1}=[0.24,0.28,0.22,0.27]$　　$U_{D2}=[0.57,0.43]$

$U_{D3}=[0.34,0.40,0.26]$　　$U_{D4}=[0.43,0.57]$

（2）根据上述指标权重，能够获得FSSC-CMM模型的评价指标权重如表8.18所示。

表 8.18　FSSC-CMM 模型评价指标权重及排序

一级指标	二级指标	三级指标	单排序权重	合成权重	排序
流程设置 0.29	流程质量 0.30	流程规范化水平	0.442 4	0.038 8	6
		流程信息化水平	0.226 1	0.019 9	24
		员工流程操作程度	0.331 5	0.029 1	11
	流程成本 0.17	流程基本成本	0.554 1	0.026 4	15
		流程完善成本	0.445 9	0.021 3	22
	流程适应性 0.23	流程与业务契合度	0.358 5	0.024 0	19
		流程优化改善能力	0.243 7	0.016 3	28
		流程接口衔接度	0.243 5	0.016 3	29
		提供外包服务的能力	0.154 3	0.010 3	40
	流程稳定性 0.30	流程业务安全程度	0.608 1	0.053 6	1
		流程报错程序	0.391 9	0.034 5	8
信息系统 0.23	信息系统质量 0.31	信息系统的多元化	0.414 5	0.030 0	10
		信息系统调整水平	0.585 5	0.042 4	3
	信息系统服务成本 0.18	信息技术支出费用	0.408 5	0.017 4	26
		基础设备成本	0.365 9	0.015 6	30
		日常维护成本	0.225 6	0.009 6	41
	信息系统适应性 0.18	处理不同数据格式效率	0.545 7	0.023 1	21
		信息系统之间的兼容度	0.454 3	0.019 2	25
	信息监控技术 0.33	监控技术的先进性	0.464 8	0.035 5	7
		数据备份情况	0.535 2	0.040 9	5
人员组织 0.21	员工素质 0.23	员工学历水平	0.179 4	0.008 4	42
		员工工作能力	0.525 7	0.024 7	17
		员工自主学习能力	0.294 9	0.013 9	32
	员工成本 0.31	员工薪酬	0.370 9	0.023 6	20
		员工培训成本	0.261 2	0.016 6	27

续表

一级指标	二级指标	三级指标	单排序权重	合成权重	排序
人员组织 0.21	员工成本 0.31	员工继续教育成本	0.179 5	0.011 4	39
		员工补助福利	0.188 3	0.012 0	37
	员工适应性 0.20	轮岗适应力	0.349 8	0.014 8	31
		团队协作能力	0.498 6	0.021 0	23
		创新能力	0.151 6	0.006 4	43
	员工稳定性与发展潜力 0.26	员工离职情况	0.465 4	0.024 9	16
		员工晋升情况	0.534 6	0.028 6	12
管理制度 0.27	管理制度设置 0.29	质量管理办法	0.347 5	0.027 1	14
		服务管理办法	0.172 8	0.013 5	33
		业务处理规章	0.316 7	0.024 7	18
		时效管理办法	0.163	0.012 7	35
	运营管理成本与回报 0.34	运营成本情况	0.459 5	0.041 8	4
		投资回报情况	0.540 5	0.049 2	2
	管理制度的灵活性 0.14	内部运营的灵敏度	0.322 3	0.012 1	36
		运营管理的效率	0.359 7	0.013 5	34
		机构设置的合理性	0.318 1	0.012 0	38
	管理制度的安全性 0.23	高层重视化程度	0.546 3	0.034 3	9
		信息安全水平	0.453 7	0.028 5	13

根据表 8.18 可以得出对 FSSC-CMM 评价体系各项评价指标权重与排序。其中四项一级指标权重相对均衡，流程设置与管理制度相对权重较高；在对流程设置评估时，流程业务安全程度与流程规范化水平所占权重较大；在对信息系统评估时，信息系统调整水平、数据备份情况与监控技术的先进性所占权重较大；对人员组织进行评估的过程中，员工晋升与离职，以及员工工作能力是衡量的重要目标；而管理制度的评估从投资回报、运营成本和高层重视化程度方面考虑较多。

8.4.3　W 公司财务共享服务中心能力评价实施过程

本章对 W 公司的财务共享服务中心的评价过程中主要采用的是问卷调查的方式，问卷对象主要由 50 名 W 公司财务共享服务中心的专家、员工组成。对 W 公司财务共享服务中心的评价按照 1～5 分的区间范围进行打分。本次问卷发出 50 份，收回有效问卷 48 份。问卷内容详见附录。

8.4.3.1 流程设置模糊评价

如表 8.19 所示。

表 8.19 W 公司流程设置模糊评价

一级评价指标	二级评价指标	三级评价指标	权重	评估级别比例				
				1	2	3	4	5
流程设置 0.29	流程质量 0.30	流程规范化水平	0.44	0.00	0.05	0.30	0.45	0.20
		流程信息化水平	0.23	0.05	0.05	0.30	0.45	0.15
		员工流程操作程度	0.33	0.00	0.10	0.25	0.50	0.15
	流程成本 0.17	流程基本成本	0.55	0.00	0.05	0.35	0.45	0.15
		流程完善成本	0.45	0.00	0.05	0.40	0.40	0.15
	流程适应性 0.23	流程与业务契合度	0.36	0.00	0.10	0.25	0.60	0.05
		流程优化改善能力	0.24	0.00	0.20	0.35	0.30	0.15
		流程接口衔接度	0.24	0.00	0.10	0.30	0.40	0.20
		提供外包服务的能力	0.15	0.15	0.20	0.20	0.35	0.10
	流程稳定性 0.30	流程业务安全程度	0.61	0.00	0.10	0.30	0.35	0.25
		流程报错程序	0.39	0.00	0.00	0.35	0.50	0.15

依据公式可得到评价要素矩阵如下：

$$\boldsymbol{R}_{\mathrm{A1}}=\begin{pmatrix}0 & 0.05 & 0.30 & 0.45 & 0.20\\ 0.05 & 0.05 & 0.30 & 0.45 & 0.15\\ 0 & 0.10 & 0.25 & 0.5 & 0.15\end{pmatrix}$$

$$\boldsymbol{R}_{\mathrm{A2}}=\begin{pmatrix}0 & 0.05 & 0.35 & 0.45 & 0.15\\ 0 & 0.05 & 0.40 & 0.40 & 0.15\end{pmatrix}$$

$$\boldsymbol{R}_{\mathrm{A3}}=\begin{pmatrix}0 & 0.10 & 0.25 & 0.60 & 0.05\\ 0 & 0.20 & 0.35 & 0.30 & 0.15\\ 0 & 0.10 & 0.30 & 0.40 & 0.20\\ 0.15 & 0.20 & 0.20 & 0.35 & 0.10\end{pmatrix}$$

$$\boldsymbol{R}_{\mathrm{A4}}=\begin{pmatrix}0 & 0.10 & 0.30 & 0.35 & 0.25\\ 0 & 0 & 0.35 & 0.45 & 0.15\end{pmatrix}$$

通过公式得到三级指标评价矩阵：

$$\boldsymbol{X}=(X_{ij})_{m\times n}=\boldsymbol{U}\times\boldsymbol{R}$$

$$\boldsymbol{X}_{A1}=(0.44\quad 0.23\quad 0.33)\times\begin{pmatrix}0 & 0.05 & 0.30 & 0.45 & 0.20\\ 0.05 & 0.05 & 0.30 & 0.45 & 0.15\\ 0 & 0.10 & 0.25 & 0.5 & 0.15\end{pmatrix}$$

$$=(0.011\quad 0.067\quad 0.283\quad 0.467\quad 0.172)$$

$$\boldsymbol{X}_{A2}=(0.55\quad 0.45)\times\begin{pmatrix}0 & 0.05 & 0.35 & 0.45 & 0.15\\ 0 & 0.05 & 0.40 & 0.40 & 0.15\end{pmatrix}$$

$$=(0\quad 0.050\quad 0.372\quad 0.428\quad 0.150)$$

$$\boldsymbol{X}_{A3}=(0.36\quad 0.24\quad 0.24\quad 0.15)\times\begin{pmatrix}0 & 0.10 & 0.25 & 0.60 & 0.05\\ 0 & 0.20 & 0.35 & 0.30 & 0.15\\ 0 & 0.10 & 0.30 & 0.40 & 0.20\\ 0.15 & 0.20 & 0.20 & 0.35 & 0.10\end{pmatrix}$$

$$=(0.023\quad 0.140\quad 0.279\quad 0.440\quad 0.119)$$

$$\boldsymbol{X}_{A4}=(0.61\quad 0.39)\times\begin{pmatrix}0 & 0.10 & 0.30 & 0.35 & 0.25\\ 0 & 0 & 0.35 & 0.45 & 0.15\end{pmatrix}$$

$$=(0\quad 0.061\quad 0.320\quad 0.409\quad 0.211)$$

因此，可以计算出二级评价指标的评价矩阵 $\boldsymbol{X}$：

$$\boldsymbol{X}_{A}=\boldsymbol{U}\times\boldsymbol{R}=(0.30\quad 0.17\quad 0.23\quad 0.30)\times\begin{pmatrix}0.011 & 0.067 & 0.283 & 0.467 & 0.172\\ 0 & 0.050 & 0.372 & 0.428 & 0.150\\ 0.023 & 0.140 & 0.279 & 0.440 & 0.119\\ 0 & 0.061 & 0.320 & 0.409 & 0.211\end{pmatrix}$$

$$=(0.009\quad 0.079\quad 0.308\quad 0.436\quad 0.168)$$

8.4.3.2　信息系统模糊评价

如表 8.20 所示。

表 8.20　W 公司信息系统模糊评价

一级评价指标	二级评价指标	三级评价指标		评估级别比例				
				1	2	3	4	5
信息系统 0.23	信息系统质量 0.31	信息系统的多元化	0.41	0.00	0.10	0.25	0.55	0.10
		信息系统调整水平	0.59	0.00	0.05	0.35	0.45	0.15

续表

一级评价指标	二级评价指标	三级评价指标		评估级别比例				
				1	2	3	4	5
信息系统 0.23	信息系统服务成本 0.18	信息技术支出费用	0.41	0.00	0.10	0.20	0.55	0.15
		基础设备成本	0.37	0.00	0.05	0.35	0.45	0.15
		日常维护成本	0.23	0.00	0.10	0.45	0.25	0.20
	信息系统适应性 0.18	处理不同数据格式效率	0.55	0.00	0.10	0.30	0.40	0.20
		信息系统之间的兼容度	0.45	0.00	0.10	0.30	0.50	0.10
	信息监控技术 0.33	监控技术的先进性	0.46	0.00	0.15	0.40	0.20	0.25
		数据备份情况	0.54	0.00	0.05	0.35	0.35	0.25

依据公式可得到评价要素矩阵如下：

$$\boldsymbol{R}_{\mathrm{B1}}=\begin{pmatrix}0 & 0.10 & 0.25 & 0.55 & 0.10\\ 0 & 0.05 & 0.35 & 0.45 & 0.15\end{pmatrix}$$

$$\boldsymbol{R}_{\mathrm{B2}}=\begin{pmatrix}0 & 0.10 & 0.20 & 0.55 & 0.15\\ 0 & 0.05 & 0.35 & 0.45 & 0.20\\ 0 & 0.10 & 0.45 & 0.25 & 0.20\end{pmatrix}$$

$$\boldsymbol{R}_{\mathrm{B3}}=\begin{pmatrix}0 & 0.10 & 0.30 & 0.40 & 0.20\\ 0 & 0.10 & 0.30 & 0.50 & 0.10\end{pmatrix}$$

$$\boldsymbol{R}_{\mathrm{B4}}=\begin{pmatrix}0 & 0.15 & 0.40 & 0.20 & 0.25\\ 0 & 0.05 & 0.35 & 0.35 & 0.25\end{pmatrix}$$

通过公式得到三级指标评价矩阵：

$$\boldsymbol{X}=(X_{ij})_{m\times n}=\boldsymbol{U}\times\boldsymbol{R}$$

$$\boldsymbol{X}_{\mathrm{B1}}=(0.41\quad 0.59)\times\begin{pmatrix}0 & 0.10 & 0.25 & 0.55 & 0.10\\ 0 & 0.05 & 0.35 & 0.45 & 0.15\end{pmatrix}$$

$$=(0\quad 0.071\quad 0.309\quad 0.491\quad 0.129)$$

$$\boldsymbol{X}_{\mathrm{B2}}=(0.41\quad 0.37\quad 0.23)\times\begin{pmatrix}0 & 0.10 & 0.20 & 0.55 & 0.15\\ 0 & 0.05 & 0.35 & 0.45 & 0.20\\ 0 & 0.10 & 0.45 & 0.25 & 0.20\end{pmatrix}$$

$$=(0\quad 0.082\quad 0.311\quad 0.446\quad 0.161)$$

$$\boldsymbol{X}_{B3}=(0.55\quad 0.45)\times\begin{pmatrix}0 & 0.10 & 0.30 & 0.40 & 0.20\\ 0 & 0.10 & 0.30 & 0.50 & 0.10\end{pmatrix}$$

$$=(0\quad 0.100\quad 0.300\quad 0.445\quad 0.155)$$

$$\boldsymbol{X}_{B4}=(0.46\quad 0.54)\times\begin{pmatrix}0 & 0.15 & 0.40 & 0.20 & 0.25\\ 0 & 0.05 & 0.35 & 0.35 & 0.25\end{pmatrix}$$

$$=(0\quad 0.096\quad 0.373\quad 0.280\quad 0.250)$$

因此，可以计算出二级评价指标的评价矩阵 $\boldsymbol{X}$：

$$\boldsymbol{X}_{B}=\boldsymbol{U}\times\boldsymbol{R}=(0.31\quad 0.18\quad 0.18\quad 0.33)\times\begin{pmatrix}0 & 0.071 & 0.309 & 0.491 & 0.129\\ 0 & 0.082 & 0.311 & 0.446 & 0.161\\ 0 & 0.100 & 0.300 & 0.445 & 0.155\\ 0 & 0.096 & 0.373 & 0.280 & 0.250\end{pmatrix}$$

$$=(0\quad 0.086\quad 0.329\quad 0.405\quad 0.179)$$

8.4.3.3 人员组织模糊评价

如表 8.21 所示。

表 8.21　W 公司人员组织模糊评价

一级评价指标	二级评价指标	三级评价指标		评估级别比例				
				1	2	3	4	5
人员组织 0.21	员工素质 0.23	员工学历水平	0.18	0.00	0.00	0.20	0.60	0.20
		员工工作能力	0.53	0.05	0.00	0.15	0.45	0.35
		员工自主学习能力	0.29	0.05	0.00	0.40	0.40	0.15
	员工成本 0.31	员工薪酬	0.37	0.05	0.05	0.20	0.60	0.10
		员工培训成本	0.26	0.00	0.15	0.25	0.55	0.05
		员工继续教育成本	0.18	0.00	0.10	0.30	0.45	0.15
		员工补助福利	0.19	0.00	0.05	0.30	0.45	0.20
	员工适应性 0.20	轮岗适应力	0.35	0.00	0.05	0.20	0.55	0.20
		团队协作能力	0.50	0.00	0.10	0.10	0.50	0.30
		创新能力	0.15	0.05	0.25	0.25	0.25	0.20
	员工稳定性与发展潜力 0.26	员工离职情况	0.47	0.00	0.25	0.30	0.30	0.15
		员工晋升情况	0.53	0.00	0.15	0.40	0.40	0.05

依据公式可得到评价要素矩阵如下：

$$\boldsymbol{R}_{C1}=\begin{pmatrix}0&0&0.20&0.60&0.20\\0.05&0&0.15&0.45&0.35\\0.05&0&0.40&0.40&0.15\end{pmatrix}$$

$$\boldsymbol{R}_{C2}=\begin{pmatrix}0.05&0.05&0.20&0.60&0.10\\0&0.15&0.25&0.55&0.05\\0&0.10&0.30&0.45&0.15\\0&0.05&0.30&0.45&0.20\end{pmatrix}$$

$$\boldsymbol{R}_{C3}=\begin{pmatrix}0&0.05&0.20&0.55&0.20\\0&0.10&0.10&0.50&0.30\\0.05&0.25&0.25&0.25&0.20\end{pmatrix}$$

$$\boldsymbol{R}_{C4}=\begin{pmatrix}0&0.25&0.30&0.30&0.15\\0&0.15&0.40&0.40&0.05\end{pmatrix}$$

通过公式得到三级指标评价矩阵：

$$\boldsymbol{X}=(X_{ij})_{m\times n}=\boldsymbol{U}\times\boldsymbol{R}$$

$$\boldsymbol{X}_{C1}=(0.18\quad 0.53\quad 0.29)\times\begin{pmatrix}0&0&0.20&0.60&0.20\\0.05&0&0.15&0.45&0.35\\0.05&0&0.40&0.40&0.15\end{pmatrix}$$

$$=(0.041\quad 0\quad 0.233\quad 0.462\quad 0.264)$$

$$\boldsymbol{X}_{C2}=(0.37\quad 0.26\quad 0.18\quad 0.19)\times\begin{pmatrix}0.05&0.05&0.20&0.60&0.10\\0&0.15&0.25&0.55&0.05\\0&0.10&0.30&0.45&0.15\\0&0.05&0.30&0.45&0.20\end{pmatrix}$$

$$=(0.019\quad 0.085\quad 0.250\quad 0.532\quad 0.115)$$

$$\boldsymbol{X}_{C3}=(0.35\quad 0.50\quad 0.15)\times\begin{pmatrix}0&0.05&0.20&0.55&0.20\\0&0.10&0.10&0.50&0.30\\0.05&0.25&0.25&0.25&0.20\end{pmatrix}$$

$$=(0.008\quad 0.105\quad 0.158\quad 0.480\quad 0.250)$$

$$\boldsymbol{X}_{C4}=(0.47\quad 0.53)\times\begin{pmatrix}0&0.25&0.30&0.30&0.15\\0&0.15&0.40&0.40&0.05\end{pmatrix}$$

$$=(0\quad 0.197\quad 0.353\quad 0.353\quad 0.097)$$

因此，可以计算出二级评价指标的评价矩阵 $\boldsymbol{X}$：

$$X_C = U \times R = (0.23 \quad 0.31 \quad 0.20 \quad 0.26) \times \begin{pmatrix} 0.041 & 0 & 0.233 & 0.462 & 0.264 \\ 0.019 & 0.085 & 0.250 & 0.532 & 0.115 \\ 0.008 & 0.105 & 0.158 & 0.480 & 0.250 \\ 0 & 0.197 & 0.353 & 0.353 & 0.097 \end{pmatrix}$$

$$= (0.017 \quad 0.099 \quad 0.254 \quad 0.459 \quad 0.171)$$

8.4.3.4　管理制度模糊评价

如表 8.22 所示。

表 8.22　W 公司管理制度模糊评价

一级评价指标	二级评价指标	三级评价指标	权重	评估级别比例				
				1	2	3	4	5
管理制度 0.27	管理制度设置 0.29	质量管理办法	0.35	0.00	0.05	0.20	0.70	0.05
		服务管理办法	0.17	0.00	0.10	0.30	0.40	0.20
		业务处理规章	0.32	0.00	0.10	0.35	0.50	0.05
		时效管理办法	0.16	0.00	0.05	0.35	0.40	0.20
	运营管理成本与回报 0.34	运营成本情况	0.46	0.00	0.10	0.35	0.50	0.05
		投资回报情况	0.54	0.00	0.30	0.25	0.25	0.20
	管理制度的灵活性 0.14	内部运营的灵敏度	0.32	0.00	0.15	0.20	0.55	0.10
		运营管理的效率	0.36	0.00	0.00	0.40	0.35	0.25
		机构设置的合理性	0.32	0.00	0.05	0.20	0.55	0.20
	管理制度的安全性 0.23	高层重视化程度	0.55	0.00	0.05	0.15	0.45	0.35
		信息安全水平	0.45	0.00	0.05	0.25	0.50	0.20

依据公式可得到评价要素矩阵如下：

$$R_{D1} = \begin{pmatrix} 0 & 0.05 & 0.20 & 0.70 & 0.05 \\ 0 & 0.10 & 0.30 & 0.40 & 0.20 \\ 0 & 0.10 & 0.35 & 0.50 & 0.05 \\ 0 & 0.05 & 0.35 & 0.40 & 0.20 \end{pmatrix}$$

$$R_{D2} = \begin{pmatrix} 0 & 0.10 & 0.35 & 0.50 & 0.05 \\ 0 & 0.30 & 0.25 & 0.25 & 0.20 \end{pmatrix}$$

$$R_{D3} = \begin{pmatrix} 0 & 0.15 & 0.20 & 0.55 & 0.10 \\ 0 & 0 & 0.40 & 0.35 & 0.25 \\ 0 & 0.05 & 0.20 & 0.55 & 0.20 \end{pmatrix}$$

$$\boldsymbol{R}_{\mathrm{D4}}=\begin{pmatrix}0 & 0.05 & 0.15 & 0.45 & 0.35\\0 & 0.05 & 0.25 & 0.50 & 0.20\end{pmatrix}$$

通过公式得到三级指标评价矩阵：

$$\boldsymbol{X}=(X_{ij})_{m\times n}=\boldsymbol{U}\times\boldsymbol{R}$$

$$\boldsymbol{X}_{\mathrm{D1}}=(0.35\quad 0.17\quad 0.32\quad 0.16)\times\begin{pmatrix}0 & 0.05 & 0.20 & 0.70 & 0.05\\0 & 0.10 & 0.30 & 0.40 & 0.20\\0 & 0.10 & 0.35 & 0.50 & 0.05\\0 & 0.05 & 0.35 & 0.40 & 0.20\end{pmatrix}$$

$$=(0\quad 0.066\quad 0.250\quad 0.611\quad 0.148)$$

$$\boldsymbol{X}_{\mathrm{D2}}=(0.46\quad 0.54)\times\begin{pmatrix}0 & 0.10 & 0.35 & 0.50 & 0.05\\0 & 0.30 & 0.25 & 0.25 & 0.20\end{pmatrix}$$

$$=(0\quad 0.208\quad 0.296\quad 0.365\quad 0.131)$$

$$\boldsymbol{X}_{\mathrm{D3}}=(0.32\quad 0.36\quad 0.32)\times\begin{pmatrix}0 & 0.15 & 0.20 & 0.55 & 0.10\\0 & 0 & 0.40 & 0.35 & 0.25\\0 & 0.05 & 0.20 & 0.55 & 0.20\end{pmatrix}$$

$$=(0\quad 0.064\quad 0.272\quad 0.478\quad 0.186)$$

$$\boldsymbol{X}_{\mathrm{D4}}=(0.55\quad 0.45)\times\begin{pmatrix}0 & 0.05 & 0.15 & 0.45 & 0.35\\0 & 0.05 & 0.25 & 0.50 & 0.20\end{pmatrix}$$

$$=(0\quad 0.050\quad 0.195\quad 0.473\quad 0.282)$$

因此，可以计算出二级评价指标的评价矩阵 $\boldsymbol{X}$：

$$\boldsymbol{X}_{\mathrm{D}}=\boldsymbol{U}\times\boldsymbol{R}=(0.29\quad 0.34\quad 0.14\quad 0.23)\times\begin{pmatrix}0 & 0.066 & 0.250 & 0.611 & 0.148\\0 & 0.208 & 0.296 & 0.365 & 0.131\\0 & 0.064 & 0.272 & 0.478 & 0.186\\0 & 0.050 & 0.195 & 0.473 & 0.282\end{pmatrix}$$

$$=(0\quad 0.111\quad 0.256\quad 0.477\quad 0.178)$$

综上所述，最终得出一级评价矩阵为：

$$\boldsymbol{X}=\boldsymbol{U}\times\boldsymbol{R}=(0.29\quad 0.23\quad 0.21\quad 0.27)\times\begin{pmatrix}0.009 & 0.079 & 0.308 & 0.436 & 0.168\\0 & 0.086 & 0.329 & 0.405 & 0.179\\0.017 & 0.099 & 0.254 & 0.459 & 0.171\\0 & 0.111 & 0.256 & 0.477 & 0.178\end{pmatrix}$$

$$=(0.006\quad 0.093\quad 0.288\quad 0.445\quad 0.174)$$

根据公式 $Z = X \times Y$，得到最终评级结果：

$$Z = X \times Y = (0.006 \quad 0.093 \quad 0.288 \quad 0.445 \quad 0.174) \times (1 \quad 2 \quad 3 \quad 4 \quad 5)^T = 3.705\ 1$$

8.5　CMM 视角下 W 公司 FSSC 能力评价结果分析与建议

8.5.1　W 公司财务共享服务中心能力评价结果分析

根据上一节的计算结果可以得出 W 公司财务共享服务中心能力成熟度评价结果为 3.705 1。因此，可以将 W 公司财务共享服务中心能力成熟度划分为第四级的“已管理级”，并且偏向“优化级”的层别。说明 W 公司财务共享服务中心具有较高标准的流程以及较为体系的信息系统，管理制度清晰，工作人员具有较高素质。下面我们通过分别计算一级指标的能力成熟度分值，来分别分析 W 公司财务共享服务中心的能力。

8.5.1.1　流程设置层面分析

W 公司流程设置层面的最终评级分数为：

$$Z_A = X_A \times Y = (0.009 \quad 0.079 \quad 0.308 \quad 0.436 \quad 0.168) \times (1 \quad 2 \quad 3 \quad 4 \quad 5)^T = 3.675\ 4$$

因此，流程设计层面评级分数为 3.675 4。从该层面评级分数分析，成熟度等级依然处于“已管理级”，但分数低于整体分值。具体来说，W 公司财务共享服务中心流程设置规范化与信息化水平较高；业务流程存在漏洞较少，遇到流程错误能够及时发现处理，流程稳定性程度高；财务共享流程能够与 W 公司业务较好契合，同时很好的衔接处理。但是，提供外包服务能力较弱。然而就 W 公司自身情况而言，W 公司财务共享服务中心建设主要目的是为了更好的服务本公司财务业务，因此，暂未计划拓展财务外包服务。

8.5.1.2　信息系统层面分析

W 公司信息系统层面的最终评级分数为：

$$Z_B = X_B \times Y = (0 \quad 0.086 \quad 0.329 \quad 0.405 \quad 0.179) \times (1 \quad 2 \quad 3 \quad 4 \quad 5)^T = 3.677\ 6$$

因此，信息系统层面评级分数为 3.677 6。从该层面评级分数分析，成熟度等级依然处于“已管理级”，但分数低于整体分值。具体来说，W 公司财务共享服务中心的信息系统发展相对比较均衡，信息系统通过多元化的设置，构建了多种核算平台，能够及时调整系统存在的问题；同时，W 公司也付出了较高额成本置备财务共享服务中心设备，并定期维护相应的硬件与软件设施；各项信息系统能够无缝对接共同完成共享财务信息的过程。

8.5.1.3 人员组织层面分析

W 公司人员组织层面的最终评级分数为：

$$Z_C = X_C \times Y = (0.017 \quad 0.099 \quad 0.254 \quad 0.459 \quad 0.171) \times (1 \quad 2 \quad 3 \quad 4 \quad 5)^T = 3.669\ 7$$

因此，人员组织层面评级分数为 3.669 7。从该层面评级分数分析，成熟度等级依然处于“已管理级”，但分数低于整体分值。具体来说，W 公司财务共享服务中心集中了不少优质财务人才，整体财务员工学历水平偏高，并且普遍具有较强的工作能力，能够自觉自主提升专业知识；具有较强的适应性和团队协作能力；同时，W 公司财务共享服务中心也为中心员工提供了较为合理的薪酬与福利，定期为员工开展岗位培训。但 W 公司财务共享服务中心的工作流程单一，一定程度上限制了员工的创造力，员工仅能接触到较为单一的重复性工作，职业道路相对狭窄，晋升空间有限，离职率较高。

8.5.1.4 管理制度层面分析

W 公司管理制度层面的最终评级分数为：

$$Z_D = X_D \times Y = (0 \quad 0.111 \quad 0.256 \quad 0.477 \quad 0.178) \times (1 \quad 2 \quad 3 \quad 4 \quad 5)^T = 3.787\ 7$$

因此，管理制度层面评级分数为 3.787 7。从该层面评级分数分析，成熟度等级依然处于“已管理级”，分数高于整体分值。具体来说，W 公司财务共享服务中心具有十分完善的管理制度，集团层面对财务共享服务中心的建设表示高度重视，并将其列入中国核能行业信息化最具影响十大事件之一。财务共享服务中心拥有健全的质量、服务、业务处理以及时效管理的管理与考核办法，内部制度灵活且合理。但由于 W 公司财务共享服务中心建设时间不长，因此相应投资回报率较低，但相信长此以往，W 公司的财务共享服务中心能够给公司创造更多利润。

8.5.2　W 公司完善财务共享服务中心的建议

综合上述能力成熟度评价体系结果可以看出，W 公司财务共享服务中心目前的发展水平属于稳中偏上，正在从“可管理级”逐步向“优化级”迈步。为了促进 W 公司财务共享服务中心更好地完善服务质量，提升服务能力，本章根据模型分析结果，提出以下几点建议。

8.5.2.1　提高信息化程度，用强大的信息平台作为支撑

W 公司作为核电行业建筑施工企业，业务分布广泛，包含全国乃至全世界各地，财务涉及的数量大，很多需要集团与高层审批。因此，财务共享服务中心应当提高信息化水平，加强信息平台服务支撑，以缩短审批流程，压缩业务处理时间，提高工作效率。利用发达的信息技术和数据系统作为支撑，将企业集团的财力资源整合在一起，优化资源配置，促进整个企业人力资源和资产管理系统实现信息化、业务一体化的水平。

同时，针对目前所使用的信息系统进行定期改造升级，吸取工作人员在日常工作中遇到的系统漏洞，统一更新改造，不断优化升级。使 W 公司财务共享服务中心信息系统能够在最大程度上满足公司业务的开展，更好的服务于公司本部。

8.5.2.2　建设完善流程机制，落实企业流程再造

W 公司财务共享服务中心的建设，是围绕会计业务进行统一规范的处理，因此，中心需要不断完善流程管理机制，并不断完善财务共享服务中心的工作流程和业务流程的相互匹配，互相合作。新流程管理的设计能够考虑为之提供高质量、低成本和高效运营的能力。新的财务流程管理机制是将传统的财务流程分解为更细化的步骤，重组和重建这些小环节及步骤，使分工更清晰，责任更清晰，实现过程管理有效的目标。所以 W 公司的财务共享服务中心确实可以提高企业的整体财务效率，以确保更快的财务流程程序。

8.5.2.3　培养专业技术人才，完善企业内部培养、晋升渠道

财务共享服务中心的出现虽然大大地降低了企业运营控制成本，但同时也使一大部分财务人员面临失业或职业道路局限性的窘境。因此，W 公司财务共享服务中心应当引起对人才培养的足够重视，建立健全人才培养机制，加强员

工轮岗教育，使中心员工接触到的财务业务不仅仅局限于某一个模块，而是对业务流程的整体有一个全面的认识；同时，在培养人才的过程中，应当注意与W公司实际业务相结合，落实到底，做到了解业务、了解客户、了解流程。让员工在基础核算岗位时就能够逐步培养财务分析的能力，为企业告诉财务管理人才进行人才储备培养。

参考文献

［1］Gun R. W.，Carberry D. P.，Frigo R.，Behrens S. Shared services：Major Companies are Reengineering Their Accounting Functions［J］. Management Accounting，1993.

［2］Schulman D. S.，Harmer M. J.，Dunleavy J. R.，Lusk J. S. Shared service：Adding value to the business units［M］. New York：Wiley，1997.

［3］Moller P. Implementing shared services in Europe［J］. Treasury Management International. 1997.

［4］Quinn B.，Cooke R.，Kris A. Shared service：mining for corporate gold［M］. Financial Times，Prentice Hall，2000.

［5］Bergeron Bryan. 共享服务精要［M］. 燕清联合译. 北京：中国人民大学出版社，2004.

［6］吴益军，张高峰，张颖. 企业国际化过程中的组织创新——服务共享中心的建立和管理［J］. 世界经济研究，2003，（03）：85-89.

［7］刘汉进. 共享服务的决策、实施与评价研究［D］. 上海交通大学，2004.

［8］陈虎，董皓. 一路走来——财务共享服务的实施［J］. 财务与会计，2008，（24）：52-54.

［9］张瑞君，陈虎，胡耀光，等. 财务共享服务模式研究及实践［J］. 管理案例研究与评论，2008，（03）：19-27.

［10］企业会计信息化工作规范，财会［2013］20号.

［11］杨寅，赵立彬. 财务共享服务中心构建的关键影响因素分析［J］. 财会通讯，2016，（26）：58-62.

［12］陆培利. 探究财务共享服务中心的绩效管理及评估［J］. 财会学习，2016，（10）：43+45.

[13] 吴杰，周维. 财务共享服务中心绩效评价体系设计——基于平衡计分卡与层次分析法 [J]. 财会月刊，2015，(13)：10-15.
[14] 陈虎，董皓. 财务共享服务中心的绩效管理及评估 [J]. 财务与会计，2008，(22)：61-62.
[15] 吴琼. 试析财务共享服务中心在电网企业资金管理中的应用 [J]. 中国国际财经（中英文），2017 (12)：229-230.
[16] 郭玉杰. Z 油田实施财务共享的风险研究 [D]. 西安石油大学，2017.
[17] 孔辉. 企业财务共享服务模式研究 [J]. 合作经济与科技，2017 (06)：158-159.
[18] 寇武强. 财务共享服务中心的风险管理研究--以 A 集团公司为例 [J]. 中国总会计师，2016 (12)：58-60.
[19] 杨寅，赵立彬. 财务共享服务中心构建的关键影响因素分析 [J]. 财会通讯，2016 (26)：58-62.
[20] 范雯秀. 财务共享服务对企业财务管理的影响 [J]. 时代金融，2016 (18)：180-181.
[21] 董振东. 施工企业财务共享服务模式构建及实施研究 [D]. 北方工业大学，2016.
[22] 陆培利. 探究财务共享服务中心的绩效管理及评估 [J]. 财会学习，2016 (10)：43+45.
[23] 彭博. 我国企业财务共享服务模式研究 [D]. 吉林财经大学，2016.
[24] 孙甲. TCL 集团财务共享服务模式的案例研究 [D]. 广西师范大学，2016.
[25] 张斌. 基于 CMM 的财务共享服务中心能力评估模型研究 [D]. 山西财经大学，2016.
[26] 包安琪. 管理会计视角下 A 公司财务共享服务的优化设计 [D]. 苏州大学，2016.
[27] 张延辉. 论财务共享服务模式对企业财务管理的影响 [J]. 财会学习，2016 (01)：11-12.
[28] 劳卫伦. 财务共享模式下的资金管控体系研究 [J]. 科技经济导刊，2015 (15)：167-168.
[29] 冉汶灵. A 公司基于云计算的财务共享服务中心分析 [D]. 财政部财政科学研究所，2015.
[30] 卜立升. 企业财务共享服务中心运行模式研究 [D]. 安徽财经大学，2015.

［31］吴杰，周维．财务共享服务中心绩效评价体系设计——基于平衡计分卡与层次分析法［J］．财会月刊，2015（13）：10-15．

［32］李慧．生产型企业财务共享中心内部风险控制初探［D］．天津财经大学，2015．

［33］官小玲．财务共享服务中心的风险管理研究［D］．暨南大学，2015．

［34］张晓光．利用财务成熟度评价标准提升财务管理水平［J］．财经界（学术版），2015（05）：225．

［35］王军萍．东方核电集团公司财务共享服务中心构建研究［D］．兰州大学，2015．

［36］吴昊．企业财务共享服务模式的应用研究［D］．华中科技大学，2014．

［37］黄瀚儒．基于 CMM 的企业 ERP 项目可行性研究［D］．山东大学，2013．

［38］浅谈财务共享对财务核算的风险控制——以 A 银行为例［J］．金融会计，2012（05）：60-63．

［39］饶水林．基于财务共享服务模式的企业财务管理研究［D］．湖南大学，2011．

［40］金海燕．共享服务管理模式在企业财务管理中的运用研究［D］．苏州大学，2011．

［41］蒋依娴．基于 CMM 的企业节能减排能力评估模型研究［D］．福州大学，2010．

［42］王海林．内部控制能力评价的 IC-CMM 模型研究［J］．会计研究，2009（10）：53-59+95．

附　录

附录 A（资料性附录） 财务分析基本报表

表 A.1　项目投资现金流量表　　　　人民币单位：万元

序号	项目	合计	计算期					
			1	2	3	4	…	*n*
1	现金流入							
1.1	产品销售（营业）收入							
1.2	补贴收入							
1.3	回收固定资产余值							
1.4	回收流动资金							
2	现金流出							
2.1	建设投资							
2.2	流动资金							
2.3	经营成本							
2.4	城建税及教育附加							
3	所得税前净现金流量（1-2）							
4	所得税前累计净现金流量							
5	调整所得税							
6	所得税后净现金流量（3-5）							
7	所得税后累计净现金流量							
计算指标	项目投资财务内部收益率/%（所得税前）							
	项目投资财务内部收益率/%（所得税后）							
	项目投资财务净现值（所得税前）（i_c=%）							
	项目投资财务净现值（所得税后）（i_c=%）							
	项目投资回收期/年（所得税前）							
	项目投资回收期/年（所得税后）							

注 1：调整所得税为以息税前利润为基数计算的所得税，区别于“利润与利润分配表”“项目资本金现金流量表”和“财务计划现金流量表”中的所得税。

注 2：对外商投资项目，现金流出中应增加职工奖励及福利基金科目。

表 A.2　项目资本金现金流量表　　　人民币单位：万元

序号	项目	合计	计算期					
			1	2	3	4	…	n
1	现金流入							
1.1	产品销售（营业）收入							
1.2	补贴收入							
1.3	回收固定资产余值							
1.4	回收流动资金							
2	现金流出							
2.1	建设投资资本金							
2.2	自有流动资金							
2.3	经营成本							
2.4	长期借款本金偿还							
2.5	流动资金借款本金偿还							
2.6	长期借款利息支付							
2.7	流动资金借款利息支付							
2.8	短期借款利息支付							
2.9	城建税及教育附加							
2.10	所得税		1：					
3	净现金流量（1-2）							
计算指标	资本金财务内部收益率/%							

注：对外商投资项目，现金流出中应增加职工奖励及福利基金科目。

表 A.3　投资各方现金流量表　　　人民币单位：万元

序号	项目	合计	计算期					
			1	2	3	4	…	n
1	现金流入							
1.1	各投资方利润分配							
1.2	资产处置收益分配							
1.2.1	回收固定资产和无形资产余值							
1.2.2	回收还借款后余留折旧和摊销							
1.2.3	回收自有流动资金							

续表

序号	项目	合计	计算期					
			1	2	3	4	…	n
1.2.4	回收法定盈余公积金和任意盈余公积金							
2	现金流出							
2.1	建设投资资本金							
2.2	自有流动资金							
3	净现金流量							
计算指标	投资各方财务内部收益率/%							

表 A.4　利润与利润分配表　　　　人民币单位：万元

序号	项目	合计	计算期					
			1	2	3	4	…	n
1	产品销售收入							
1.1	售电收入							
1.1.1	上网电量							
1.1.2	售电价格（不含税）							
1.1.3	售电价格（含税）							
2	销售税金及附加							
2.1	增值税							
2.2	城建税及教育附加							
3	总成本费用							
4	补贴收入							
5	利润总额（1-2.2-3+4）							
6	弥补以前年度亏损							
7	应纳税所得额（5-6-4）							
8	所得税							
9	净利润（5-8）							
9.1	法定盈余公积金							
9.2	任意盈余公积金							
9.3	各投资方利润分配							
	其中：投资方 1							
	投资方 2							

续表

序号	项目	合计	计算期					
			1	2	3	4	…	n
9.4	未分配利润							
10	息税前利润（利润总额+财务费用）							
11	息税折旧摊销前利润（利润总额+财务费用+折旧+摊销）							

注 1：对于外商投资项应由第 9 项减去储备基金、职工奖励与福利基金和企业发展基金后，得出各投资方利润分配。
注 2：本表的售电收入为不含增值税收入。

表 A.5　财务计划现金流量表　　人民币单位：万元

序号	项目	合计	计算期					
			1	2	3	4	…	n
1	经营活动净现金流量（1.1～1.2）							
1.1	现金流入							
1.1.1	销售收入							
1.1.2	补贴收入							
1.1.3	回收流动资金							
1.2	现金流出							
1.2.1	经营成本							
1.2.2	城建税及教育附加							
1.2.3	所得税							
1.2.4	其他流出							
2	投资、筹资活动净现金流量（2.1～2.2）							
2.1	现金流入							
2.1.1	项目资本金投入							
2.1.2	建设投资借款							
2.1.3	流动资金借款							
2.1.4	短期借款							
2.1.5	回收固定资产余值							
2.2	现金流出							
2.2.1	建设投资							

续表

序号	项目	合计	计算期					
			1	2	3	4	…	n
2.2.2	流动资金							
2.2.3	借款本金偿还							
2.2.4	各种利息支出							
2.2.5	各投资方利润分配							
2.2.6	其他流出							
3	净现金流量（1+2）							
4	累计盈余资金							

注：对外商投资项目，经营活动现金流出中应增加职工奖励及福利基金科目。

表 A.6　资产负债表　　人民币单位：万元

序号	项目	合计	计算期					
			1	2	3	4	…	n
1	资产							
1.1	流动资产总额							
1.1.1	应收账款							
1.1.2	存货							
1.1.3	现金							
1.1.4	累计盈余资金							
1.2	在建工程							
1.3	固定资产净值							
1.4	无形资产及其他资产净值							
2	负债及所有者权益							
2.1	流动负债总额							
2.1.1	应付账款							
2.1.2	流动资金借款							
2.1.3	其他短期借款							
2.2	建设投资借款							
	负债合计							
2.3	所有者权益							
2.3.1	资本金							
2.3.2	资本公积金							

续表

序号	项目	合计	计算期					
			1	2	3	4	…	n
2.3.3	累计盈余公积金							
2.3.4	累计未分配利润							
计算指标	资产负债率/%							
	流动比率							
	速动比率							

表 A.7　资产负债表　　人民币单位：万元

序号	项目	合计	计算期					
			1	2	3	4	…	n
1	资产							
1.1	流动资产总额							
1.1.1	流动资金							
1.1.2	累计盈余资金							
1.2	在建工程							
1.3	固定资产净值							
1.4	无形资产及其他资产净值							
2	负债及所有者权益							
2.1	流动负债总额							
2.1.1	流动资金借款							
2.1.2	其他短期借款							
2.2	建设投资借款							
	负债合计							
2.3	所有者权益							
2.3.1	资本金							
2.3.2	资本公积金							
2.3.3	累计盈余公积金							
2.3.4	累计未分配利润							

注：当流动资金采用扩大指标估算法计算时，资产负债表为此表格式。

附录 B（资料性附录） 敏感性分析表

表 B.1 敏感性分析表（测算内部收益率）

序号	不确定因素	变化率	内部收益率	内部收益率变化率	敏感度系数
		1	2	3	4＝3/1
1	基本方案				
2	建成投资/%				
3	负荷因子/%				
4	售电价格/%				
5	核燃料价格/%				

表 B.2 敏感性分析表（测定电价）

序号	不确定因素	变化率	电价	电价变化率	敏感度系数
		1	2	3	4＝3/1
1	基本方案				
2	建设投资/%				
3	负荷因子/%				
4	核燃料价格/%				

附录 C（资料性附录） 财务分析参数

C.1 计算参数

C.1.1 项目经济运营期一般按 30 年考虑。

C.1.2 资本金根据国家法定的资本金制度计列，核电项目不得低于工程建成投资的 20%计列，一般资本金与债务资金同比例投入。

C.1.3 流动资金估算的有关参数：应收账款年周转 12 次；核燃料为 18 个月换料时，年周转为 2/3 次。核燃料为 12 个月换料时，年周转为 1 次；原材料年周转 12 次；现金年周转 12 次；应付账款年周转 12 次；流动资金扩大估算系数一般取 1.05；自有流动资金占生产流动资金的 30%。在实际执行时，可根据核燃料采购实际预付周期长的特点对上述分项估算参数适当调整；如在采用扩大估算系数时，另外计算因核燃料提前预付而形成的资金占用水平，通过长期待摊费用反映。

C.1.4 资产折旧及摊销的有关参数：固定资产折旧年限 20～25 年，一般取 25 年，残值率 0%；无形资产摊销年限 5 年；其他资产摊销年限 5 年。

C.1.5 根据《关于印发“核电厂乏燃料处理处置基金征收使用管理暂行办法”的通知》(财综〔2010〕58 号)，乏燃料处理处置基金按照核电厂已投入商业运行 5 年以上压水堆核电机组的实际上网销售电量征收，征收标准为 0.026 元/千瓦时。

C.1.6 单位发电量材料费：为 5 元/兆瓦时。

C.1.7 单位发电量核废物处理处置费：为 0.5 元/兆瓦时。

C.1.8 修理提存率国产设备 1.5%，成套进口设备 1%。

C.1.9 退役基金运营期内累计提取率为 10%。

C.1.10 根据《核电厂核事故应急准备专项收入管理规定》(财防〔2007〕181 号)，核应急费率为 0.2 元/兆瓦时。

C.1.11 其他费用：13 万元/人。

C.1.12 税率：电力产品增值税率 17%；核燃料在加工成核燃料组件前一般不含增值税；水费增值税率 13%；材料增值税率 17%；城市维护建设税市区 7%、县镇 5%、其他地区 1%；教育费附加按地方规定；所得税率 25%。

C.1.13 利率：按项目法人与银行签订的还款协议中约定的利率，没有签订协议之前，按中国人民银行发布的贷款利率。

C.1.14 法定盈余公积金：按国家的公积金制度取 10%。

C.1.15 根据《关于核电行业税收政策有关问题的通知》(财税〔2008〕38 号)，先征后返增值税不作为补贴收入计入利润总额。

C.1.16 测算上网电价时，资本金内部收益率取 9%。

C.2 判据参数

C.2.1 财务基准收益率：7.0%。

C.2.2 利息备付率：一般为 1.5～2，并结合债权人的要求确定。
C.2.3 偿债备付率：一般应大于 1.3，并结合债权人的要求确定。
C.2.4 资产负债率：一般为 40%～80%。
C.2.5 流动比率：一般为 1.0～2.0。
C.2.6 速动比率：一般为 0.6～1.2。
C.2.7 标杆上网电价：查阅政府主管部门发布的当地标杆电价。

选择文献进行统计，分析过程及矩阵结果如下：

附表 D 初选二级指标频数

一级指标	初选二级指标	指标代码	频数
偿债能力状况 X_1	资产负债率/%	Q_{11}	20
	已获利息倍数	Q_{12}	11
	速动比率/%	Q_{13}	18
	现金流动负债比率/%	Q_{14}	7
	带息负债比率/%	Q_{15}	9
	或有负债比率/%	Q_{16}	5
营运能力 X_2	总资产周转率/次	Q_{21}	20
	应收账款周转率/次	Q_{22}	20
	存货周转率/次	Q_{23}	15
	不良资产比率/%	Q_{24}	9
	流动资产周转率/次	Q_{25}	12
盈利能力状况 X_3	销售（营业）利润率/%	Q_{31}	20
	总资产报酬率/%	Q_{32}	18
	净资产收益率/%	Q_{33}	18
	盈余现金保障倍数	Q_{34}	11
	成本费用利润率/%	Q_{35}	9
经营增长状况 X_4	销售（营业）增长率/%	Q_{41}	18
	资本保值增值率/%	Q_{42}	9
	销售（营业）利润增长率/%	Q_{43}	18
	总资产增长率/%	Q_{44}	18
	技术投入比率/%	Q_{45}	3

附表 E　复选一级指标重要性比较

文献序号	X_1/X_2	X_1/X_3	X_1/X_4	X_2/X_3	X_2/X_4	X_3/X_4
1	1/6	1/9	1/4	1/2	2	3
2	1/4	1/8	1/5	1/3	2	2
3	1/6	1/9	1/4	1/2	3	2
4	1/7	1/9	1/4	1/2	3	2
5	1/5	1/7	1/2	1/2	2	4
6	1/7	1/8	1/5	1/3	2	3
7	1/6	1/9	1/4	1/3	2	3
8	1/6	1/9	1/4	1/2	3	3
9	1/3	1/6	1/4	1/3	2	3
10	1/7	1/10	1/4	1/2	2	3
11	1/4	1/8	1/6	1/2	2	3
12	1/7	1/9	1/5	1/3	2	3
13	1/6	1/10	1/5	1/2	2	4
14	1/6	1/10	1/4	1/3	2	4
15	1/5	1/9	1/4	1/3	2	2
16	1/7	1/9	1/6	1/3	3	3
17	1/8	1/9	1/3	1/2	2	3
18	1/6	1/10	1/6	1/2	3	3
19	1/6	1/8	1/6	1/2	2	3
20	1/6	1/9	1/5	1/3	2	3
平均数	0.18	0.12	0.24	0.43	2.25	2.95
众数	1/6	1/9	1/4	1/2	2	3
重要性比较终值	1/6	1/9	1/4	1/2	2	3

根据初选指标和咨询相关专家最终选择偿债能力 X_1 二级指标为：速动比率 X_1、资产负债率 X_{12}。

附表 F　复选二级指标 X_1 重要性比较

文献序号	X_{11}/X_{12}
1	1/2
2	1/2
3	1/3
4	1/2
5	1/2
6	1/2
7	1/3
8	1/2
9	1/2
10	1/3
11	1/3
12	1/2
13	1/2
14	1/2
15	1/3
16	1/2
17	1/2
18	1/2
平均数	0.45
众数	1/2
重要性比较终值	1/2

根据初选指标和咨询相关专家最终选择营运能力 X_2 二级指标为：总资产周转率 X_{21}、应收专款周转率 X_{22}、存货周转率 X_{23}。

附表 G　复选二级指标 X_2 重要性比较

文献序号	X_{21}/X_{22}	X_{21}/X_{23}	X_{22}/X_{23}
1	3	5	2
2	3	5	3
3	3	4	3
4	3	4	2
5	4	4	2
6	3	5	2
7	3	5	2
8	5	5	2
9	3	6	3
10	3	5	2
11	4	5	2
12	3	6	2
平均数	3.33	4.92	2.25
众数	3	5	2
重要性比较终值	3	5	2

根据初选指标和咨询相关专家最终选择盈利能力 X_3 二级指标为：营业利润率 X_{31}、总资产收益率 X_{32}、净资产收益率 X_{33}。

附表 H　复选二级指标 X_3 重要性比较

文献序号	X_{31}/X_{32}	X_{31}/X_{33}	X_{32}/X_{33}
1	7	5	1/2
2	6	5	1/2
3	7	5	1/3
4	7	5	1/2
5	7	4	1/3
6	7	5	1/2
7	7	5	1/2

续表

文献序号	X_{31}/X_{32}	X_{31}/X_{33}	X_{32}/X_{33}
8	5	4	1/2
9	8	6	1/2
10	8	6	1/2
11	6	5	1/3
12	6	5	1/2
13	7	5	1/2
14	7	5	1/2
15	7	5	1/2
16	7	4	1/2
17	9	4	1/2
18	6	4	1/3
平均数	6.89	4.83	0.46
众数	3	5	1/2
重要性比较终值	3	5	1/2

根据初选指标和咨询相关专家最终选择发展能力 X_4 二级指标为：营业增长率 X_{41}、营业利润增长率 X_{42}、总资产增长率 X_{43}。

附表 I　复选二级指标 X_4 重要性比较

文献序号	X_{41}/X_{42}	X_{41}/X_{43}	X_{42}/X_{43}
1	3	6	2
2	3	6	3
3	4	6	2
4	3	6	2
5	4	6	2
6	3	6	3
7	4	7	2
8	4	4	2
9	3	5	2

续表

文献序号	X_{41}/X_{42}	X_{41}/X_{43}	X_{42}/X_{43}
10	3	5	2
11	3	7	2
12	3	6	3
13	3	6	2
14	4	4	2
15	3	6	3
16	3	6	2
17	3	5	2
18	3	7	2
平均数	3.28	5.78	2.22
众数	3	6	2
重要性比较终值	3	6	2

通过上述重要性比较最终得到一级矩阵 $\boldsymbol{B}$：

$$\boldsymbol{B}=\begin{bmatrix}1 & 1/6 & 1/9 & 1/4\\ 6 & 1 & 1/2 & 2\\ 9 & 2 & 1 & 3\\ 4 & 1/2 & 1/3 & 1\end{bmatrix}$$

同理得到二级矩阵 $\boldsymbol{B}_i$：

$$\boldsymbol{B}_1=\begin{bmatrix}1 & 1/2\\ 2 & 1\end{bmatrix}\qquad \boldsymbol{B}_2=\begin{bmatrix}1 & 3 & 5\\ 1/3 & 1 & 2\\ 1/5 & 1/2 & 1\end{bmatrix}$$

$$\boldsymbol{B}_3=\begin{bmatrix}1 & 7 & 5\\ 1/7 & 1 & 1/2\\ 1/5 & 2 & 1\end{bmatrix}\qquad \boldsymbol{B}_4=\begin{bmatrix}1 & 3 & 6\\ 1/3 & 1 & 2\\ 1/6 & 1/2 & 1\end{bmatrix}$$